Karl Kautsky
Thomas Morus und seine Utopie

SEVERUS Verlag

ISBN: 978-3-95801-154-0
Druck: SEVERUS Verlag, 2015

Der SEVERUS Verlag ist ein Imprint der Diplomica Verlag GmbH.
Bibliografische Information der Deutschen Nationalbibliothek:
Die Deutsche Nationalbibliothek verzeichnet diese Publikation in der
Deutschen Nationalbibliografie; detaillierte bibliografische Daten
sind im Internet über http://dnb.d-nb.de abrufbar.

© SEVERUS Verlag, 2015
http://www.severus-verlag.de
Printed in Germany
Alle Rechte vorbehalten.
Der SEVERUS Verlag übernimmt keine juristische Verantwortung
oder irgendeine Haftung für evtl. fehlerhafte Angaben und deren
Folgen.

Karl Kautsky

Thomas Morus und seine Utopie

Inhaltsverzeichnis

Vorwort zur ersten Auflage 1
Vorwort zur zweiten Auflage... 4

Erster Abschnitt
Das Zeitalter des Humanismus und der Reformation.................................... 7

Erstes Kapitel
Die Anfänge des Kapitalismus und des modernen Staates 13
Zweites Kapitel
Der Grundbesitz 33
Drittes Kapitel
Die Kirche 49
Viertes Kapitel
Der Humanismus... 86

Zweiter Abschnitt
Thomas More 111

Erstes Kapitel
Die Biographen des Thomas More... 112
Zweites Kapitel
Morus als Humanist 137
Drittes Kapitel
Morus und der Katholizismus.. 151
Viertes Kapitel
Morus als Politiker.. 168

Dritter Abschnitt
»Die Utopia« 223

Erstes Kapitel
Morus als Ökonom und Sozialist 225

Zweites Kapitel
Die Ausgaben und Übersetzungen der »Utopia«.
Ihre Komposition 261

Drittes Kapitel
Die Produktionsweise der Utopier 274

Viertes Kapitel
Die Familie der Utopier 303

Fünftes Kapitel
Politik, Wissenschaft und Religion in Utopien 321

Sechstes Kapitel
Der Zweck der »Utopia« 336

Vorwort zur ersten Auflage

Als ich den Plan faßte, die Anfänge des Sozialismus für die »Internationale Bibliothek« darzustellen, glaubte ich, Morus und Münzer zusammen in einem Bündchen behandeln zu können. Je mehr ich mich jedoch in das Studium über den Erstgenannten vertiefte, destomehr fesselte es mich, desto bedeutender und anziehender erschien mir der Verfasser der »Utopia«. Ich war ohne jede Voreingenommenheit an die Arbeit gegangen. Die heutige sozialistische Bewegung gewinnt weder durch ein günstiges Urteil über Morus, noch verliert sie durch ein ungünstiges über ihn. Wenn sich also schließlich ein wahrer Enthusiasmus für den Mann in mir herausgebildet hat, so ist das seiner ganzen Persönlichkeit, nicht seiner theoretischen Stellung als Sozialist zuzuschreiben. Ich habe ihm gegenüber nie die Aufgabe des Kritikers vergessen; wenn trotzdem manchem der Leser meine Darstellung Morus' zu einseitig günstig erscheinen sollte, dann verweise ich ihn darauf, daß diese immer noch kühl ist im Vergleich zu fast allen anderen Biographien Mores, die keineswegs immer von Parteifreunden herrühren. Man kann sich nicht mit Morus beschäftigen, ohne ihn lieben zu lernen.

In England existiert eine große Literatur über Thomas Morus; ist er doch eine Art Nationalheld geworden. In Deutschland ist er, außer in den Kreisen der Fachgelehrten, in seinem Wesen nur wenig bekannt. Aber auch die Engländer sahen in ihm bisher bloß den praktischen Politiker und humanistischen Gelehrten; mit seinem Sozialismus haben sie nichts anzufangen gewußt.

Alles das bewog mich, Morus eingehender zu behandeln und dem historischen und biographischen Moment mehr Spielraum zu lassen, als ich anfangs beabsichtigt hatte. Bestärkt wurde ich darin durch den Umstand, daß mir im britischen Museum die ganze Morus betreffende Literatur zu Gebote stand, soweit sie von einiger Bedeutung ist. Ich hoffe, durch die Erweiterung meiner Arbeit zur Ausfüllung einer Lücke beigetragen zu haben, die in der deutschen, nicht bloß sozialistischen, sondern auch historischen Literatur besteht.

Vorliegende Schrift ist indes nicht ausschließlich für Fachgelehrte, sondern für ein größeres Publikum bestimmt. Bei diesem konnte ich nicht die Kenntnis der historischen Situation voraussetzen, deren Kind Thomas Morus war und ohne deren Erkenntnis er nicht verstanden werden kann. Diese Situation war aber eine so eigenartige, daß sie nicht mit wenigen Worten auseinandergesetzt werden konnte, daß zu ihrer Darlegung oft weit in die Geschichte des Mittelalters zurückgegriffen werden mußte. So ist die Einleitung entstanden, die den ersten der drei Abschnitte umfaßt, aus denen vorliegende Arbeit besteht.

Diese Einleitung erschien mir um so notwendiger, da mein historischer Standpunkt nicht der herkömmliche ideologische ist, sondern der materialistische der Marxschen Geschichtsauffassung.

Ich habe nur selten in dieser Arbeit Gelegenheit gehabt, Schriften von Marx oder Engels zu zitieren. Einzelne Zitate würden auch nur ungenügend andeuten, was ich in theoretischer Beziehung diesen beiden Männern verdanke. Man kann es durch Zitate belegen, wenn man gewisse Tatsachen und Gesichtspunkte einem Autor entnommen hat, nicht aber, wenn man dessen ganze Forschungsmethode sich anzueignen versucht. Es sei daher an dieser Stelle daran erinnert, daß, wenn es mir gelungen sein sollte, neue, beachtenswerte Gesichtspunkte aufzustellen, sie der Marxschen historischen Auffassung und Methode zu danken sind.

Diese so fruchtbare Methode, die dem Forschenden auf jedem Schritt neue und überraschende Einblicke öffnet, sowie ihre Anwendung bei der Behandlung eines Mannes und einer Zeit, wie sie interessanter kaum gedacht werden können, haben mir die zur Abfassung vorliegender Schrift aufgewendete Arbeit zu einer überaus genußreichen gemacht. Ich wünsche nur, daß deren Gegenstand auf den Leser ebenso anziehend wirken möge, wie auf den Autor. London, August 1887.

Karl Kautsky.

Vorwort zur zweiten Auflage

Schon seit Jahren war die erste Auflage des vorliegenden Buchs vergriffen, aber meine Arbeiten entfernten mich so sehr von der Reformationszeit, daß ich nicht dazu kam, die neuere Literatur über Thomas Morus vorzunehmen. Erst im letzten Sommer ergab sich mir eine Gelegenheit dazu, und da fand ich zu meiner Überraschung, daß diese Literatur ungemein geringfügig ist und zu keiner einzigen Änderung von irgend welchem Belang Veranlassung gibt. Abgesehen von der Einfügung einiger unwesentlichen Details und einer erneuten Redigierung nach der formellen Seite hin ist in der Arbeit nichts geändert worden. Ich kann sie dem Leser mit dem angenehmen Bewußtsein vorsetzen, daß die zwei Jahrzehnte, die seit der Abfassung meines »More« verstrichen, weder an den Ergebnissen noch auch an der Methode, durch welche diese gewonnen wurden, das geringste erschüttert haben.

Mein »Thomas More« war die erste größere historische Arbeit, die einer der deutschen Schüler von Marx und Engels auf Grund der von unseren Meistern entwickelten materialistischen Geschichtsauffassung veröffentlichte. Diese damals noch wenig beachtete Auffassung ist seitdem in der Sozialdemokratie und mit ihr zu einer das ganze proletarische Denken beherrschenden Methode geworden; in demselben Maße sind freilich auch die kritischen Angriffe gewachsen, die gegen sie geschleudert wurden, und nicht bloß aus den Reihen unserer Gegner. Aber alle diese Kritiken und Krisen haben Gedeihen und Wachstum der materialistischen Geschichtsauffassung nicht im geringsten beeinträchtigt, und sie zeigt ihre befruchtende Wirkung ebenso in einer von Jahr zu Jahr sich mehrenden wissenschaftlichen Literatur der verschiedensten Sprachen, die uns immer tiefere Einblicke in Vergangenheit und Gegenwart erschließt, wie in der Sicherheit und Konsequenz, die sie der Praxis des proletarischen Klassenkampfes in allen Kulturländern verleiht. Derartige Wirkungen sind aber der Prüfstein, an dem eine Methode des Forschens und Denkens am sichersten erprobt wird: An ihren Früchten sollt ihr sie erkennen.

Berlin, im März 1907.

Karl Kautsky.

Erster Abschnitt

Das Zeitalter des Humanismus und der Reformation

Einleitung

Zwei gewaltige Gestalten stehen an der Schwelle des Sozialismus: Thomas Morus und Thomas Münzer, zwei Männer, deren Ruf zu ihrer Zeit ganz Europa erfüllte: der eine ein Staatsmann und Gelehrter, der die höchste politische Stellung in seinem Vaterland erstieg, dessen Werke die Bewunderung seiner Zeitgenossen erregten; der andere ein Agitator und Organisator, vor dessen rasch zusammengerafften Proletarier- und Bauernhaufen die deutschen Fürsten erzitterten. Beide voneinander grundverschieden im Standpunkt, der Methode, dem Temperament, beide gleich in ihrem Endziel, dem Kommunismus, gleich an Kühnheit und Überzeugungstreue, gleich in ihrem Ende: beide starben auf dem Schafott.

Mitunter sucht man Morus und Münzer den Ruhm streitig zu machen, die Geschichte des Sozialismus zu eröffnen. Entsprechend der beliebten Phrase: es hat immer Arme gegeben und wird immer Arme geben, erklärt man auch, es habe immer Sozialisten gegeben und werde immer welche geben, natürlich, ohne daß sie je ihrem Ziele näher kämen, und sucht uns zum Beweis aus dem Altertum eine Reihe von Sozialisten vorzuführen, von Lykurg und Pythagoras bis zu Plato, den Gracchen, Catilina, Christus, seinen Aposteln und Jüngern.

Es fällt uns nicht ein, leugnen zu wollen, daß mit der Entwicklung der Warenproduktion sich bereits im Altertum eine Klasse besitzloser Freier entwickelte, die von den Römern Proletarier genannt wurden. Auch zeigten sich bereits im Zusammenhang damit Bestrebungen nach Aufhebung oder Milderung mancher sozialen Ungleichheiten. Aber das antike Proletariat war ein ganz anderes als das moderne. Es ist dies schon so oft dargetan worden, daß wir es nicht nötig haben, hier näher darauf einzugehen. Genug, der Unterschied zwischen dem modernen und dem antiken Proletarier ist der zwischen dem unentbehrlichen Arbeiter, auf dem die ganze Kultur beruht, und dem lästigen schmarotzenden Bummler.

Ebenso verschieden wie das antike Proletariat vom modernen, ist der antike sogenannte »Sozialismus« vom modernen. Die Verschiedenheit der beiden nachzuweisen, würde eine eigene Abhandlung erfordern, welche die ganze antike Geschichte umfassen müßte, da die verschiedenen antiken »sozialistischen« Bestrebungen, die, oberflächlich betrachtet, als Äußerungsformen desselben Prinzips erscheinen, in Wirklichkeit durch die verschiedensten Ursachen veranlaßt worden sind und den verschiedensten Tendenzen dienten.

Die herkömmliche Geschichtsschreibung glaubt im Rom des Julius Cäsar und im Athen des Demosthenes dasselbe Proletariat zu finden, wie im Paris Napoleon III. und im Berlin des kleinen Belagerungszustandes. In Wirklichkeit ist aber nicht einmal das moderne Proletariat in der kurzen Spanne von kaum 400 Jahren, in der es besteht, stets dasselbe gewesen, sondern hat in dieser Zeit gewaltige Veränderungen durchgemacht, entsprechend der gleichzeitigen ökonomischen Entwicklung. Das Proletariat von heute zeigt sich bereits in wesentlichen Punkten verschieden von dem von 1848, wie viel mehr denn von dem der Zeit der »Utopia«! Das Kapital stand damals erst am Anfang seiner ökonomischen Revolution; der Feudalismus übte noch eine ausgedehnte Macht auf das wirtschaftliche Leben der Masse des Volkes. Noch nahmen die von den neuen Interessen bedingten neuen Ideen das Gewand der dem Feudalismus entsprossenen Gedankenwelt an, und diese wirkte in traditionellen Illusionen fort, nachdem die ihr entsprechende materielle Unterlage schon in ihren Grundfesten erschüttert war.

Dem eigentümlichen Charakter dieser Zeit mußte auch der damalige Sozialismus entsprechen. Morus war ein Kind seiner Zeit; er konnte über deren Schranken nicht hinaus; aber es zeugt von der Genialität seines Scharfsinns, vielleicht zum Teil auch seines Instinktes, daß er in der Gesellschaft seiner Zeit bereits die Probleme sah, welche sie in ihrem Schoße trug.

Die Grundlagen seines Sozialismus sind moderne, jedoch von so viel Unmodernem überwuchert, daß es oft ungemein schwer ist, sie bloßzulegen. Reaktionär wird der Sozialismus Morus' freilich nirgends in seiner Tendenz; dieser war weit davon entfernt, gleich manchen »Sozialreformern« des neunzehnten Jahrhunderts, in der Rückkehr zu feudalen Zuständen das Heil der Welt zu erblicken. Aber vielfach standen ihm zur Lösung der Probleme, die er vorfand, nur die Mittel der Feudalzeit zu Gebote. Da mußte er sich denn oft gar sonderbar drehen und wenden, um sie seinen modernen Zwecken anzupassen.

Wer daher ohne weiteres an den Moreschen Kommunismus herantritt, dem werden manche seiner Ausführungen verschroben, bizarr, launenhaft erscheinen, die in Wirklichkeit auf einer gründlichen und wohldurchdachten Erkenntnis der Bedürfnisse und Mittel seiner Zeit beruhen.

Wie jeder Sozialist, kann auch Morus nur aus seiner Zeit verstanden werden. Diese ist aber schwieriger zu verstehen, als die irgend eines späteren Sozialisten, da sie von der unseren verschiedener ist. Ihr Verständnis setzt die Bekanntschaft voraus nicht nur mit den Anfängen des Kapitalismus, sondern auch mit den Ausgängen des Feudalismus, vor allem ein Verständnis der gewaltigen Rolle, welche die Kirche auf der einen Seite, der Welthandel auf der anderen Seite damals spielten. Auch Morus ist durch beide auf das tiefste beeinflußt worden, und es hieße leeres Stroh dreschen oder sich mit allgemeinen Phrasen an der Oberfläche der Dinge bewegen, wenn wir versuchen wollten, ein Bild der Persönlichkeit und der Schriften des ersten Sozialisten zu entwerfen, ohne die historische Situation, deren Produkt er war, wenigstens in einigen großen Zügen gezeichnet zu haben. Dies ist die Aufgabe des ersten Abschnitts unserer Schrift.

Erstes Kapitel

Die Anfänge des Kapitalismus und des modernen Staates

1. Der Feudalismus

»Die Wissenschaften blühn, die Geister regen sich, es ist eine Lust, zu leben«, rief Hutten von seiner Zeit. Und er hatte recht. Für einen kampffrohen Geist, wie den seinen, war es eine Lust zu leben in einem Jahrhundert, das die überkommenen Verhältnisse, die ererbten Vorurteile kühn umstieß, die träge gesellschaftliche Entwicklung in Fluß brachte und den Horizont der europäischen Gesellschaft mit einem Male unendlich erweiterte, das neue Klassen schuf, neue Ideen, neue Kämpfe entfesselte.

Als »Ritter vom Geist« hatte Hutten alle Ursache, sich seiner Zeit zu freuen. Als Mitglied der Ritterschaft durfte er sie mit weniger günstigen Augen betrachten. Seine Klasse war damals auf der Seite der Unterliegenden: sein Schicksal war das ihre. Sie hatte nur die Wahl, zu verkommen oder sich zu verkaufen, im Dienste eines Fürsten die Existenz zu finden, die der Grund und Boden versagte.

Die Signatur des sechzehnten Jahrhunderts ist der Todeskampf des Feudalismus gegen den aufkommenden Kapitalismus. Es trägt das Gepräge beider Produktionsweisen, bietet ein wunderliches Gemisch beider dar.

Die Grundlage des Feudalismus war die bäuerliche und

handwerksmäßige Produktion im Rahmen der Markgenossenschaft.

Ein oder mehrere Dörfer bildeten in der Regel eine Markgenossenschaft mit gemeinsamem Eigentum von Wald, Weide und Wasser, ursprünglich auch von Ackerland. Innerhalb dieser Genossenschaften ging der ganze mittelalterliche Produktionsprozeß vor sich. Der gemeinsame Grundbesitz sowie die in Privatbesitz übergegangenen Äcker und Gärten lieferten die Lebensmittel, derer man bedurfte, Produkte des Feldbaus, der Viehzucht, der Jagd und Fischerei, und die Rohprodukte, die innerhalb der patriarchalischen Bauernfamilie oder von den Handwerkern des Dorfes verarbeitet wurden, Holz, Wolle usw. Die private wie die öffentliche Tätigkeit innerhalb dieser Gemeinwesen ging auf Lieferung von Gebrauchsgegenständen für den Selbstgebrauch, entweder des Produzenten oder seiner Familie, oder seiner Genossenschaft, oder endlich, unter Umständen, des Feudalherrn.

Eine Markgenossenschaft war ein wirtschaftlicher Organismus, der sich in der Regel völlig selbst genügte und fast gar keinen wirtschaftlichen Zusammenhang mit der Außenwelt hatte.

Die Folge davon war eine merkwürdige Exklusivität. Wer nicht Markgenosse war, galt als Fremder, als rechtlos oder minderberechtigt, selbst wenn er sich in der Gemeinde niederließ, solange er nicht ein markberechtigtes Grundeigentum erwarb. Und die gesamte Außenwelt außerhalb der Mark war Ausland. Es bildete sich in den Köpfen der Markgenossen einerseits aristokratischer Dünkel gegen die Zuzügler von außen, die kein Grundeigentum zu erwerben imstande waren, andererseits aber jene lokale Beschränktheit, jene Kirchturms- und Kantönlipolitik, die in abgelegenen und ökonomisch zurückgebliebenen Gegenden heute noch zu finden ist. Auf diesen Grundlagen beruhten der Partikularismus und die ständische Absonderung, die dem feudalen Mittelalter eigentümlich waren.

Der wirtschaftliche Zusammenhang des feudalen Staates war unter diesen Umständen ein äußerst loser. Rasch, wie sich die Reiche bildeten, zerfielen sie wieder. Nicht einmal die nationale Sprache war ein erhebliches Bindemittel, da die wirtschaftliche Abgeschlossenheit der Markgenossenschaften die Erhaltung und Bildung von Dialekten begünstigte.

Die einzige starke Organisation, die über den Markgenossenschaften stand, war die universale, katholische Kirche mit ihrer universalen Sprache, der lateinischen, und ihrem universalen Grundbesitz. Sie war es, die die ganze Masse der kleinen, selbstgenügsamen Produktionsorganismen des Abendlandes zusammenhielt.

Die Macht des Staatsoberhauptes, des Königs, war ebenso gering, als der Zusammenhang des Staates locker war. Aus dem Staate selbst konnte das Königtum nur geringe Kraft schöpfen, es zog sie, wie damals jede andere gesellschaftliche Macht, aus seinem Grundbesitz. Je größer der Grundbesitz eines Feudalherrn, je mehr Bauern in einer Mark, je mehr Marken im Lande ihm zinspflichtig waren, desto mehr Lebensmittel, desto mehr persönliche Dienste aller Art standen ihm zu Gebote; desto größer und prächtiger konnte er seine Burg bauen, desto zahlreichere Handwerker und Künstler konnte er an seinem Hofe halten, die ihm Kleidung, Geräte, Schmuck und Waffen erzeugten; desto größer sein reisiges Gefolge, desto ausgedehnter seine Gastfreundschaft, desto mehr Vasallen konnte er durch Verleihung von Land und Leuten an sich fesseln.

Der König war meist der größte Grundbesitzer im Lande und damit der mächtigste. Aber seine Gewalt war nicht eine so übermäßige, daß sie die anderen großen Grundbesitzer ihm unterjocht hätte. Vereinigt waren sie ihm fast stets überlegen, die größten unter ihnen auch einzeln nicht zu verachtende Gegner. Der König mußte zufrieden sein, als der Erste unter gleichen anerkannt zu werden. Seine Stellung wurde eine immer kläglichere, je mehr die Feudalität sich entwickelte, je mehr die Feudalherren durch Unterjochung der freien Bauern an Macht zunahmen, je mehr infolgedessen der Heerbann zusammenschrumpfte und der König vom Ritterheer abhängig wurde. Erst dann begann die königliche und überhaupt die landesfürstliche Gewalt aus ihrer Erniedrigung sich wieder zu erheben, als die Städte genügend erstarkt waren, ihr einen festen Rückhalt zu bieten.

2. Die Städte

Die Grundlage der mittelalterlichen Stadtgemeinde wie der Dorfgemeinde war die Markgenossenschaft. (Vergleiche darüber vornehmlich G.L. v. Maurer, Geschichte der Städteverfassung in Deutschland. 4 Bände. Erlangen 1869 bis 1871.) Den Anstoß zu ihrer Bildung gab der Handel, namentlich mit Italien. Derselbe hatte auch in der Zeit der größten Zerrüttung nach dem Untergang des Römerreichs nie ganz aufgehört. Allerdings, die Bauern bedurften seiner kaum. Sie erzeugten selbst, was sie brauchten. Aber die Landesherren, der hohe Adel, die hohe Geistlichkeit verlangten nach Gegenständen einer höheren Industrie. Ihre hofhörigen Handwerker konnten dies Bedürfnis nur teilweise befriedigen. Sie waren der Aufgabe nicht gewachsen, feine Gewebe, Schmucksachen und dergleichen zu erzeugen, wie sie Italien sandte. Die deutschen Herren holten sich diese Schätze mitunter bei den Römerzügen; aber daneben entwickelte sich doch ein regelmäßiger Handel, in Deutschland besonders genährt seit dem zehnten Jahrhundert durch die Silbergewinnung im Harz. Die Silberminen von Goslar fing man 950 zu bearbeiten an. Über den Einfluß der Harzbergwerke auf den Handel des Mittelalters vergleiche Anderson, An historical and chronological deduction of the origine of commerce. 1. Band, S.93. London 1787.

An den Höfen der weltlichen Großen und an den Bischofsitzen, sowie an gewissen Knotenpunkten, zum Beispiel dort, wo die Straßen aus den Alpenpässen den Rhein oder die Donau erreichten, an geschützten Häfen im Innern des Landes, die den wenig tiefgehenden Seeschiffen doch noch erreichbar waren, wie Paris und London, bildeten sich bald Stapelplätze von Waren, die, so unbedeutend sie uns auch heute erscheinen mögen, doch die Gier der Umwohner und auswärtiger Räuber, Normannen, Ungarn usw. erregten. Es wurde notwendig, sie zu befestigen. Damit war der Anfang zur Entwicklung der Stadt aus einem Dorfe gegeben.

Aber auch nach der Ummauerung blieb die Landwirtschaft und die Produktion für den Selbstgebrauch überhaupt im Rahmen der Markgenossenschaft die vorwiegende Beschäftigung der Bewohner des befestigten Ortes. Der Handel war zu geringfügig, dessen Charakter zu beeinflussen. Die Stadtbürger blieben ebenso lokal borniert und exklusiv wie die Dorfbauern.

Neben den alten vollberechtigten Geschlechtern der Markgenossen erstand indes bald eine neue Macht, die der Handwerker, die sich in Genossenschaften nach dem Muster der Markgenossenschaft, in Zünften, organisierten.

Das Handwerk war ursprünglich nicht Warenproduktion. Der Handwerker stand entweder zur Markgenossenschaft oder als Höriger zu einem Feudalherrn in einem gewissen Dienstverhältnis. Er produzierte für die Bedürfnisse der Markgenossenschaft oder des Hofes, wozu er gehörte, nicht zum Verkauf. Solche Handwerker, namentlich hörige, fanden sich in den Städten, besonders wenn sie Sitze von Bischöfen oder Landesherren waren, natürlich sehr zahlreich. Andere Handwerker wurden angezogen, als der Handel sich entwickelte und einen Markt für Produkte der Industrie eröffnete. Der Handwerker war jetzt nicht mehr darauf angewiesen, in einem Dienstverhältnis zu arbeiten, er konnte ein freier Warenproduzent werden. Die hörigen Handwerker in der Stadt versuchten, ihre Verpflichtungen abzuschütteln; die hörigen Handwerker der Umgebung flüchteten sich in die Stadt, wenn sie konnten und Aussicht hatten, von ihr geschützt zu werden. Das Handwerkertum nahm an Zahl und Macht zu; aber es blieb zum großen Teile ausgeschlossen von der Markgenossenschaft und damit vom Stadtregiment; dieses blieb den Nachkommen der ursprünglichen Markgenossen vorbehalten, die aus bäuerlichen Kommunisten zu hochfahrenden Patriziern wurden. Ein Klassenkampf zwischen den Zünften und Geschlechtern entspann sich, der in der Regel mit dem völligen Siege der ersteren endete. Gleichzeitig damit ging ein Kampf um die Selbständigkeit der Stadt von grund- oder landesherrlicher Oberhoheit vor sich, der auch oft zu ihrer Unabhängigkeit führte.

In diesen Kämpfen gegen die grundbesitzende Aristokratie empfand das Handwerkertum eine gewisse Sympathie mit den Bauern, die nach einer Milderung ihrer feudalen Lasten strebten. Nicht selten gingen beide Klassen Hand in Hand. Ein demokratischer, republikanischer Zug entwickelte sich durch diese Kämpfe im Kleinbürgertum, aber die frühere Exklusivität der Markgenossenschaft wurde dadurch nicht völlig überwunden, sie wurde nur auf einem etwas erweiterten Terrain zur Geltung gebracht, dem der Zunft und der Gemeinde.

Allerdings sprengte die handwerksmäßige Warenproduktion die Abgeschlossenheit der städtischen Markgenossenschaft; die Handwerker arbeiteten nicht bloß für die Stadt, sondern auch für das umliegende Gebiet, oft in weitem Umfang; nicht so sehr für die Bauern, die fortfuhren, fast alles, was sie brauchten, selbst zu fabrizieren, als für deren Aussauger, die Feudalherren, die ihre hörigen Handwerker verloren hatten. Andererseits bezogen die Handwerker ihre Lebensmittel und Rohstoffe vom Lande. Die wirtschaftliche Wechselwirkung, aber auch der Gegensatz zwischen Stadt und Land begann. Neben die Markgenossenschaft trat als zweite wirtschaftliche Einheit immer mehr die Stadt mit einem größeren oder kleineren Landgebiet. Die Abschließung der einzelnen Städte voneinander blieb aber bestehen trotz ihrer dauernden oder zeitweisen Verbindung zu gemeinsamen Zwecken. Der staatliche Zusammenhang wurde dadurch nicht gefördert, er wurde eher zerrissen, da die reichen und trotzigen Städterepubliken eine Unabhängigkeit erlangten, wie sie den Markgenossenschaften ganz unmöglich gewesen war. Sie bildeten neben den großen Feudalherren einen neuen Grund der staatlichen Zerrissenheit.

Die Macht der Landesherren war durch die Hilfe der Städte gegen den Adel gehoben worden. Schließlich aber drohte ihr das Schicksal, gerade von ihren bisherigen Bundesgenossen völlig vernichtet zu werden. Diese Tendenz ist jedoch nur in geringem Maße zum wirklichen Ausdruck gekommen; denn innerhalb einzelner Städte entwickelte sich eine neue Macht, die dieselben zu Bollwerken eines strammen staatlichen Absolutismus machen sollte, die revolutionäre Macht des Kaufmannskapitals, die der Welthandel erstehen ließ.

3. Der Welthandel und der Absolutismus

Wie wir bereits wissen, hatte der Handel zwischen Italien und dem germanischen Norden auch nach dem Sturze der Römerherrschaft nie ganz aufgehört. Er hatte die Städte begründet. Aber er war zu schwach, solange er vorwiegend Kleinhandel war, ihnen einen eigentümlichen Charakter zu verleihen. Anfangs war es immer noch die Landwirtschaft im

Rahmen der Markgenossenschaft, später das zünftige Handwerk, das in ihnen überwog und ihren Charakter bestimmte. In vielen Städten war letzteres noch bis in unser Jahrhundert der Fall, bei einigen ist es noch heute. Aber eine Reihe von Städten haben sich zu Großstädten entwickelt und sind damit die Bahnbrecher einer neuen sozialen Ordnung geworden. Es sind das Städte, die durch eine besondere Gunst historischer und geographischer Umstände zu Zentralpunkten des überseeischen Handels, des Welthandels wurden.

Der überseeische Handel mit dem Orient, besonders mit Konstantinopel und Ägypten, entwickelte sich im mittelalterlichen Europa zuerst in Unteritalien, in Amalfi, wo Griechen und Sarazenen mit den Eingeborenen in anfänglich feindliche, dann interessierte Berührung gerieten. Wie tief auch der Orient gesunken war, an Kunstfertigkeit, an technischem Wissen war er dem Abendland doch unendlich überlegen. Nicht nur die uralten Produktionszweige hatten sich dort erhalten, neue waren neben ihnen aufgekommen, so die Produktion und Verarbeitung der Seide im griechischen Reiche, überdies hatte die Völkerwanderung des Islam die hochstehenden Kulturländer des fernsten Ostens, Indien und China, in viel engere Verbindung mit Ägypten und den Küstenländern des Mittelmeers überhaupt gebracht, als zur Zeit der Römerherrschaft der Fall gewesen war.

Es waren demnach große, ja in den Augen der Barbaren Europas feenhafte, unermeßliche Schätze, welche die Kaufleute von Amalfi ihnen brachten. Die Gier, solche zu besitzen, zu erwerben, erfaßte bald alle herrschenden Klassen in Europa. Sie hat mächtig beigetragen zu jenen Plünderungs- und Eroberungszügen nach dem Morgenland, die unter dem Namen der Kreuzzüge bekannt sind; sie hat aber auch in allen geographisch günstig gelegenen Städten das Streben erweckt, teilzunehmen an dem so gewinnreichen Handel. Zunächst in Norditalien.

Mit der Zeit entstand das Bestreben, die Industrieprodukte, die man einführte, nachzuahmen, namentlich die Gewebe. Schon im zwölften Jahrhundert finden wir Seidenwebereien in Palermo, betrieben von griechischen Kriegsgefangenen. Im vierzehnten Jahrhundert wurden solche Webereien in den norditalienischen Städten errichtet.

Wo die Nachahmung des Produktes gelang, fanden es die Kaufleute bald profitabler, den Rohstoff einzuführen und daheim von gemieteten Arbeitern verarbeiten zu lassen – vorausgesetzt, daß sie freie Arbeiter fanden, Arbeiter, die weder Zunftzwang noch Frondienste an der Arbeit für sie hinderten und die keine Produktionsmittel besaßen, um ihre Freiheit für sich selbst auszunützen und für sich selbst zu arbeiten, sondern die gezwungen waren, ihre Arbeitskraft zu verkaufen.

So entstanden mehrfach die Anfänge von Manufakturen und damit die Grundlagen der kapitalistischen Produktionsweise.

Zur Zeit Mores, im Beginn des sechzehnten Jahrhunderts, sind diese Anfänge jedoch nur geringfügig. Die Industrie liegt noch vornehmlich in den Händen des zünftigen Handwerks. Das Kapital erscheint noch wesentlich in der Form des Kaufmannskapitals. Aber auch in dieser Form übte es bereits eine zersetzende Wirkung auf die feudale Produktionsweise aus. Je mehr der Warenaustausch sich entwickelte, eine desto größere Macht wurde das Geld. Geld war die Ware, die jeder nahm und jeder brauchte, für die man alles erhalten konnte: alles, was die feudale Produktionsweise bot, persönliche Dienste, Haus und Hof, Speise und Trank, aber auch eine Unzahl von Gegenständen, die daheim in der Familie nicht produziert werden konnten, Gegenstände, deren Besitz immer mehr zu einem Bedürfnis wurde und die nicht anders zu erlangen waren, als um Geld. Die Geld erwerbenden, Waren produzierenden oder mit Waren handelnden Klassen gelangten immer mehr zu Bedeutung. Und der Zunftmeister, der durch die gesetzlich beschränkte Anzahl seiner Gesellen nur zu mäßigem Wohlstand gelangen konnte, wurde bald überholt durch den Kaufmann, dessen Profitwut maßlos, dessen Kapital unbegrenzter Ausdehnung fähig und, was für ihn nicht das unangenehmste, dessen Handelsgewinne enorm waren.

Das Kaufmannskapital ist die revolutionäre ökonomische Macht des vierzehnten, fünfzehnten und sechzehnten Jahrhunderts. Mit ihm gelangt neues Leben in die Gesellschaft und neue Anschauungsweisen erwachen.

Im Mittelalter finden wir borniertesn Partikularismus, Kleinstädterei einerseits und andererseits einen Kosmopolitismus, der den Bereich der ganzen abendländischen Christenheit umfaßte. Das Gefühl der Nationalität war dagegen sehr schwach.

Der Kaufmann kann sich nicht auf einen kleinen Bezirk beschränken, wie der Bauer oder der Handwerker, die ganze Welt muß ihm womöglich offen stehen; immer weiter strebt er, immer weitere Märkte sucht er zu erschließen. Im Gegensatz zum Zunftbürger, der oft sein ganzes Leben lang nicht das Weichbild seiner Stadt überschritt, sehen wir den Kaufmann rastlos nach unbekannten Gegenden drängen. Er überschreitet die Grenzen Europas und inauguriert ein Zeitalter der Entdeckungen, das in der Auffindung des Seewegs nach Indien und der Entdeckung Amerikas gipfelt, das aber, strenge genommen, heute noch fortdauert. Auch heute noch ist der Kaufmann und nicht der wissenschaftliche Forscher die Triebkraft der meisten Entdeckungsreisen. Der Venetianer Marco Polo gelangte schon im dreizehnten Jahrhundert nach China. Zehn Jahre nach Marco Polo wurde bereits von kühnen Genuesen ein Versuch gemacht, den Seeweg nach Indien um Afrika herum zu machen, ein Unternehmen, das erst zwei Jahrhunderte später gelingen sollte. (Vergleiche Sophus

Ruge, Geschichte des Zeitalters der Entdeckungen. Berlin 1881. S. 23.) Von größerer Bedeutung für die ökonomische Entwicklung war die Anbahnung des direkten Seeverkehrs von Italien nach England und Holland, die gegen Ende des dreizehnten Jahrhunderts den Genuesen und Venetianern gelang. Dadurch wurde der Kapitalismus in diesen Ländern des Nordwestens ungemein gefördert.

An Stelle der Fesselung an die Scholle setzte der Handel einen Kosmopolitismus, der sich überall wohlfühlte – wo es etwas zu verdienen gab. Gleichzeitig aber setzte er der Universalität der Kirche entgegen die Nationalität. Der Welthandel erweiterte den Gesichtskreis der abendländischen Völker weit über den Bereich der katholischen Kirche hinaus und verengte ihn gleichzeitig auf das Gebiet der eigenen Nation.

Das klingt paradox, ist aber leicht zu erklären. Die kleinen, selbstgenügsamen Gemeinwesen des Mittelalters standen nur wenig, wenn überhaupt, in einem wirtschaftlichen Gegensatz zueinander. Innerhalb dieser Gemeinwesen gab es wohl Gegensätze, aber die Außenwelt war ihnen ziemlich gleichgültig, solange sie von ihr in Ruhe gelassen wurden. Für den Großkaufmann ist es dagegen nicht gleichgültig, welche Rolle das Gemeinwesen, dem er angehört, im Ausland spielt. Der Handelsprofit entspringt daraus, daß man so billig als möglich kauft, so teuer als möglich verkauft. Der Profit hängt viel davon ab, in welchem Machtverhältnis Käufer und Verkäufer zueinander stehen. Am profitabelsten ist es natürlich, wenn man sich in der angenehmen Lage befindet, einem Warenbesitzer seine Waren ohne jegliche Entschädigung wegnehmen zu können. In der Tat ist der Handel in seinen Anfängen sehr oft gleichbedeutend mit Seeraub. Das zeigen uns nicht bloß die homerischen Gedichte. Wir werden noch im dritten Abschnitt sehen, daß auch im England des sechzehnten Jahrhunderts der Seeraub eine beliebte

Form »ursprünglicher Akkumulation« des Kapitals war und deshalb Staatshilfe genoß.

Mit dem Handel entsteht aber auch die Konkurrenz innerhalb der Reihen der Käufer wie der Verkäufer. Auf dem auswärtigen Markte werden diese Gegensätze zu nationalen Gegensätzen. Der Interessengegensatz zum Beispiel zwischen dem genuesischen Käufer und dem griechischen Verkäufer in Konstantinopel wurde zu einem nationalen Gegensatz. Auf der anderen Seite wurde der Interessengegensatz zwischen genuesischen und venetianischen Kaufleuten auf demselben Markte ebenfalls zu einem nationalen Gegensatz. Je mächtiger Genua gegenüber Venedig sowohl als dem griechischen Reiche war, desto bessere Handelsprivilegien durfte es in Konstantinopel erwarten. Je größer, je mächtiger das Vaterland, die Nation, desto größer der Profit. Heute noch ist der Chauvinismus nirgends größer, als unter den Kaufleuten im Ausland, und heute noch gilt die »Ehre der Nation« engagiert, wenn es einem »nationalen« Kaufmann im Ausland erschwert wird, die Leute dort übers Ohr zu hauen.

Durch die Entwicklung des Welthandels entstand somit ein mächtiges ökonomisches Interesse, welches das bis dahin lockere Gefüge der Staaten festigte und konsolidierte, aber auch ihre Abschließung voneinander und damit die Spaltung der Christenheit in mehrere schroff voneinander gesonderte Nationen begünstigte.

Der Binnenhandel trug, nachdem der Welthandel erstanden war, nicht weniger zur Erstarkung der Nationalstaaten bei.

Der Handel strebt naturgemäß danach, sich in gewissen Stapelplätzen zu konzentrieren, Knotenpunkten, in denen die Straßen eines größeren Gebiets zusammenlaufen. Dort sammeln sich die Waren des Auslandes, um von diesem Zentralpunkt aus über das ganze Land durch ein weitverzweigtes Netz von Straßen und Wegen verbreitet zu werden. In demselben Knotenpunkt sammeln sich die Waren des Inlandes, um von da nach dem Ausland zu wandern. Das ganze Gebiet, das ein solcher Stapelplatz beherrscht, wird ein wirtschaftlicher Organismus, dessen Zusammenhang um so enger, dessen Abhängigkeit vom Zentralpunkt um so stärker wird, je mehr die Warenproduktion sich entwickelt und die Produktion für den Selbstgebrauch verdrängt.

Aus allen Gegenden des vom Zentralpunkt beherrschten Gebiets strömen die Menschen in jenem zusammen; die einen, um dort zu bleiben, die anderen, um nach verrichteten Geschäften wieder heimzukehren. Der Zentralpunkt wächst, er wird zu einer Großstadt, in der sich nicht nur das wirtschaftliche, sondern auch das davon abhängige geistige Leben des von ihm beherrschten Landes konzentriert. Die Sprache der Stadt wird die Sprache der Kaufleute und der Gebildeten. Sie fängt an, das Lateinische zu verdrängen und Schriftsprache zu werden. Sie fängt aber auch an, die bäuerlichen Dialekte zu verdrängen: eine Nationalsprache bildet sich.

Die Staatsverwaltung paßt sich der ökonomischen Organisation an. Auch sie wird zentralisiert, die politische Zentralgewalt nimmt ihren Sitz in dem Mittelpunkt des wirtschaftlichen Lebens, und dieser wird zur Hauptstadt des Landes, das er jetzt nicht nur ökonomisch, sondern auch politisch beherrscht.

So bildete die ökonomische Entwicklung den modernen Staat, den Nationalstaat mit einer einheitlichen Sprache, einer zentralisierten Verwaltung, einer Hauptstadt.

Dieser Entwicklungsgang ist vielfach heute noch nicht abgeschlossen; er wurde mehrfach durchkreuzt, aber seine Richtung ist bereits am Ende des fünfzehnten und Anfang des sechzehnten Jahrhunderts in den Staaten Westeuropas deutlich zu erkennen, und vielleicht gerade deswegen um so deutlicher, weil der Feudalismus damals noch das ökonomische Leben und, kraft der Tradition, in noch größerem Maße die Formen des geistigen Lebens stark beeinflußte. Was sich einige Menschenalter später von selbst verstand, hatte damals noch sein »Recht auf Existenz« zu erweisen und ebenso die Hinfälligkeit des Alten, das es vorfand. Die neue ökonomische, politische und geistige Richtung mußte sich Bahn brechen durch das Bestehende, sie hatte polemisch aufzutreten und deutete daher vielfach ihr Ziel schärfer an als im folgenden Jahrhundert.

Es ist einleuchtend, daß der eben geschilderte Entwicklungsprozeß dem Königtum, oder besser gesagt, der Gewalt des Landesherrn überhaupt förderlich sein mußte überall dort, wo diese noch einen Rest von Kraft bewahrt hatte. Es war natürlich, daß die neue politische Zentralgewalt sich um die Person des Landesherrn kristallisierte, daß er die Spitze der zentralisierten Verwaltung und Armee bildete. Seine Interessen und die Interessen des Handels waren die gleichen. Dieser brauchte einen zuverlässigen Feldherrn und eine starke Armee, die entsprechend dem Charakter der ökonomischen Macht, deren Interessen sie diente, für Geld gemietet war – ein Söldnerheer gegenüber den Gefolgschaften und Aufgeboten des feudalen Grundbesitzes. Der Handel bedurfte der Armee zur Wahrung seiner Interessen nach außen wie nach innen: zur Niederwerfung von konkurrierenden Nationen, zur Eroberung von Märkten, zur Sprengung der Schranken, welche die kleinen Gemeinwesen innerhalb des Staates dem freien Handel entgegensetzten, zur Handhabung der Straßenpolizei gegenüber den großen und kleinen Feudalherren, die dem Eigentumsrecht, das der Handel proklamierte, eine kecke Leugnung, und nicht bloß eine theoretische, entgegensetzten.

Mit dem internationalen Verkehr wuchsen auch die Anlässe zu Reibungen zwischen den verschiedenen Nationen. Die Handelskriege wurden immer häufiger und heftiger. Jeder Krieg aber vermehrte die Gewalt des Landesfürsten und machte sie immer absoluter.

Wo es an einem legitimen, das heißt herkömmlichen Fürstentum fehlte, dem diese Entwicklung hätte zugute kommen können, führte sie oft zum Absolutismus der Führer der Söldnerscharen, deren die Staaten bedurften. So in verschiedenen Republiken Norditaliens.

Aber das neue Staatswesen bedurfte des Fürsten nicht nur als obersten Kriegsherrn. Es bedurfte seiner auch als des Herrn der Staatsverwaltung. Der feudale, partikularistische Verwaltungsapparat war im Zusammenbrechen, aber der neue, zentralistische Verwaltungsmechanismus, die Bureaukratie, war erst in den Anfängen. Der politische Zentralismus, der für die Warenproduktion mit entwickeltem Handel an der Schwelle der kapitalistischen Produktionsweise eine ökonomische Notwendigkeit war, um die ökonomische Zentralisation zu fördern, wie er umgekehrt durch diese bedingt und gefördert wurde, dieser Zentralismus bedurfte in seinen Anfängen einer persönlichen Spitze, die kräftig genug war, um die Einheit der Verwaltung gegenüber den auseinanderstrebenden Elementen, namentlich des Adels, aufrecht zu halten. Diese Kraft besaß nur der Herr der Armee. Die Vereinigung aller Machtmittel des militärischen und administrativen Apparats in einer Hand, mit anderen Worten, der fürstliche Absolutismus war eine ökonomische Notwendigkeit für das Zeitalter der Reformation und noch weit darüber hinaus. Es kann dies hier nicht stark genug hervorgehoben werden, da manche von Morus' Handlungen und Schriften uns völlig unverständlich, ja vom modernen Standpunkt aus widersinnig erscheinen müssen, wenn wir diesen Punkt außer acht lassen.

Es erschien damals, und in den meisten Fällen war es auch, hoffnungslos, ohne oder gar gegen den Fürsten etwas im Staate unternehmen zu wollen. Was immer im Staate geschehen sollte, mußte die Sanktion des Landesherrn erhalten haben.

Je stärker der fürstliche Absolutismus im Staate wurde, desto mehr wurde er den Interessen des Kapitals dienstbar, damals vor allem dem Handel und der hohen Finanz. Nicht nur wurden die Interessen von Kapital und Fürstentum bis zu einem gewissen Grade immer mehr identisch, dieses wurde auch immer abhängiger von jenem. Die Macht der Fürsten hörte in demselben Maße immer mehr auf, auf ihrem Grundbesitz zu beruhen, in dem der Welthandel wuchs. Immer mehr wurde das Geld die Grundlage ihrer Macht. Ihre Größe beruhte wesentlich auf ihrer Armee und ihrer Hofhaltung. Beide kosteten Geld, viel Geld. An Stelle der feudalen Kriegführung trat eine neue, dieser überlegene, welche die reichen Städte entwickelt hatten. Diese setzten dem zuchtlosen Ritterheer nicht nur eine strammdisziplinierte Infanterie entgegen, sie nahmen auch die Errungenschaften der neuen Technik in ihren Dienst und wurden dem Rittertum furchtbar durch ihre Artillerie.

Damit wurde der Krieg eine Sache des Geldes. Nur derjenige konnte sich den Luxus eines Krieges erlauben, der Geld genug besaß, um Fußknechte und Schützen anzuwerben und große Waffenvorräte zu halten.

Dazu kam die Kostspieligkeit der Hofhaltungen. Die Interessen des Handels wie des Fürstentums erforderten es, daß der Trotz des Feudaladels gebrochen werde, sie forderten jedoch nicht seine Vernichtung, sondern nur seine Anpassung an die neuen Verhältnisse. Der Adel sollte nicht länger auf seinen Burgen hausen, ein zahlreiches Gefolge ernährend, unnütz, ja gefährlich für Königtum und Handel.

Der Adel sollte an den Hof des Fürsten, unter dessen Aufsicht, in seinen Dienst; statt seine Einnahmen zur Haltung von eigenen Armeen zu verwenden, sollte er sie am Hofe im Luxus verprassen, er sollte sie zum Ankauf gerade derjenigen Waren verwenden, auf deren Verkauf der Welthandel, die Profite des Kaufmanns beruhten. Eine englische Parlamentsakte von 1512, die die Formalitäten der Verzollung von Gold- und Silberstoff, Goldbrokat, Samt, Damast, Atlas, Taft und anderen aus Seide und Gold gewirkten Stoffen regelte, erwähnt unter anderem, daß oft in einem Schiffe 3000 bis 4000 Stück solcher Gewebe nach England kamen. (G.L. Craik, The history of british commerce. 1. Band, S. 217.)

Der höfische Luxus des Adels förderte ja Handel und Königtum in gleicher Weise: er vermehrte die Profite und schwächte den Adel finanziell, machte ihn von Geldbewilligungen des Königs und dem Kredit der Kaufleute abhängig und beiden dienstbar.

Mit allen möglichen Mitteln förderten damals Kaufmannschaft und Königtum die Verbreitung des Luxus, vor allem durch ihr eigenes Beispiel. Mit allen möglichen Mitteln wurde der Adel aus seinen Burgen an den Hof gezogen; wenn's sein mußte, mit Gewalt; womöglich durch Ehrenbezeugungen und die Anlockungen, die eine raffinierte Üppigkeit gegenüber einfacher Roheit bot.

Aber wenn auf der einen Seite das Königtum den Adel zur Entfaltung von Luxus durch sein eigenes Beispiel anspornte, so andererseits wieder der Adel das Königtum.

Im Anfang des sechzehnten Jahrhunderts konnte man nicht so wie heute sein Vermögen in Staatspapieren oder Aktien anlegen. Die müßigen Reichen, die nicht als Kaufleute, Pächter oder Manufakturisten tätig sein wollten, vor allem also der hohe Adel, legten daher ihre akkumulierten Reichtümer gern in edlen Metallen und Edelsteinen an, Gegenständen, die stets ihren Wert behielten und überall einen Käufer fanden. Sollten sie aber diese Schätze in ihren Truhen verschließen? Gold und Edelsteine waren damals eine Macht, wie sie früher ein zahlreiches Gefolge gewesen. Diese Macht wollte man nicht nur besitzen, man wollte sie auch zur Schau stellen: das beste Mittel, um Einfluß zu gewinnen, die einen zur Ehrerbietung und Unterwürfigkeit, die anderen zu Entgegenkommen und Rücksichtnahme zu bewegen. So wie im Mittelalter die Grundherren ihre Einkommen zur Haltung zahlreicher Gefolgschaften verwendeten, so jetzt zur Erwerbung von Kostbarkeiten, und so wie sie ehedem bei festlichen Gelegenheiten mit ihrem ganzen Gefolge erschienen, um zu imponieren, so jetzt mit allen ihren Kostbarkeiten beladen.

Daß gar mancher durch das Bestreben, zu glänzen, bewogen wurde, einen Reichtum zur Schau zu tragen, der bloß erborgt war, ist naheliegend.

Der König durfte hinter seinen Höflingen nicht zurückbleiben; er mußte die Überlegenheit seiner Macht auch durch die Überlegenheit seines Glanzes dartun. Adel und Königtum trieben sich so gegenseitig zu immer größerem Prunk.

Eine prächtige Hofhaltung gehörte daher seit dem fünfzehnten Jahrhundert immer mehr zu den Regierungserfordernissen, ohne die ein Fürst nicht auszukommen vermeinte. Ein wahnsinniger Luxus entfaltete sich, der unendliche Summen verschlang.

Allen diesen Ausgaben waren die Einnahmen aus dem feudalen Grundbesitz der Könige lange nicht gewachsen. Sie begannen Geldabgaben zu erheben; aber den größten Teil des Ertrags derselben hatten sie aus den reichen Städten zu erwarten, die damals nicht mit sich spassen ließen. Die Könige begannen daher, sich ihrer Zustimmung zu den Abgaben zu versichern, die sie ihnen auflegen wollten; die Städte wurden aufgefordert, als dritter Stand Abgeordnete zu senden, um neben den beiden anderen Ständen, dem Adel und der Geistlichkeit, mit dem König den Betrag der auszuschreibenden Steuern zu vereinbaren. Wo die Städte genügende Macht hatten, verstanden sie sich zu solchen Steuern nur unter gewissen Bedingungen; in England entwickelte sich daraus unter besonders günstigen Umständen – namentlich infolge der Vereinigung der kleineren Grundbesitzer mit dem Bürgertum – die gesetzgebende Gewalt des Parlaments.

Aber die Geldbewilligungen waren nur selten genügend, die Lücken zu füllen, die ewige Kriege und maßlose höfische Verschwendung in den Schatzkammern der Landesfürsten rissen. Die meisten derselben waren in ewiger Verlegenheit, trotzdem die Steuern das Volk auf das ärgste bedrückten: aus dieser unangenehmen Klemme halfen ihnen bereitwilligst die reichen Handelsherren und Bankiers, natürlich nicht umsonst, sondern meist gegen Verpfändung eines Teiles des Staatseinkommens. Die Staatsschulden begannen, die Staaten und ihre Häupter wurden Schuldknechte des Kapitals, sie hatten seinen Interessen zu dienen.

»Es ist der größte Irrtum, wenn man glaubt, das Verfahren, Staatsbedürfnisse durch Anleihen zu decken, sei erst durch Wilhelm III. in England eingeführt worden. Von undenklich langer Zeit her hatte jede englische Regierung die Gewohnheit gehabt, Schulden zu kontrahieren. Nur die Gewohnheit, sie ehrlich zu bezahlen, wurde durch die bürgerliche Revolution eingeführt.« (Macauley, Geschichte von England. Deutsch von Lemcke. 1. Band, S. 211.)

Dem Volke gegenüber wuchs die Macht des Absolutismus. Sie wuchs gegenüber Bauern und Handwerkern, gegenüber Adel und Klerus. Aber durch den Absolutismus kamen diesen gegenüber zur Geltung die Anschauungen und Interessen der Handelsherren, der Bankiers und der Landspekulanten.

Die Auffassung, daß ein monarchisches Staatsoberhaupt notwendig und unentbehrlich sei, und daß es bloß darauf ankomme, es den Interessen des Bürgertums dienstbar zu machen, diese Auffassung ist heute noch die der Masse der Bourgeoisie. Der Kampf des achtzehnten Jahrhunderts, der zur großen Revolution führte, drehte sich wesentlich darum, ob das Königtum Werkzeug des Adels und der Geistlichkeit oder des dritten Standes sein solle. Wohl kannten die Ideologen des Bürgertums bäuerliche und aristokratische Republiken, aber kaum einem kam der Gedanke einer bürgerlichen Republik. Die Philosophen der »Aufklärung« scharten sich vielmehr um den »aufgeklärten«, das heißt in ihrem Sinne wirkenden Despotismus. Erst die Macht der Tatsachen zwang den Franzosen die bürgerliche Republik auf; diese, das Königtum ohne König, wurde mit den bürgerlichen Verhältnissen erst dann verträglich, als der Mechanismus der zentralisierten Armee und Bureaukratie vollständig eingerichtet und im Gange war.

Zweites Kapitel

Der Grundbesitz

1. Feudaler und kapitalistischer Landhunger

Die Warenproduktion und der Warenhandel erzeugten nicht nur neue Klassen mit neuen Interessen und neuen Anschauungen. Sie wandelten auch die Klassen, die sie vorfanden, entsprechend um. Die neuen Bedürfnisse, welche sie hervorriefen, wanderten aus den Städten auf das flache Land und erzeugten dort ebenso wie hier das Bedürfnis und die Gier nach Gold und Silber, den Waren, die alles kauften. Damit erwuchs auch die Notwendigkeit, den Feudalismus den neuen Produktionsbedingungen anzupassen, aus dem Grundbesitz eine Geldquelle zu machen; die Landwirtschaft mußte zur Warenproduktion übergehen; der Landwirt mochte fortfahren, zum Selbstgebrauch zu produzieren, aber er mußte daneben noch einen Überschuß herstellen, der als Ware auf den Markt gebracht werden konnte.

Diesen Markt bot die Stadt. Sie brauchte nicht nur Nahrungsmittel, sondern auch Rohstoffe in immer steigendem Maße, nicht nur Korn und Fleisch, Käse und Butter, sondern auch Wolle und Flachs, Häute, Holz usw...

Unter gewissen Umständen wurde dadurch der Bauer instand gesetzt, Warenproduzent zu werden. Die Landwirtschaft wurde dann eine Geldquelle, und wo dies der Fall war, lag es ebenso im Vermögen, wie im Interesse des Bauern, die persönlichen Dienste und die Naturallieferungen, zu denen er dem Feudalherrn gegenüber verpflichtet war, in Geldabgaben zu verwandeln. Unter besonders günstigen Verhältnissen vermochte er sich sogar vom Joche der Feudalität völlig zu befreien.

Ebensosehr wie diese Bauern trachteten auch die Feudalherren nach Umwandlung der feudalen Leistungen in Geldabgaben. Aber diese Umwandlung war nur unter besonders günstigen Umständen dem Bauern förderlich. Sie wurde ihm verderblich, wenn die landwirtschaftliche Warenproduktion nicht genügend entwickelt war. Für die englischen Bauern war sie allerdings ein Mittel der Lockerung der feudalen Bande, für die Masse der Bauern Deutschlands wurden die Geldabgaben eine Geißel, die sie zur Verzweiflung trieb und ruinierte, ohne den Feudalherren einen erheblichen Vorteil zu bringen.

Indessen hatten die englischen Bauern sich ihrer günstigen Lage nicht lange zu freuen. Die Warenproduktion verlieh dem Grund und Boden selbst den Charakter einer Ware und damit einen Wert, der nicht bestimmt wurde durch die Zahl der Bewohner, die er ernährte, sondern durch den Überschuß, den er lieferte. Je geringer die Zahl seiner Bebauer im Verhältnis zum Erträgnis, und je anspruchsloser deren Lebenshaltung, desto erheblicher der Überschuß, desto größer der Grundwert.

Im ganzen westlichen Europa sehen wir daher am Ausgang des Mittelalters und dem Beginn der neuen Zeit zwei eigentümliche Erscheinungen: es ersteht ein Hunger nach Land, und zwar namentlich nach solchem Land, das zu seiner Bewirtschaftung wenig Hände benötigt, z. B. Wälder und Weiden. Und gleichzeitig damit geht das Bestreben, die landwirtschaftliche Bevölkerung möglichst zu lichten, teils dadurch, daß man Kulturen, die viele Hände erfordern, durch andere ersetzt, die weniger Hände beanspruchen, teils durch Vermehrung der Arbeitslast der einzelnen Landbebauer, so zum Beispiel dadurch, daß jetzt zwei Leute leisten, was bisher drei geleistet haben, und der dritte überflüssig wird.

Auch die Feudalzeit hatte ihren Landhunger, der ebenso gierig war, wie der der Neuzeit; aber sein Charakter war ein ganz anderer. Die alten Feudalherren waren lüstern nach dem Lande mit den Bauern, die neuen Herren verlangten nach dem Lande der Bauern.

Was der Feudaladel verlangte, das war nicht Land allein, sondern Land und Leute. Je dichter besiedelt sein Grund und Boden war, desto größer die Zahl der Abgaben Entrichtenden und Dienste Leistenden, desto größer das kriegerische Gefolge, das er erhalten konnte. Das Streben des mittelalterlichen Adels ging nicht dahin, die Bauern zu verjagen, sondern sie an die Scholle zu fesseln und soviel als möglich neue Ansiedler heranzuziehen.

Anders der neue Adel.

Da die Bauernschinderei nicht Geld genug abwarf, sah er sich immer mehr gezwungen, selbst zur Warenproduktion überzugehen, eigene landwirtschaftliche Betriebe einzurichten – in England wurden diese bald an kapitalistische Pächter übergeben –: dazu bedurfte man eines Teiles des Bauernlandes, aber nicht seiner Inhaber. Man hatte alles Interesse daran, sie zu vertreiben.

Dazu kam, daß, wie erwähnt, Weiden und Wälder einen Wert erhielten. Die Feudalherren fingen jetzt an, die Gemeinweiden und Gemeinwälder als Privateigentum an sich zu ziehen und die Bauern von deren Benutzung auszuschließen.

Von den Gemeinweiden hing aber die Erhaltung des Viehstandes des Bauern ab; das Rindvieh wiederum war für ihn nicht nur nützlich wegen des Ertrags an Milch, Fleisch und Häuten, sondern geradezu unentbehrlich für den Ackerbau als Zugvieh und Düngerlieferant. Die Wälder waren für den Bauern wichtig wegen der Jagd, der Holz- und Streunutzung und auch als Weidegrund für die Schweine. Mit den Gemeinwäldern und Gemeinweiden wurden also dem Bauern wichtige Betriebsmittel entzogen; und gleichzeitig ruinierten ihn, wie schon erwähnt, die Geldabgaben. Kein Wunder, daß ein Bauer nach dem anderen zugrunde ging und aus seinem Heime vertrieben wurde, nicht durch das »Judentum«, sondern durch den christlich-germanischen Adel. Wo der ökonomische Prozeß das Bauernlegen nicht so schnell vorangehen ließ, als den Interessen des Grundherrn entsprach, half dieser vielfach nach durch Prozesse auf Grundlage eines den Bauern unbekannten Rechtes, des römischen, das den großen Grundbesitzern jetzt sehr gut paßte, oder aber auch durch direkte physische Gewalt ohne jeden Versuch eines Vorwandes.

Eine massenhafte Proletarisierung des Landvolkes war die Folge dieser Entwicklung. Das Proletariat wurde noch vermehrt durch die Aufhebung der Klöster, von der wir noch in einem anderen Zusammenhang sprechen werden, und die Auflösung der Gefolgschaften.

Solange für die Produkte der Landwirtschaft kein Markt vorhanden war, wußten die Grundherren mit den massenhaften Lebensmitteln, welche ihnen ihre Hintersassen lieferten, nichts anderes anzufangen, als sie zu konsumieren. Und da sie trotz ihrer guten Mägen das allein nicht zustande brachten, luden sie andere dazu ein, ihnen zu helfen, gute Freunde, fahrende Ritter, reisige Knechte, die von ihnen abhängig wurden, ihr Gefolge bildeten, ihnen Ansehen und Macht verliehen. Der Graf von Warwick soll auf seinen Schlössern jeden Tag 30 000 Menschen gespeist haben. Dafür war er aber auch mächtig genug, Könige ein- und abzusetzen. Er war der »Königsmacher«.

Das änderte sich, als sich den Grundbesitzern die Möglichkeit bot, den Überschuß an landwirtschaftlichen Produkten, den sie nicht verzehren konnten, zu verkaufen, dafür etwas einzutauschen, was unter den neuen Verhältnissen mehr Macht und Ansehen Verlieh als ein Gefolge, nämlich Geld. Gleichzeitig wuchs die Macht der Landesfürsten und damit die Macht der Polizei. Die inneren Fehden wurden immer seltener, damit die Gefolgschaften immer überflüssiger. Sie fingen an, ihren Herren als Banden unnützer Fresser zu erscheinen, die man sich soviel als möglich vom Halse schaffen mußte. Die Landesfürsten förderten die Auflösung der Gefolgschaften, indem sie dieselbe vielfach in Fällen erzwangen, wo die Gefolgschaft noch eine Macht war, die gefährlich werden konnte.

Die Auflösung der Gefolgschaften, die Legung der Bauern und, seit der Reformation, die Einziehung der Klöster schufen rasch eine ungeheure Masse von Proletariern.

2. Das Proletariat

Die germanischen Völker, die in das römische Reich einbrachen, hatten mit der römischen Produktionsweise auch die Möglichkeit der Verarmung übernommen. Bereits zur Zeit der Merowinger finden wir unter den Bettlern an den Kirchentüren auch solche mit fränkischen Namen erwähnt. (Paul Roth, Geschichte des Benefizialwesens von den ältesten Zeiten bis ins zehnte Jahrhundert. Erlangen 1850. S. 185.) Das ganze Mittelalter hindurch ist die Sorge für die Armen eine der wichtigsten Funktionen der Kirche. Aber die Armut war doch bloß eine vereinzelte Erscheinung. Wohl kannte das Mittelalter auch Notstände der Massen, aber diese waren in der Regel dem äußeren Feinde oder der Natur zuzuschreiben, Plünderungszügen der Ungarn oder Normannen, Mißwachs usw. Diese Notstände erstreckten sich mehr oder weniger auf das ganze Volk und waren vorübergehender Natur. Erst mit dem Beginn der neuen Zeit ersteht wieder ein Proletariat als besondere, zahlreiche Klasse der Gesellschaft, als stehende Institution, wie es am Ende der römischen Republik und in der Kaiserzeit bestanden.

Aber zwischen diesem neugeschaffenen und dem antiken Proletariat bestand ein großer Unterschied. Das neue Proletariat fand nicht eine Klasse vor, die noch unter ihm stand, von deren direkter oder indirekter Ausbeutung es hätte leben können, keine Sklaven und keine rechtlosen Provinzialen. Das moderne Proletariat besaß aber zur Zeit seiner Entstehung auch keine Souveränitätsrechte, aus deren Verkauf es hätte Gewinn ziehen können, wie der souveräne Pöbel des alten Rom. Das moderne Proletariat entstand nicht als Bodensatz der herrschenden, ausbeutenden Klassen, es bildete sich aus der Auflösung beherrschter, ausgebeuteter Klassen. Zum erstenmal in der Weltgeschichte sehen wir im fünfzehnten Jahrhundert eine Klasse freier Proletarier erstehen als die unterste Klasse der Gesellschaft, eine Klasse, deren Interessen nicht die Ersetzung der Klassenherrschaft, die sie vorgefunden, durch eine andere, sondern die Aufhebung jeder Klassenherrschaft fordern.

Von der großen weltgeschichtlichen Rolle, die damit dem Proletariat zugefallen war, hatte freilich – und wie wäre es anders möglich gewesen? – zur Zeit seiner Entstehung niemand eine Ahnung, am allerwenigsten die Proletarier selbst.

Daß sie die unterste Klasse der Gesellschaft waren, kam ihnen allerdings nur zu deutlich zum Bewußtsein. Nichts nannten sie ihr eigen, als ihre Arbeitskraft, und sie hatten keine Wahl, als sie zu verkaufen oder elend zu verhungern.

Mit der neuen Ware erstanden auch gleichzeitig die Käufer für sie: die Kriegsherren und die Kaufleute. Sie bedurften ihrer in den Söldnerheeren und den Manufakturen. Die

Proletarisierung der Massen durch die oben gekennzeichneten Methoden war ebenso wichtig für die Entwicklung des Kriegswesens wie der Industrie. Aber bei weitem nicht alle freigesetzten Leute fanden in diesen beiden Zweigen menschlicher Tätigkeit ihr Unterkommen. Was die kapitalistischen Manufakturen vornehmlich brauchten, das waren geschickte Arbeiter, und die fanden sie nur spärlich unter den davongejagten Bauern, Kriegsknechten, Mönchen. Wohl begann das Handwerk bereits Proletarier zu liefern – die Zunftmeister klagten schon damals über die Konkurrenz der Kaufleute, welche fremde Waren einführten und die Produkte der heimischen Industrie in Manufakturen außerhalb des Bereichs des Zunftwesens herstellen ließen – aber das Handwerk stand im allgemeinen noch auf festen Füßen. Kein Wunder, daß die Kapitalisten über Arbeitermangel jammerten, indes die Arbeitslosen zu Tausenden herumliefen.

Die Kriege nahmen bedeutende Menschenmassen in Anspruch; aber das Landvolk war zum großen Teile des Waffenhandwerks entwöhnt, und der Krieg wurde gerade seit dem Ausgang des Mittelalters eine Kunst, die gelernt sein wollte. Nicht jeder konnte Soldat werden; wer es aber wurde, der blieb es, der wurde unfähig zu einem anderen Gewerbe. Die stehenden Heere waren indes im fünfzehnten und sechzehnten Jahrhundert noch sehr gering; die Mehrzahl der Soldaten wurde nach Beendigung des Krieges entlassen. Unfähig zu einer friedlichen Arbeit, verwildert und vertiert, setzten die verabschiedeten Kriegsknechte jedermann in Schrecken; niemand wollte etwas mit ihnen zu tun haben. In Not und Verzweiflung entschlossen sie sich leicht, das, was sie unter ihren Kondottieri [Fußnote] im großen für andere betrieben, nun im kleinen für sich zu treiben. Sie wurden Räuber. Natürlich suchten sie die Wehrlosesten am meisten heim: die Bauern. Eine Folge der Proletarisierung der Massen, wurden sie ihrerseits wiederum ein Mittel, diese Proletarisierung zu beschleunigen. Dies gilt auch von den damaligen Kriegen.

In Deutschland nahm die Proletarisierung des Landvolkes seit dem Bauernkrieg große Dimensionen an, indes die Entwicklung der kapitalistischen Industrie und einer Kolonialpolitik durch die Veränderung der Wege des Weltverkehrs gehindert wurde. Das Proletariat fand also die Abzugskanäle der Industrie und der Kolonien nicht vor, die es in anderen Ländern wenigstens zum Teile aufsaugten, und mußte sich gänzlich auf Krieg und Räuberei werfen. Dies erscheint uns als eine wichtige Ursache der Dauer des Dreißigjährigen Krieges. Der Krieg wurde möglich durch die massenhaften Proletarier, welche die Soldtruppen lieferten. Der Krieg selbst erzeugte wieder neues Bauernelend, neue Proletarier und damit auch neue Söldner. Die kämpfenden Parteien fanden also das Reservoir von Soldaten nicht eher erschöpft, als bis der Bauer fast völlig verschwunden war. Dann gab's freilich auch keine Soldaten mehr.

Die Not zwang die nicht in den Waffen geübten Arbeitslosen zur Ausbeutung des Mitleids oder der Vertrauensseligkeit besser Situierter. Die Landstreicherei und Gaunerei wurden eine Landplage, Räuber und Diebe machten alle Straßen unsicher.

Vergebens suchte man durch eine furchtbar grausame Blutgesetzgebung die Landstreicherei zu unterdrücken. Arbeitsgelegenheit wurde dadurch nicht geschaffen, die Proletarisierung des Landvolkes dadurch nicht gehindert. Alle Versuche, die Kleinbauern vor den Grundherren zu schützen, erwiesen sich als vergeblich. Das Massenelend und die Massenverwilderung wuchsen trotz aller Gesetze und Erlasse, trotz Galgen und Rad.

3. Leibeigenschaft und Warenproduktion

Das Schicksal der Bauern, die auf ihren Höfen belassen wurden, war nicht viel besser als das ihrer freigesetzten Brüder. In manchen Gegenden, namentlich Englands, verschwand der Bauer völlig, um durch kapitalistische Pächter ersetzt zu werden, die mit Taglöhnern wirtschafteten, an denen von jener Zeit an kein Mangel war.

Wo die Bauern nicht durch Taglöhner ersetzt wurden, mußten jene es sich gefallen lassen, auf das Niveau der letzteren herabgedrückt zu werden. Im Mittelalter hatte der Feudalherr seiner Bauern bedurft. Je mehr Bauern, desto mehr Macht. Als die Städte mächtig genug wurden, entlaufene Bauern gegen ihre Herren zu schützen, als auch die Kreuzzüge eine Menge Volks außer Landes führten, das des harten Druckes der Leibeigenschaft überdrüssig geworden, und eine allgemeine Bevölkerungsabnahme auf dem Lande eintrat, da mußten die Feudalherren günstige Bedingungen gewähren, um ihre Leute zurückzuhalten und neue anzuziehen. Daher die Verbesserung der Lage der Bauern im dreizehnten Jahrhundert. Vom vierzehnten Jahrhundert an wird der Bauer in steigendem Maße für den Feudalherrn überflüssig, und damit verschlechtert sich seine Lage wieder zusehends. Wenn man ihn nicht verjagt, so deswegen, um den Taglöhner zu ersparen. Die Ländereien des Bauernhofes werden beschnitten, damit das Gebiet der Gutsherrschaft vergrößert werden kann, oft bleibt dem Bauer nichts als eine Hütte und etwas Gartenland. Die Frondienste der Bauern wurden natürlich nicht entsprechend beschnitten. Im Gegenteil, sie wurden ins Ungemessene verlängert. Die Produktion für den Selbstgebrauch hat eine gewisse Grenze, das Bedürfnis der zu Versorgenden, auch dort, wo sie auf der Zwangsarbeit beruht. Der Warenproduktion mit Zwangsarbeit ist dagegen dieselbe maßlose Profitwut eigen wie dem Kapitalismus: Geld kann man nie genug haben.

Es fehlt ihr aber die eine Schranke des Kapitalismus, die diesem mitunter fühlbar wird, die Widerstandskraft des freien Arbeiters.

Die Warenproduktion mit Zwangsarbeit ist daher die scheußlichste Form der Ausbeutung. Die orientalische patriarchalische Sklaverei erscheint als eine Idylle gegenüber der Sklaverei, wie sie in den Zucker- und Baumwollplantagen der Südstaaten der Union noch vor wenigen Jahrzehnten herrschte. Und so war auch die Leibeigenschaft der Feudalzeit unvergleichlich milder als die, welche aus der Entwicklung der Warenproduktion erwuchs. (Vergleiche Marx, Kapital, 1. Band, S. 219 [Fabrikant und Bojar].)

Die kapitalistische Produktionsweise in den Städten förderte mitunter die Leibeigenschaft. Der Kapitalismus bedurfte zu seiner Entwicklung massenhafter Zufuhr von Rohstoffen, wie sie damals mitunter nur der landwirtschaftliche Großbetrieb mit Leibeigenen leisten konnte. Die Leibeigenschaft in Europa war in der Tat zu gewissen Zeiten ebenso eine Lebensbedingung für die kapitalistische Produktionsweise, wie später die Sklaverei in Amerika.

Noch 1847 konnte Marx schreiben: »Die direkte Sklaverei ist der Angelpunkt der bürgerlichen Industrie, ebenso wie die Maschinen usw. Ohne Sklaverei keine Baumwolle, ohne Baumwolle keine moderne Industrie. Nur die Sklaverei hat den Kolonien ihren Wert gegeben; die Kolonien haben den Welthandel geschaffen; und der Welthandel ist die Bedingung der Großindustrie.« (Marx, Das Elend der Philosophie, Stuttgart 1885. S. 103.) – Noch vor wenigen Jahrzehnten, während des Sezessionskrieges, erklärten die englischen Kapitalisten die Sklaverei der Südstaaten für eine notwendige Existenzbedingung der englischen Industrie.

Nichts komischer, als wenn Großgrundbesitz und Kapital sich um die Liebe der Arbeiterklasse bewerben: »Ich bin der natürliche Schützer des Arbeiters,« ruft jener; »ich will, daß jeder seine feste Stellung in der Gesellschaft habe, daß es keine Proletarier gebe.« »Höre nicht auf die Lockungen,« ruft der Kapitalist, »ich bin es, der dich aus dem Joche der Leibeigenschaft erlöst hat.«

In Wirklichkeit haben Grundbesitz und Kapital einander nichts vorzuwerfen; nicht nur das Kapital, auch der Grundbesitz hat an der »Befreiung« der Arbeiter von der Scholle mitgearbeitet; andererseits hat auch das Kapital für Leibeigenschaft und Sklaverei geschwärmt, wo es ihm paßte.

4. Die ökonomische Überflüssigkeit des neuen Adels

Die Entwicklung der Warenproduktion führte dazu, daß die Formen des Feudalismus zur größtmöglichen Ausbeutung des ländlichen Arbeiters ausgenutzt wurden, den man kaum mehr Bauer nennen kann.

Indes die Ausbeutung des Leibeigenen wuchs, schwand die Notwendigkeit des Feudaladels rasch dahin. Im Mittelalter hatte nicht nur der Feudalherr zu seiner Erhaltung des Bauern bedurft, sondern dieser auch des Feudalherrn, der ihn vor Vergewaltigung schützte, ihm einen Teil seiner gerichtlichen und administrativen Pflichten gegenüber dem Gemeinwesen abnahm und ihn vor allem von der erdrückenden Last des Kriegsdienstes befreite.

Mit der Entwicklung des modernen Staates wurden die Gründe immer hinfälliger, die den Bauer im Anfange des Mittelalters in die Abhängigkeit trieben. Je stärker die staatliche Zentralgewalt wurde, je mehr die Polizei die inneren Fehden unterdrückte und der Adel aufhörte, eine selbständige militärische Macht zu besitzen, desto überflüssiger wurde es für den Bauern, einen Herrn zu haben, der ihn gegen die Mächtigen schützte. Der Schutz- und Schirmherr wurde jetzt derjenige, gegen den er des meisten Schutzes bedurfte.

Der Feudalherr hatte dem Bauer die Last des Kriegsdienstes abgenommen und sie auf sich geladen. Der moderne Staat nahm sie dem Feudalherrn ab und lud sie wieder dem Bauer auf. An Stelle des Ritterheers trat, wie schon erwähnt, das Söldnerheer, das sich aus Bauern rekrutierte: entweder aus den zugrunde gegangenen oder, sobald diese Quelle schwächer floß, aus den noch seßhaften Bauern. Aus der Werbung wurde bald eine wenig verblümte Pressung. Der Bauer war es auch, dem die Erhaltung des Heeres zufiel; die Soldaten wurden bei ihm einquartiert, und zu den Abgaben an Adel und Kirche gesellten sich die Geldabgaben an den Staat, hauptsächlich zur Erhaltung des Heeres. Wohl prahlte der Adel nach wie vor, daß er der zur Verteidigung des Vaterlandes auserkorene Stand sei, aber seine ganze Ritterlichkeit bestand jetzt darin, daß er sich die gut bezahlten Offiziersstellen vorbehielt.

Auch an der Landesverwaltung und Gerichtsbarkeit hatte der Grundbesitz immer weniger Anteil; sie fielen immer mehr der Bureaukratie zu, zu deren Erhaltung der Bauer natürlich auch beitragen mußte. Was sich von der alten feudalen Gerichtsbarkeit in den Patrimonialgerichten noch erhielt, wurde nur ein neuer Hebel zur Vermehrung der Ausbeutung.

Von allen Diensten, die der Adel einst dem Bauer erwiesen und wofür dieser ihm seine Gegenleistungen abstattete, blieb keiner übrig, indes die Leistungen des Bauern maßlos ausgedehnt wurden.

Schließlich wurden die feudalen Lasten und Schranken zu einer wahren Fessel der Produktion, welche dringend danach verlangte, daß die ländliche Warenproduktion den feudalen Charakter gänzlich abstreife. Die feudale Aneignungsweise geriet in Widerspruch mit den Forderungen der Produktionsweise. Der feudale Adel, längst überflüssig geworden, wurde von diesem Punkte an entschieden schädlich, seine Beseitigung ein Gebot der Notwendigkeit.

Wir können auf diese weitere Entwicklung hier nicht näher eingehen, da in dem von uns behandelten Zeitraum nur ihre Anfänge sichtbar werden. Der erste und, wenn auch nicht der Form, so doch dem Endziel nach, schüchterne Protest gegen diese Anfänge des eben gekennzeichneten modernisirten, den Bedürfnissen der Warenproduktion angepaßten Feudalismus waren die Bauernkriege. Sie bildeten gleichzeitig eine der letzten krampfhaften Zuckungen der ersterbenden Markgenossenschaft; sie waren aber auch die Vorläufer der großen Revolution von 1789.

5. Das Rittertum

Zwischen dem großen Adel und den Bauern stand der niedere Adel, die Ritter, zum großen Teil Nachkommen der alten, gemeinfreien Bauern, die infolge günstiger Umstände ihre Freiheit zu wahren gewußt hatten. Dem Lehndienst an einen Mächtigeren hatten sie sich freilich nicht entziehen können, aber sie waren frei von grundherrlichen Leistungen und Abgaben. (G.L.v. Maurer, Einleitung zur Geschichte der Mark-, Hof-, Dorf- und Stadtverfassung und der öffentlichen Gewalt. München 1854. S. 236 ff.)

Der Ritter stand zwischen dem großen Grundherrn und dem Bauern, wie heute der Kleinbürger zwischen dem Kapitalisten und dem Arbeiter steht. Und er spielte auch eine ähnliche schwankende Rolle, ging heute mit den Bauern gegen die Fürsten, um morgen mit den Fürsten gegen die Bauern zu gehen, sobald diese gefährlich wurden. Der Typus dieses Rittertums ist Götz von Berlichingen. Natürlich fehlte es auch nicht an Rittern, die mit vollem Herzen für die Sache der Bauern eintraten: wer hat nicht schon von Florian Geyer gehört? Aber in der Mehrzahl blieben sie unzuverlässig. Selbst Huttens Stellung gegenüber den Bauern war keine entschiedene.

Ob das Rittertum für die Sache der Bauern oder der Grundherren eintrat, sein Untergang als selbständige Klasse war nicht aufzuhalten. Entweder gelang es dem Ritter, in die Klasse der großen Grundherren aufzusteigen, seine Güter so sehr zu erweitern, daß er zur Warenproduktion übergehen konnte, oder sein Grundbesitz wurde bedeutungslos, oft die Beute eines mächtigen Nachbarn, stets unzureichend, dem Ritter einen »standesgemäßen« Unterhalt zu gewähren. Dieser war gezwungen, von der Bildfläche als Grundbesitzer zu verschwinden und in den Städten sein Fortkommen zu suchen als Kaufmann oder, was für weniger entwürdigend galt, als Literat im Gefolge eines großen Herrn, namentlich aber als eine Art höherer Lakaien und Leibgardisten des Fürsten. Der Ritter wurde zum Höfling oder zum Landsknecht.

In Spanien, England und anderen Ländern eröffnete die Kolonialpolitik dem niederen Adel eine willkommene Gelegenheit, sein Ideal zu erreichen: ohne Arbeit reich zu werden. Das Faustrecht, das man ihm daheim legte, gelangte in den Kolonien und im Seeraub zu hoher Blüte.

Neben dem Kaufmann war der niedere Adel eine wichtige Triebkraft der Kolonialpolitik.

Natürlich vollzog sich die Anpassung des niederen Adels an die neue Produktionsweise ebensowenig ohne schwere Konvulsionen, als die anderen sozialen Umwandlungen der Reformationszeit. Hartnäckig strebte das Rittertum danach, seine Selbständigkeit aufrecht zu erhalten, was jedoch nur möglich war, wenn die feudale Produktionsweise in ihrer ursprünglichen Form fortbestehen blieb. Dabei nahm aber das Rittertum die Bedürfnisse an, welche die Entwicklung der Warenproduktion in den herrschenden Klassen geweckt: die Ansprüche des Rittertums an das Leben wurden immer größer, die Möglichkeit, ihnen auf dem Boden der feudalen

Produktionsweise zu genügen, immer geringer. Wenn andererseits das Rittertum die Lebensweise der Feudalzeit fortsetzen wollte, geriet es immer mehr in Gegensatz zu den tatsächlichen Verhältnissen.

Der Kontrast zwischen Wollen und Können beim Rittertum ward immer schärfer, er bildete eine der charakteristischsten Eigentümlichkeiten der Anfänge der Neuzeit. Dieser Kontrast nahm oft eine tragische Gestalt an, aber dem damaligen städtischen Literatentum, das den neuen Geldmächten zujauchzte, erschien er nicht so. Der Ritter war neben dem Mönch und dem Bauern der Vertreter der alten, feudalen Produktionsweise. Jeder dieser drei Stände wurde von der Bevölkerung der großen Städte, in denen sich das geistige Leben konzentrierte, gehaßt und verachtet. Aber das Bürgertum, solange es revolutionär war, hatte nichts von Rührseligkeit und Heuchelei an sich. Moralische Entrüstung war die Waffe, die es am seltensten anwendete. Es bekämpfte seine Gegner durch Spott und Hohn. Der dumme Bauer, der geile Pfaffe, der verkommene bettelstolze Ritter gehören zu den Lieblingsfiguren der Literatur der Renaissance und ihrer Ausläufer.

Wir treffen sie zuerst in Italien, wo die neue Produktionsweise sich am frühesten entwickelt, bald aber werden diese Figuren in der Literatur von ganz Europa heimisch. Vom Dekameron (erschien 1352 oder 1353) des Boccaccio bis zum Don Quixote (erschien 1604) des Cervantes zieht sich eine lange Reihe von Dichtungen, in denen bald der eine, bald der andere, bald alle drei genannten Stände dem Gelächter preisgegeben werden.

Der größte Teil dieser Literatur ist heute vergessen. Zwei Figuren unter den vielen, welche die lachende Grabrede des Rittertums bildeten, sind aber heute noch jedermann bekannt, sie sind, für unsere Begriffe, unsterblich geworden: Don Quixote und Falstaff.

Die »Lustigen Weiber von Windsor« (geschrieben 1602) erscheinen heute den meisten als ein sehr harmloses Lustspiel, aber es ist ein erbitterter Klassenkampf, der da mit genialem Humor travestiert wird. Ob Shakespeare mit dem Lustspiel eine politische Tendenz verfolgte, wissen wir nicht; aber er zeichnete, was er sah, den Kampf zwischen dem niedergehenden Rittertum, das sich nicht dem bürgerlichen Rahmen anpassen will, und dem aufstrebenden Bürgertum dessen Weiber klüger und tapferer sind, als die Ritter ohne Furcht und Tadel. Die »Lustigen Weiber von Windsor« sind der übermütige Jubelruf der siegreich vordringenden Bourgeoisie.

Drittes Kapitel

Die Kirche

1. Die Notwendigkeit und Macht der Kirche im Mittelalter

Die in den vorigen Kapiteln angedeuteten Klassengegensätze nahmen im Laufe der Entwicklung die verschiedensten Gestalten an, sie wechselten von Zeit zu Zeit und von Ort zu Ort und kombinierten sich je nach den äußeren Einflüssen, den historischen Traditionen, dem Stande der Erkenntnis und den augenblicklichen Interessen in der mannigfachsten Art. Aber wie verworren dadurch die Geschichte des fünfzehnten und sechzehnten Jahrhunderts auch erscheinen mag, ein roter Faden zieht sich klar erkennbar durch sie und gibt dieser Zeit ihre Signatur: der Kampf gegen die päpstliche Kirche. Man verwechsle nicht die Kirche mit der Religion. Von dieser werden wir später handeln.

Die Kirche war die vorherrschende Macht der Feudalzeit gewesen: mit dem Feudalismus mußte auch sie zusammenbrechen.

Als die Germanen in das römische Weltreich eindrangen, da trat ihnen die Kirche entgegen als Erbe der Cäsaren, als die Organisation, die den Staat zusammenhielt, als der Vertreter der Produktionsweise des Ausgangs der Kaiserzeit. So erbärmlich auch dieser Staat war, so herabgekommen auch die Produktionsweise, beide waren den politischen und ökonomischen Zuständen der barbarischen Germanen weit überlegen. Diese überragten moralisch und physisch das verkommene Römertum, aber es nahm sie gefangen mit seinem Wohlleben, seinen Schätzen. Der Raub ist keine Produktionsweise, wenn auch manche Ökonomen das zu glauben scheinen. Die bloße Plünderung der Römer konnte die Germanen auf die Dauer nicht befriedigen, sie fingen an, nach Art der Römer zu produzieren. Je mehr sie das taten, desto mehr aber gerieten sie unvermerkt in die Abhängigkeit von der Kirche, denn diese war ihre Lehrmeisterin; desto notwendiger wurde eine dieser Produktionsweise entsprechende staatliche Organisation, die wieder keine andere Macht schaffen konnte, als die Kirche.

Die Kirche lehrte die Germanen höhere Formen des Landbaus – die Klöster blieben bis spät ins Mittelalter die landwirtschaftlichen Musteranstalten. Geistliche waren es auch, die den Germanen Kunst und ausgebildetes Handwerk brachten; unter dem Schutze der Kirche gedieh nicht nur der Bauer, sie schirmte auch die Mehrzahl der Städte, bis diese stark genug waren, sich selbst zu schützen. Der Handel wurde von ihr besonders begünstigt.

Die großen Märkte wurden meist in oder bei Kirchen abgehalten. In jeder Weise sorgte die Kirche dafür, Käufer zu solchen Märkten heranzuziehen. Sie war auch die einzige Macht, die im Mittelalter für die Erhaltung der großen Handelsstraßen sorgte und durch die Gastfreundschaft der Klöster das Reisen erleichterte. Manche derselben, zum Beispiel die Hospize auf den Alpenpässen, dienten fast ausschließlich der Förderung des Handelsverkehrs. So wichtig erschien dieser der Kirche, daß sie sich zu dessen Belebung mit dem zweiten Faktor verbündete, der neben ihr die Kultur des untergegangenen römischen Reiches in den germanischen Staaten vertrat: dem Judentum. Die Päpste haben dieses lange Zeit hindurch geschützt und gefördert. Überhaupt wurden die Juden zur Zeit, als die Deutschen noch unverfälschte Germanen waren, als Bringer einer höheren Kultur freudig aufgenommen und eifrig herbeigezogen. Erst als die christlich-germanischen Kaufleute selbst das Schachern ebensogut verstanden wie die Juden, wurden sie Judenverfolger.

Daß das ganze Wissen des Mittelalters allein in der Kirche zu finden war, daß sie die Baumeister, Ingenieure, Ärzte, Historiker, Diplomaten lieferte, ist allbekannt.

Das ganze materielle Leben der Menschen und damit auch ihr geistiges war ein Ausfluß der Kirche: kein Wunder, daß sie auch den ganzen Menschen gefangen nahm, daß sie nicht nur sein Denken und Fühlen bestimmte, sondern auch all sein Tun und Lassen. Nicht nur Geburt, Ehe, Tod gaben ihr Anlaß einzugreifen, auch die Arbeit und die Feste wurden von ihr geregelt und kontrolliert.

Die ökonomische Entwicklung machte aber die Kirche nicht nur notwendig für den einzelnen und die Familie, sondern auch für den Staat.

Wir haben schon darauf hingewiesen, daß der Übergang der Germanen zu einer höheren Produktionsweise, zum entwickelten Ackerbau und zum städtischen Handwerk, auch die Entwicklung eines ihr entsprechenden Staatswesens notwendig machte. Aber der Übergang der Germanen zur neuen Produktionsweise ging zu rasch vor sich, namentlich in den romanischen Ländern Italien, Spanien, Gallien, wo sie sie fertig und bei der eingeborenen Bevölkerung fest eingewurzelt vorfanden, als daß es ihnen möglich gewesen wäre, die neuen Staatsorgane aus ihrer urwüchsigen Verfassung zu entwickeln. Der Kirche, die sich schon im verfallenden Kaiserreich zu einer politischen Organisation entwickelt hatte, die den Staat zusammenhielt, fielen jetzt die staatlichen Funktionen fast ausschließlich zu. Sie machte den Germanenhäuptling, den demokratischen Volksvorsteher und Heerführer zum Monarchen: aber mit der Macht des Monarchen über das

Volk stieg auch die Macht der Kirche über den Monarchen. Er wurde ihre Puppe, die Kirche aus einer Lehrerin zur Herrscherin.

Die mittelalterliche Kirche war wesentlich eine politische Organisation. Ihre Ausdehnung bedeutete die Ausdehnung der Staatsmacht. Die Gründung eines Bistums in einem heidnischen Lande durch einen Monarchen bedeutete nicht etwa bloß, daß damit die Mittel verstärkt wurden, den Heiden alle möglichen Glaubensartikel und Gebete beizubringen: um eines solchen Zweckes willen hätte weder Karl der Große die fränkischen Bauern ruiniert und unzählige Sachsen erschlagen, noch hätten die Sachsen, in Glaubenssachen tolerant, wie meist die Heiden, dem Christentum den jahrzehntelangen zähen Widerstand bis zur äußersten Erschöpfung entgegengesetzt. Die Gründung eines Bistums in einem heidnischen Lande bedeutete die Verbreitung der römischen Produktionsweise daselbst und seine Einverleibung in den Staat, der das Bistum gründete.

Je mehr die Produktionsweise der Germanen die Stufe erklomm, auf die sie im Römerreiche zur Zeit seines Sturzes herabgesunken war, desto unentbehrlicher wurde die Kirche für Staat und Volk. Sie war für beide nützlich, damit ist aber nicht gesagt, daß sie ihre Stellung im Interesse der von ihr abhängigen Elemente und nicht im eigenen Interesse benutzt hätte. Sie ließ sich ihre Dienste teuer bezahlen: die einzige allgemeine Abgabe, die das Mittelalter kennt, der Zehnte, floß ihr zu. Die wichtigste Quelle von Macht und Einkommen war aber im Mittelalter, wie wir bereits gesehen, das Grundeigentum. Die Kirche entwickelte den gleichen Hunger nach Land und Leuten wie der Adel, suchte, so wie dieser, Land zu erwerben und untertänige Leute zu gewinnen. Den Grundbesitz, den die Kirche im römischen Reich besessen hatte, ließen ihr meist die germanischen Einwanderer; wo nicht, wußte sie ihn bald wieder zu gewinnen, und oft noch etwas dazu. Die Kirche bot den gleichen, ja oft noch größeren Schutz als der Adelige, daher gaben sich ihr viele Bauern zu eigen. Die Kirche führte die Staatsverwaltung, Geistliche waren die Räte der Könige. Kein Wunder, daß diese sich oft beraten ließen, aus dem Krongut das Eigentum der Kirche zu mehren. In eroberten heidnischen Landen war die reichliche Ausstattung von Klöstern und Bistümern mit Grundeigentum geradezu ein Gebot der Notwendigkeit. Überdies war die Kirche die einzige Macht, welche das Königtum dem Adel entgegensetzen konnte; wurde dieser zu übermütig, dann wußte jenes keinen anderen Rat, als ihn dadurch zu schwächen, daß es ihm einen Teil seines Grundbesitzes entzog und der Kirche als eigen oder als Lehen gab. Und wo die Kirche konnte, da wartete sie nicht, bis es Bauern, König und Adel beliebte, ihren Grundbesitz zu mehren, sondern nahm, was sie nehmen konnte und rechtfertigte, wenn zur Rede gestellt, den Raub durch eine gefälschte Schenkungsurkunde. War doch die Geistlichkeit allein des Schreibens und Lesens kundig! Urkundenfälschungen waren im Mittelalter ein ebenso gewöhnliches Mittel zur Legitimierung einer Grunderwerbung als heute wucherische Darlehen, Prozesse und dergleichen. Der Benediktiner Dom Veyssière im achtzehnten Jahrhundert behauptete, unter 1200 Verleihungsurkunden, die er in der Abtei Landevenecq in der Bretagne untersuchte, seien 800 entschieden falsch. Er getraute sich nicht zu sagen, wieviel von den 400 anderen echt seien.

Es schien, als sollte die Kirche der alleinige Grundeigentümer in der ganzen Christenheit werden. Indessen war dafür gesorgt, daß die Bäume nicht in den Himmel wuchsen. Der Adel war der Kirche immer feind; wuchs deren Grundbesitz zu sehr, dann bekam auch das Königtum Angst vor ihrer Übermacht und suchte sie mit Hilfe des Adels einzuschränken. Auch die Einfälle von Heiden und Mohammedanern schwächten in erster Linie die Kirche. Drastisch hat Montesquieu dieses Auf- und Abwogen der Kirchenmacht, dieses wechselnde Ausdehnen und Zusammenschrumpfen der Kirchengüter in Frankreich beschrieben: »Die Geistlichkeit bekam so viel, daß man ihr unter den drei französischen Dynastien (Merowinger, Karolinger und Capetinger) mehrere Male alte Güter des Königreichs geschenkt haben muß. Allein wenn die Könige, der Adel und das Volk Mittel fanden, den Geistlichen alle ihre Güter zu schenken, so fanden sie deren nicht minder, sie ihnen wieder zu nehmen. Die Frömmigkeit bewirkte unter den Merowingern die Stiftung einer Menge von Kirchen; allein der kriegerische Geist veranlaßte ihren Übergang in den Besitz der Kriegsleute, welche sie wieder unter ihre Kinder verteilten. Wie viele Ländereien büßte nicht die Geistlichkeit in dieser Weise ein! Die Karolinger taten gleichfalls ihre Hände auf und setzten ihrer Freigebigkeit weder Maß noch Ziel. Da kommen aber die Normannen, rauben und plündern, verfolgen vor allem die Priester und Mönche, suchen die Abteien auf und sehen sich überall um, wo sie irgend einen geweihten Ort finden können. ... Wie viele Güter mußte nicht die Geistlichkeit bei solchem Stande der Dinge einbüßen! Kaum waren noch Geistliche übrig, um ihr Eigentum zurückzufordern. Der Frömmigkeit der Capetinger blieb also wieder Gelegenheit genug, Stiftungen zu machen und Ländereien zu verschenken. ... Die Geistlichkeit hat immer erworben, immer wieder herausgegeben und erwirbt noch jetzt.« (Montesquieu, Geist der Gesetze, 31. Buch, 10. Kapitel.)

Die Ausdehnung eines so wechselnden Eigentums in einer Zeit, die von statistischen Aufzeichnungen keine Idee hatte, ist schwer zu bestimmen. Im allgemeinen kann man sagen, daß im Mittelalter ein Drittel des Grundbesitzes in den Händen der Kirche war.

In Frankreich wurden Aufzeichnungen über die Kirchengüter während der französischen Revolution gemacht. Diesen zufolge war die Kirche besonders reich in den seit 1665 annektierten Provinzen. Sie besaß an Grundeigentum im Cambrésis 14/17, desselben, im Hennegau und Artois drei Vierteile, in der Franche-Comté, Roussillon und dem Elsaß die Hälfte, in den anderen Provinzen ein Drittel oder mindestens ein Viertel des Grundbesitzes (Louis Blanc, Histoire de la revolution française. Brüssel 1847. 1. Band, S. 423.) Seit der Reformation hatte sich der Grundbesitz der Kirche in den französischen Ländern kaum erheblich verändert.

Die kolossale Ausdehnung des kirchlichen Grundbesitzes in Deutschland kann man daraus ersehen, daß noch 1786 die reichsunmittelbaren geistlichen Territorien 1424 Quadratmeilen umfaßten. Die ausgedehnten Besitzungen der Kirche in weltlichen katholischen Staaten, wie Bayern und Österreich, sind da ebensowenig gerechnet wie die, welche in den protestantischen Ländern säkularisiert worden waren.

Der Grundbesitz der Kirche war ein Ergebnis ihrer ökonomischen und politischen Machtstellung. Er führte seinerseits wieder eine Erweiterung dieser Macht mit sich.

Wir haben schon früher darauf hingewiesen, welche Macht der Grundbesitz im Mittelalter verlieh. Alles das darüber Gesagte gilt in verstärktem Maße für die Kirche. Ihre Güter waren die bestangebauten, die dichtestbevölkerten, ihre Städte die blühendsten, das Einkommen und die Macht, die sie aus beiden zog, daher größer, als ein gleich großer Grundbesitz dem Adel oder dem Königtum verlieh. Aber dies Einkommen bestand großenteils in Naturalien, was mit diesen anfangen? So wohl sich's auch die Herren Mönche und sonstigen Kleriker geschehen ließen, alles, was ihnen zufloß, konnten sie nicht verzehren. Wohl hatten Äbte und Bischöfe im Mittelalter Fehden auszufechten, gleich weltlichen Herren, wohl mußten sie gleich diesen ein reisiges Gefolge halten und sehr oft auch Lehensdienste leisten, aber so kriegerisch war die Kirche doch selten, daß der größte Teil ihrer

Einkünfte von ihrer streitbaren Macht aufgezehrt worden wäre. Das Mittel, womit sie siegte, war weniger ihre physische als ihre geistige Überlegenheit, ihre ökonomische und politische Unentbehrlichkeit. Sie hatte für Kriegszwecke weniger auszugeben als der Adel, sie nahm mehr ein als dieser. Nicht nur war ihr Grundbesitz ergiebiger, ihr fiel auch der Zehnte zu von dem ihr nicht unterworfenen Grundbesitz. Sie hatte daher ein geringeres Interesse als der Adel, die Ausbeutung ihrer Untertanen übermäßig hoch zu schrauben. Sie war im allgemeinen milde gegen diese: unter dem Krummstab war es wirklich gut wohnen, wenigstens besser als unter dem Schwerte eines kriegs- und jagdlustigen adeligen Herrn. Trotz dieser verhältnismäßigen Milde verblieb den verschiedenen kirchlichen Institutionen doch noch ein Überschuß an Lebensmitteln, und diesen wußten sie nicht anders zu verwenden als zur Armenpflege.

Die Kirche hatte hier, wie in vielen anderen Punkten, nur an ihre Traditionen aus der Kaiserzeit anzuknüpfen. Im sinkenden Römerreich war der Pauperismus immer mehr und mehr angewachsen, die Armenunterstützung eine immer dringendere Aufgabe für den Staat geworden. Aber der alte, heidnische Staat war auf deren Lösung nicht eingerichtet; sie fiel der neuen, von den veränderten Verhältnissen hervorgerufenen und ihnen entsprechenden Organisation zu, der Kirche. Die Armenpflege, wie sie der ökonomische Zustand gebot, wurde zu einer ihrer wichtigsten Funktionen, und ihr hatte sie nicht zum mindesten das rasche Anwachsen ihrer Macht und ihres Reichtums zu verdanken. Die immer notwendiger werdenden und immer wachsenden wohltätigen Stiftungen von Privaten, Gemeinden, des Staates selbst wurden der Geistlichkeit zur Verwaltung überwiesen oder direkt geschenkt. Je mehr die Masse der Besitzlosen zunahm, desto größer der Besitz der Kirche, desto größer die Abhängigkeit der Besitzlosen von ihr, und da diese einen immer größeren

Teil des Volkes ausmachten, desto größer ihr Einfluß auf das gesamte Volk.

So wie die Schenkungen hatten auch die regelmäßigen Abgaben an die Kirche zum großen Teil den Zweck, der Armenunterstützung zu dienen. Beim Zehnten war es ausdrücklich vorgeschrieben, daß er in vier Teile zu teilen sei: einer solle dem Bischof, einer der niederen Geistlichkeit zufallen, einer für den öffentlichen Gottesdienst und einer zur Erhaltung der Armen verwendet werden.

In demselben Maße, in dem die Germanen sich die römische Produktionsweise aneigneten, erwuchsen auch deren notwendige Folgen: das Privateigentum und die Eigentumslosigkeit. Das Gemeineigentum an Wald und Weide und unbebautem Land, das sich neben dem Privateigentum an bebautem Land noch erhielt, hemmte die Verarmung der Bauern. Aber gerade in den Anfängen des Mittelalters traten oft Ereignisse ein, die ganze Landstriche in Not und Elend stürzten. Zu den ewigen Kriegen und Fehden der Feudalherren und der Fürsten kamen die Einfälle unsteter Horden, die für seßhafte Ackerbauvölker so verderblich werden, Nomaden oder Seeräuber, Normannen, Ungarn, Sarazenen. Mißwachs endlich war eine häufige Ursache der Not.

Wenn das Unheil nicht eine solche Höhe erreichte, daß es der Kirche selbst Verderben brachte, dann war sie der rettende Engel in der Not. Sie tat ihre großen Vorratshäuser auf, in denen ihr Überfluß aufgespeichert lag, und spendete den Bedürftigen. Und die Klöster waren große Versorgungsanstalten, in denen gar mancher herabgekommene, verarmte, von Haus und Hof vertriebene oder erblose Adelige seine Zuflucht fand. Durch Eintritt in die Kirche gelangte er zu Macht, Ansehen und Wohlleben.

Es gab keinen Stand der feudalen Gesellschaft, der nicht ein Interesse an der Erhaltung der Kirche gehabt hätte, – wenn auch nicht jeder in gleich hohem Maße. Die Kirche in

Frage stellen, hieß im Mittelalter die Gesellschaft, das ganze Leben in Frage stellen. Wohl hatte die Kirche heftige Kämpfe mit den anderen Ständen zu bestehen, aber in diesen handelte es sich nicht um ihre Existenz, sondern nur um ein Mehr oder Minder an Macht oder Ausbeutung. Das ganze materielle und natürlich ebensosehr das geistige Leben wurde von der Kirche beherrscht, sie verwuchs mit dem ganzen Volksleben, bis schließlich im Laufe der Jahrhunderte die kirchliche Denkart zu einer Art Instinkt wurde, dem man blindlings folgte, wie einem Naturgesetz, dem entgegenzuhandeln als eine Unnatürlichkeit empfunden wurde, bis alle Äußerungen des staatlichen, gesellschaftlichen und Familienlebens in kirchliche Formen gekleidet wurden. Und die Formen des kirchlichen Denkens und Handelns erhielten sich noch lange fort, nachdem die materiellen Ursachen verschwunden waren, von denen sie hervorgerufen worden.

Naturgemäß entwickelte sich die Macht der mittelalterlichen Kirche am frühesten in den Ländern, die ehemals dem Römerreiche angehört hatten, in Italien, Frankreich, Spanien, England, später in Deutschland, am spätesten im Norden und Osten des europäischen Abendlandes.

Diejenigen germanischen Stämme, die es während der Völkerwanderung versuchten, im Gegensatz zu der römischen Kirche ihre Staaten auf den Trümmern des Römerreiches zu begründen, welcher Gegensatz dadurch Ausdruck erhielt, daß sie sich der dem Katholizismus feindlichen Sekte der Arianer anschlossen, diese Stämme sind entweder untergegangen, wie die Ostgoten und Vandalen oder sie retteten sich vor dem drohenden Untergang nur durch ihre Unterwerfung unter die römische Kirche, durch ihren Übertritt zum Katholizismus.

Demjenigen Stamm aber fiel die Vorherrschaft im Abendlande zu, der von Anfang an sein Reich im Bunde mit der Kirche der Römer begründete, dem Stamm der Franken.

Der König von Franken im Bündnis mit dem Haupt der römischen Kirche begründete die Vereinigung der abendländischen Christenheit zu einem Gesamtkörper mit zwei Köpfen, einem weltlichen und einem geistlichen, eine Vereinigung gegen die von allen Seiten andringenden Feinde, die durch die Verhältnisse dringend geboten war. Aber weder den Königen der Franken noch ihren Nachfolgern aus dem sächsischen Stamme gelang es, diese Vereinigung auf die Dauer durchzuführen. Die römischen Päpste haben vollführt, was die römischen Kaiser deutscher Nation vergeblich angestrebt, die Zusammenfassung der Christenheit unter einem einzigen Monarchen. Kein feudaler König, welchen Stammes immer, war der Aufgabe gewachsen, zu deren Bewältigung nur eine Organisation ausreichte, die mächtiger war als die des Königtums, die zentralisierte Kirche.

2. Die Grundlagen der Macht des Papsttums

Der Bischof von Rom war schon vor der Völkerwanderung das Haupt der abendländischen Kirche geworden; er war der Erbe der römischen Kaiser als Vertreter der Stadt, die noch immer die tatsächliche Hauptstadt des westlichen Reiches war, wenn sie auch aufgehört hatte, die Residenz der Kaiser zu sein.

Mit dem römischen Reiche zerfiel vorübergehend auch die Macht der römischen Päpste, die kirchlichen Organisationen der verschiedenen germanischen Reiche wurden von ihnen unabhängig. Aber die Päpste erlangten bald ihre frühere Stellung wieder, ja erweiterten sie. Wie herabgekommen Italien auch sein mochte, es war immer noch das höchstkultivierte Land des europäischen Westens. Die Landwirtschaft war dort noch auf einer höheren Stufe als in den anderen Ländern, die Gewerbe nicht ganz erstorben; noch gab es städtisches Leben und einen, wenn auch kümmerlichen, Handel mit dem Osten. Die Schätze, aber auch die Produktionsweise Italiens waren die Sehnsucht der Halbbarbaren jenseits der Alpen. Sie wurden um so reicher und erlangten um so viel mehr Wohlleben, je enger ihre Verbindung mit Italien. Die Mächte, welche an dieser Entwicklung ein besonderes Interesse hatten, weil sie ihnen zugute kam, das Königtum und die Kirche eines jeden christlichen Landes des Okzidents, mußten daher die Verbindung mit Italien möglichst fördern. Italiens Mittelpunkt war aber Rom. Je abhängiger in ökonomischer Beziehung die Länder des Abendlandes von Italien wurden, desto abhängiger wurden ihre Könige und Bischöfe von Rom, desto mehr wurde der Mittelpunkt Italiens der Mittelpunkt der abendländischen Christenheit.

Die ökonomische Abhängigkeit von Italien und der Einfluß Roms auf Italien (soweit sich dieses überhaupt im Bereich des Katholizismus, nicht der griechischen Kirche und des Islam befand) waren jedoch kaum jemals so überwältigend, um die enorme Macht zu erklären, die das Papsttum erlangte. Sie erklären bloß, warum die Leitung und Wegweisung der Christenheit zu den Päpsten kam. Die Wegweisung wird aber zum Befehl, wenn im Kampfe geübt; der Berater vor der Schlacht wird zum Diktator während der Schlacht. Sobald sich Kämpfe entspannen, welche die ganze Christenheit bedrohten, mußte das Papsttum als der einzige Faktor, der von allen Völkern derselben als Leiter anerkannt wurde, notwendig die Führung, die Organisierung des Widerstandes übernehmen, und je länger die Kämpfe dauerten, je gewaltiger sie wurden, desto mehr mußte der Wegweiser zum unumschränkten Herrn, desto mehr mußten ihm alle die Kräfte dienstbar werden, die gegen den gemeinsamen Feind aufgeboten wurden.

Und solche Kämpfe kamen. Der Zusammenbruch des Römerreichs hatte nicht nur die Germanen in Bewegung versetzt, sondern auch alle die zahlreichen, anscheinend unerschöpflichen Stämme halb oder gar nicht seßhafter Barbaren, die dem römischen Reiche und den Germanen benachbart waren. In demselben Maße, in dem die Germanen nach Westen und Süden vordrangen, drängten ihnen andere Völkerschaften nach. Die Slawen setzten über die Elbe; die Steppen Südrußlands entsendeten ein wildes Reitervolk nach dem anderen, Hunnen, Avaren, Ungarn (diese zu Ende des neunten Jahrhunderts), die längs der ungeschützten Donau und über diese hinaus ihre Plünderungszüge bis jenseits des Schwarzwaldes, ja des Rheins und jenseits der Alpen nach Norditalien ausdehnten. Aus Skandinavien, dieser vagina gentium, entströmte ein Zug kühner Seeräuber nach dem anderen, die Normannen, denen kein Meer zu breit war, es zu befahren, kein Reich zu groß, es anzugreifen. Sie beherrschten die Ostsee, bemächtigten sich Rußlands, setzten sich auf Island fest, entdeckten Amerika, lange vor Kolumbus; was aber für uns das wichtigste, sie drohten seit dem Ende des achten Jahrhunderts bis ins elfte Jahrhundert die ganze, mühsam entwickelte Kultur der seßhaft gewordenen deutschen Stämme zu vernichten. Nicht nur die Küstenländer an der Nordsee veröden gänzlich infolge ihrer Plünderungszüge, mit ihren kleinen Schiffen fuhren sie auch die Flüsse hinauf bis tief ins Land hinein; sie fürchteten aber auch nicht die Gefahren langer Seefahrt, begannen bald Spanien anzugreifen und dehnten schließlich ihre Raubzüge bis nach Südfrankreich und Italien aus.

Der gefährlichste Feind der seßhaft gewordenen deutschen Stämme waren jedoch die Araber, oder besser gesagt, die Sarazenen, wie die Schriftsteller des Mittelalters alle jene orientalischen Völker nannten, die sich auf den Anstoß der Araber hin und infolge der durch diese erzeugten Umwälzung in Bewegung setzten, um in Ländern höherer Kultur Beute und Wohnsitze zu erlangen. Dies schließt natürlich nicht aus, daß die Sarazenen diese Kultur im Laufe der Zeit aufnahmen und weiter verbreiteten, so daß die den Ägyptern gegenüber barbarischen Araber den Deutschen gegenüber »Kulturträger«, das heißt Verbreiter einer höheren Produktionsweise wurden, wie diese, die den Italienern als Barbaren erschienen, »Kulturträger« waren für Slawen und Ungarn.

Im Jahre 638 brachen die Araber in Ägypten ein und eroberten rasch die ganze Nordküste Afrikas, erschienen im Anfang des achten Jahrhunderts in Spanien und bedrohten nicht ganz hundert Jahre nach ihrem Einfall in Ägypten das Frankenreich. Karl Martells Sieg rettete dieses vor dem Schicksal des Reiches der Westgoten; aber die Sarazenen waren damit keineswegs unschädlich gemacht. Sie blieben in Spanien, setzten sich in Süditalien und verschiedenen Punkten Norditaliens und Südfrankreichs fest, besetzten die wichtigsten Alpenpässe und unternahmen ihre Raubzüge bis in die Ebenen am Nordabhang der Alpen.

Die seßhaft gewordenen deutschen Stämme hatten während der Völkerwanderung den größten Teil Europas und einen Teil Nordafrikas besetzt; jetzt sahen sie sich auf einen kleinen Raum zusammengedrängt und waren kaum imstande, diesen zu behaupten: Burgund, so ziemlich der geographische Mittelpunkt des katholischen Abendlandes im zehnten Jahrhundert, war den Einfällen der Normannen ebenso preisgegeben, wie denen der Ungarn und Sarazenen. Das Ende der Völker des christlichen Abendlandes schien gekommen.

Und gerade in der Zeit, in der der Andrang der äußeren Feinde am mächtigsten, war die Ohnmacht der Staatsgewalt am höchsten, die Feudalanarchie am schrankenlosesten, das einzige, feste, zusammenhaltende Band die päpstliche Kirche.

Wie manche andere monarchische Gewalt ist auch die päpstliche im Kampfe gegen den auswärtigen Feind so mächtig geworden, daß sie die Kraft erlangte, auch den inneren Gegnern Trotz zu bieten.

Den zum Teil kulturell hoch überlegenen Sarazenen war nur mit dem Schwerte beizukommen: zu der Bekämpfung des Islam hat das Papsttum die ganze Christenheit aufgeboten und organisiert. Die unsteten Feinde im Norden und Osten konnten durch Waffengewalt für den Augenblick vertrieben, nicht aber dauernd gebändigt werden. Sie wurden unterjocht durch dieselben Mittel, durch die die römische Kirche die Germanen unterworfen hatte: sie mußten sich der höheren Produktionsweise beugen, wurden dem Christentum gewonnen, seßhaft und damit unschädlich gemacht.

Seinen glänzendsten Triumph feierte das Papsttum über die Normannen. Es verwandelte sie aus den furchtbarsten der nördlichen Feinde der Christenheit zu ihren streitbarsten und tatkräftigsten Vorkämpfern gegen den südlichen Feind. Das Papsttum schloß mit den Normannen ein Bündnis, ähnlich dem, welches es einst mit den Franken geschlossen. Es beruhte darauf, daß die Normannen noch nicht zur Ruhe gebracht waren, sobald man sie der feudalen Produktionsweise einverleibt hatte. Sie blieben das rastlose Räubervolk, bloß die Objekte ihrer Räuberzüge wurden jetzt andere. Dadurch, daß man sie zu Feudalherren machte, wurde die dem Feudalismus eigenartige Gier nach Land in ihnen erweckt, aus Plünderern wurden sie Eroberer.

Das Papsttum wußte diese Eroberungssucht trefflich zu benutzen, indem es sie gegen seine furchtbarsten Feinde, die Sarazenen, wendete. Das Papsttum hatte durch die Siege der Normannen ebensoviel zu gewinnen, als diese durch die Siege des Papsttums. Die Normannen wurden die Vasallen des Papstes, der sie mit ihren Eroberungen belehnte. Der Papst segnete ihre Waffen, und der päpstliche Segen war im elften Jahrhundert von großer Wirkung, indem er die mächtige Organisation der Kirche in den Dienst des Gesegneten stellte.

Mit päpstlicher Hilfe haben die Normannen England und Unteritalien erobert.

Damit, daß das Papsttum die Normannen zu seinen Dienstmannen machte – allerdings zu ziemlich ungebärdigen – indes es gleichzeitig die Slawen und Ungarn bändigte – auch diese wurden Lehensleute des Papstes –, erreichte es den Höhepunkt seiner Macht. Es triumphierte nicht nur über seine inneren Feinde, es zwang nicht nur den deutschen Kaiser zur Demütigung von Kanossa, es fühlte sich stark genug, die Offensive gegen die Sarazenen zu eröffnen: das Zeitalter der Kreuzzüge begann. Folgende Zahlen dürften nicht ohne Interesse sein: Die Bekehrung der Ungarn in größerem Maßstab begann unter Stephan I. (997 bis 1038). Die Normannen setzten sich in Unteritalien fest im Jahre 1016, erhielten die päpstliche Belehnung 1053, eroberten England 1066; elf Jahre später demütigte sich Heinrich IV. in Kanossa und 1095 begann der erste Kreuzzug. Die Päpste waren die Organisatoren der Kreuzzüge, die Normannen ihre Vorkämpfer. Was diese nach dem Osten trieb, war die Ländergier: sie errichteten Feudalstaaten in Palästina, Syrien, Kleinasien, auf Cypern, ja schließlich auch im griechischen Reiche. In letzterem Falle fehlte selbst die Illusion eines Kampfes gegen die »Ungläubigen«.

Neben den Normannen wurde die Hauptmasse der Kreuzfahrer aus Leuten gebildet, denen der soziale Druck in der Heimat unerträglich geworden war, Leibeigenen, die von ihren Feudalherren übermäßig geschunden wurden, niederen Adeligen, welche der Übermacht der großen Feudalherren erlagen, und dergleichen mehr.

Im Ritterheer des ersten Kreuzzugs ragten die Normannen vor allen anderen hervor. Das Bauernheer wurde charakteristischerweise befehligt von mehreren verkommenen Rittern, von denen einer den bezeichnenden Namen führte: Walter von Habenichts. Im blühenden Orient hofften sie zu erreichen, was das Vaterland ihnen versagte: Wohlstand und Wohlleben. Zogen die einen mit der Absicht aus, im eroberten Lande als Herren zu bleiben, so die anderen mit der Absicht, mit reicher Beute heimzukehren.

Es beweist aber die große Macht des Papsttums, daß es auch Elemente zum Kreuzzug zu bewegen, ja zu zwingen verstand, die im Orient gar nichts zu holen hatten. Selbst mancher deutsche Kaiser mußte sich's sehr wider seinen Willen gefallen lassen, zur päpstlichen Armee rekrutiert zu werden, und mußte das päpstliche Feldzeichen, das Kreuz, tragen.

3. Der Sturz der päpstlichen Macht

Die Kreuzzüge bedeuteten den Höhepunkt der päpstlichen Macht. Gerade sie waren aber das kräftigste Mittel zur raschen Entwicklung jenes Elements, welches die feudale Welt und ihren Monarchen, den Papst, erschüttern und schließlich stürzen sollte: des Kapitals.

Der Orient wurde durch sie dem Abendland näher gebracht, Warenproduktion und Handel mächtig gefördert. Damit begann die Kirche ein anderes Gesicht anzunehmen. Die oben gezeichnete Entwicklung des Grundbesitzes infolge der Entstehung der ländlichen Warenproduktion ging vielfach auch im kirchlichen Grundbesitz vor sich. Auch hier sehen wir seit dem vierzehnten Jahrhundert zunehmende Belastung der Bauern, Annexion von Gemeindegut und Bauernlegung vor sich gehen. Die erwachende Habsucht bewog aber auch die Kirche, ihre Armenpflege immer mehr einzuschränken. Was man früher gern hergegeben hatte, weil man es selbst nicht verwenden konnte, behielt man jetzt zurück, sobald es eine verkäufliche Ware geworden war, sobald man Geld dafür bekam, das man in Gegenstände des Luxus oder der Macht umsetzen konnte. Die Tatsache, daß Staatsgesetze erlassen wurden, welche die Kirche zur Armenunterstützung zwingen sollten, beweist, daß diese ihrer Pflicht nicht mehr in genügendem Maße nachkam. Bereits unter Richard II. von England wurde ein Gesetz erlassen (1391), welches den Klöstern befahl, einen Teil des Zehnten zur Unterstützung der Armen und der Pfarrgeistlichkeit zu verwenden.

Indes die Kirche das niedere Volk gegen sich erbitterte, weil sie es gegen die Proletarisierung zu wenig schützte, diese oft förderte, zog sie sich die Feindschaft des Bürgertums zu, weil sie immer noch einen gewissen Schutzwall gegen die Verarmung der Volksmassen bildete, deren Proletarisierung nicht rasch genug vorschreiten ließ. Der Besitzlose war dem Kapital nicht auf Gnade und Ungnade überliefert, solange er noch von der Kirche ein, wenn auch dürftiges, Almosen erhielt. Daß diese Tausenden von Mönchen erlaubte, ein müßiges Leben zu führen, anstatt sie aufs Pflaster zu werfen und den Kapitalisten als Lohnsklaven zur Verfügung zu stellen, war in den Augen des aufstrebenden Bürgertums eine Versündigung am Nationalwohlstand. Daß die Kirche an den zahlreichen Feiertagen der Feudalzeit festhielt, trotzdem nach der Maxime der aufkommenden bürgerlichen Gesellschaft der Arbeiter nicht arbeitet, um zu leben, sondern lebt, um zu arbeiten, das war geradezu ein Verbrechen.

Der zunehmende Reichtum der Kirche erregte den Neid und die Habsucht aller Besitzenden, vor allem des großen Grundbesitzes und der Landspekulanten. Auch die Könige wurden lüstern nach den Kirchenschätzen, um ihre Kassen zu füllen und sich »Freunde« zu erkaufen.

In demselben Maße, in dem infolge der Ausbreitung der Warenproduktion die Habsucht und der Reichtum der Kirche wuchs, in demselben Maße wurde sie überflüssiger in ökonomischer und politischer Beziehung. Eine neue Produktionsweise entwickelte sich in den Städten, die der feudalen überlegen war, und die Städte lieferten die Organisationen und die Männer, deren die neue Gesellschaft und der neue Staat bedurften. Die Geistlichen hörten immer mehr auf, die Lehrer des Volkes zu sein, das Wissen der Bevölkerung, namentlich in den Städten, wuchs über das ihre hinaus, sie wurden einer der unwissendsten Teile des Volkes. Wie überflüssig die Kirche als Grundbesitzer wurde, geht aus dem hervor, was oben über den Grundbesitz im allgemeinen gesagt worden ist.

Aber auch für die Staatsverwaltung wurde die Kirche immer überflüssiger. Allerdings bedurfte der moderne Staat auf dem Lande noch der Pfarrgeistlichkeit und einer diese umfassenden Organisation; heute noch hat die Pfarrgeistlichkeit in zurückgebliebenen Ländern administrative Aufgaben, allerdings ziemlich unbedeutender Natur, zu erfüllen, zum Beispiel die Zivilstandsregister zu führen. Erst zu einer Zeit, als die moderne Bureaukratie hoch entwickelt war, konnte man daran denken, die Pfarrgeistlichkeit als staatliche Institution ganz aufzuheben oder mindestens ihr alle weltlichen Verwaltungsgeschäfte zu nehmen.

Die Pfarrgeistlichkeit war noch notwendig im sechzehnten Jahrhundert; an ihre Beseitigung dachte niemand; aber das moderne, auf der Geldmacht beruhende Königtum wollte und konnte sich ihr und ihren Leitern, den Bischöfen, nicht länger beugen. Die Geistlichen mußten, soweit sie für die Staatsverwaltung notwendig waren, Beamte des Staates werden.

Zwei Elemente der Kirche aber wurden immer überflüssiger in ökonomischer und politischer Beziehung, ja vielfach geradezu ein Hemmschuh, zwei Elemente, die ihre vornehmsten Bestandteile im Mittelalter ausgemacht hatten: die Klöster und das Papsttum.

Wieso die ersteren überflüssig wurden, ist aus dem Gesagten bereits zu entnehmen: sie wurden überflüssig für die Bauern, wie jeder Feudalherr; überflüssig für das Volk als Lehrer;

überflüssig als Schützer der Armut, der sie die Almosen entzogen; überflüssig als Bewahrer von Kunst und Wissenschaften, die in den Städten kräftig erblühten; überflüssig für den Zusammenhalt und die Verwaltung des Staates; sie wurden endlich überflüssig infolge der Überflüssigkeit des Papsttums, dessen kräftigste Stütze sie gewesen. Ohne jegliche Funktionen im gesellschaftlichen und politischen Leben, unwissend, träge, roh, dabei unermeßlich reich, versanken die Mönche immer tiefer in Gemeinheit und Liederlichkeit und wurden ein Gegenstand allgemeiner Verachtung. Boccaccios Dekamerone zeigt uns besser, als es die gelehrteste Abhandlung vermöchte, die Verkommenheit des Mönchswesens des vierzehnten Jahrhunderts in Italien. Im folgenden Jahrhundert wurde es nicht besser. Die Ausdehnung der Warenproduktion verpflanzte die moralische Verpestung der Klöster bis nach Deutschland und England.

Ebenso überflüssig, wie die Klöster, wurde die päpstliche Gewalt. Ihre hauptsächlichste Funktion, die Einigung der Christenheit gegen die Ungläubigen, wurde beseitigt durch die Erfolge der Kreuzzüge. Wohl gelang es den Abenteurern aus dem Abendland nicht, ihre Eroberungen in den Ländern des Islams und der griechischen Kirche zu halten. Aber die Kraft der Sarazenen wurde durch die Kreuzzüge doch gebrochen. Sie wurden aus Spanien und Italien vertrieben und hörten auf, eine Gefahr für das Abendland zu bilden.

An Stelle der Araber und Seldschucken trat freilich eine neue orientalische Macht auf, die Osmanen, die das griechische Reich vernichteten und das Abendland bedrohten. Aber der Angriff kam diesmal von einer anderen Seite; nicht vom Süden, sondern vom Osten; er richtete seine Wucht nicht gegen Italien, sondern gegen die Länder an der Donau.

Die Angriffe der Sarazenen hatten geradezu die Existenz des Papsttums in Frage gestellt. Dieses wurde im Interesse seiner Selbsterhaltung gezwungen, die Kräfte der ganzen Christenheit gegen die Ungläubigen aufzubieten. Von den Türken dagegen hatten die päpstlichen Gebiete wenig zu fürchten, solange die Venetianer und Johanniter ihnen im östlichen Becken des Mittelmeers Widerstand leisteten. Wohl aber wurden in erster Linie die Ungarn von den Türken bedroht, nachdem diese die Südslawen niedergeworfen hatten, in zweiter Linie Süddeutschland und Polen. Der Kampf gegen die Türken war keine Angelegenheit der ganzen Christenheit, sondern eine lokale Angelegenheit ihrer östlichen Bollwerke. Wie der Kampf gegen Heiden und Sarazenen die ganze Christenheit zur päpstlichen Monarchie zusammengeschweißt hatte, so wurden jetzt durch den Kampf gegen die Türken die Ungarn, Tschechen, Südostdeutschen in einem Staatswesen vereinigt, der habsburgischen Monarchie. Und daß die Inhaber dieser Monarchie die berufenen Schützer des deutschen Reiches vor den Türken waren, trug wohl am meisten dazu bei, daß die Kaiserkrone dauernd zu ihnen gelangte.

Bereits gegen das Ende des vierzehnten Jahrhunderts begannen die Streifzüge der Türken nach Ungarn und veranlaßten den König dieses Landes, Sigmund, gegen sie zu ziehen. Er erlitt eine furchtbare Niederlage bei Nikopolis im Jahre 1396. Eine zweite, ebenso große Niederlage erlitten die vereinigten Polen und Ungarn unter König Ladislaus bei Varna (1444). 1453 fiel Konstantinopel in die Hände der Türken. Damit wurde die Türkengefahr brennend. Von 1438 an blieb die Kaiserwürde dauernd bei den Habsburgern, solange sie überhaupt noch bestand, das heißt bis 1806. Die Türkengefahr hat vielleicht auch dazu beigetragen, daß Bayern und Polen während der Reformation kaiserlich und päpstlich gesinnt, das heißt katholisch blieben.

Eine Zeitlang hielt das Papsttum noch an seiner Tradition fest, obwohl diese immer gegenstandsloser wurde, und tat so, als wolle es auch die Aufgabe übernehmen, den Widerstand gegen die Türken zu organisieren. Aber es war ihm selbst immer weniger ernst damit, und immer mehr wurden die Hilfsmittel, welche die Päpste von den Völkern der Christenheit zum Kampfe gegen die Türken sammelten, zum Privatnutzen der Päpste selbst verwendet. Die Macht des Papsttums und der Glaube an seine Mission, die bis ins zwölfte Jahrhundert Mittel waren, die Völker der Christenheit zu retten, wurden seit dem vierzehnten Jahrhundert zu Mitteln, sie auszubeuten.

Die Zentralisation der Kirche hatte deren Machtmittel sämtlich in den Dienst des Papsttums gestellt. Dessen Kraft war damit enorm gewachsen, aber sein Reichtum wurde nur wenig vermehrt, solange die Warenproduktion noch schwach und unentwickelt blieb. Solange der bei weitem größte Teil der Einkünfte der Kirche in Naturalien bestand, konnte das Papsttum daraus keinen erheblichen Nutzen ziehen. Es konnte sich nicht von Fürsten oder Bischöfen Korn, Fleisch, Milch über die Alpen senden lassen. Geld war aber bis tief in die Zeit der Kreuzzüge hinein ein seltenes Ding. Allerdings erlangten die Päpste mit der Stärkung ihrer Gewalt auch das Recht der Verleihung kirchlicher Ämter außerhalb Italiens. Damit wurde der Klerus von ihnen abhängig. Aber solange mit diesen Ämtern soziale oder politische Funktionen verknüpft waren und der größte Teil ihrer Einkünfte in Naturalien bestand, mußten sie an Männer verliehen werden, die arbeiten wollten, die des Landes kundig waren und darin bleiben wollten. Der Papst konnte weder mit ihnen seine italienischen Günstlinge belohnen, noch konnte er sie verkaufen.

Alles das änderte sich mit der Entwicklung der Warenproduktion. Kirche, Fürst, Volk kommen jetzt in den Besitz von Geld. Geld ist leicht transportabel, verliert seinen Wert nicht unterwegs und kann in Italien ebensogut verwendet werden, wie etwa in Deutschland. Jetzt wuchs das Verlangen des

Papsttums nach der Ausbeutung der Christenheit. Es hatte natürlich stets seine Nützlichkeit zu seinem eigenen Vorteil auszubeuten gesucht, wie jede Klasse – und das Papsttum war eine Klasse: es umfaßte nicht den Papst allein, sondern einen großen Teil der, namentlich romanischen, Geistlichkeit, die von ihm Ämter und Würden zu erwarten hatte, deren Einkommen um so größer war, je größer das Einkommen des Papsttums. Es hatte daher in demselben Maße, in dem seine Macht stieg, auch versucht, aus den kirchlichen Organisationen und der Laienwelt Geldabgaben herauszuschlagen, und es bedurfte solcher auch, wenn es seine Funktionen erfüllen wollte. Aber wie gesagt, diese Geldabgaben waren ursprünglich geringfügig. Mit der Entfaltung der Warenproduktion wuchs die Geldgier der Päpste, wuchs ihr Streben nach Ausbeutung, indes ihre Funktionen immer geringer wurden.

Ebenso erfinderisch wie die modernen Finanzkünstler waren die der Päpste des vierzehnten, fünfzehnten und sechzehnten Jahrhunderts. Die direkten Beisteuern waren im allgemeinen unbedeutend. Der 1320 den Polen auferlegte Peterspfennig dürfte kaum einen hohen Ertrag geliefert haben. Einen höheren Ertrag warf der englische Peterspfennig ab, der schon seit dem achten Jahrhundert nach Rom gesandt wurde. Anfangs geringfügig – er diente zur Erhaltung einer Schule für englische Geistliche in Rom – schwoll er im vierzehnten Jahrhundert so an, daß er das Einkommen des englischen Königs überstieg.

Aber wie andere Finanzgenies zogen auch die päpstlichen die indirekten Steuern den direkten vor, welche die Ausbeutung zu unverhüllt erkennen ließen. Der Handel war damals das vornehmste Mittel, die Leute zu prellen und große Reichtümer rasch zu erwerben. Warum sollten die Päpste nicht auch Händler werden, Händler mit denjenigen Waren, die sie am billigsten zu stehen kamen? Der Handel mit Kirchenämtern und Ablässen begann.

In der Tat, die Kirchenämter wurden im Verlauf der Entwicklung der Warenproduktion sehr wertvolle Waren. Eine Reihe von Funktionen der Kirche verschwanden oder wurden gegenstandslos, reine Formalitäten. Die Ämter aber, die zur Vollziehung dieser Funktionen errichtet worden waren, blieben, oft wurden sie noch vermehrt. Ihre Einkommen wuchsen mit der Macht und der Habsucht der Kirche, und ein immer größerer Teil dieser Einkommen wurde Geldeinkommen, das man auch anderswo verzehren konnte, als an dem Ort, an dem das Amt haftete. Eine Reihe von Kirchenämtern wurde so zu bloßen Geldquellen, und als solche erhielten sie einen Wert. Die Päpste verschenkten sie an ihre Günstlinge oder verkauften sie, natürlich meistens an Leute ihrer Umgebung, Italiener und Franzosen, die gar nicht daran dachten, diese Ämter anzutreten, am allerwenigsten dann, wenn sie in Deutschland lagen, und die sich ihr Gehalt über die Alpen senden ließen.

Das Papsttum wußte indes noch andere Mittel, die Kirchenämter für sich auszubeuten, zum Beispiel die Annaten, Summen, die bei der jedesmaligen Besetzung eines Bischofsitzes vom neueingesetzten Bischof an den päpstlichen Stuhl zu zahlen waren.

Dazu kam der Handel mit der Sündenvergebung, den Ablässen, der immer unverschämter wurde. Die Ablässe folgten einer dem anderen (wir finden fünf Ablässe kurz vor der Reformation: 1500, 1501, 1504, 1509, 1517); ihr Verkauf wurde schließlich sogar verpachtet.

Eine treffliche Zusammenstellung der Methoden der Ausbeutung durch die Päpste findet man in den »Beschwerden der deutschen Nation« (Gravamina nationis Germanicae), die dem Baseler Konzil (1431 bis 1449) eingereicht wurden, das die Kirche reformieren sollte. Es heißt darin: 1. Die Päpste glauben sich an Bullen, Verträge, Privilegien und Urkunden, welche von ihren Vorgängern unbedingt ausgestellt wurden, durchaus nicht gebunden, sie erteilen auf irgend eines elenden Menschen Gesuch sogleich Revokationen und Suspensionen. 2. Keine Wahlen (zu den Kirchenämtern) werden respektiert, der Papst vergibt die Bistümer, Dekanate, Propsteien und Abteien nach Belieben, auch wenn man die Stelle vorher teuer erkauft hat (welch schnöde Verletzung der Gesetze des Warenhandels!). 3. Die besten deutschen Pfründen werden stets römischen Kardinälen und Protonotarien verliehen. 4. Die päpstliche Kanzlei verleiht so viele Expektanzen oder Anwartschaften auf Stellen und Pfründen, daß notwendig das Geld oft dabei verloren geht und daß unzählige Prozesse unvermeidlich werden. 5. Die Annaten (siehe oben) steigen immer höher; sie betrugen in Mainz zuerst 10 000, dann 20 000 und endlich 25 000 Dukaten. Wie nun, wenn in einem Jahre zwei Bischöfe sterben? 6. Man besetzt die geistlichen Stellen mit Italienern, welche weder die Sprache verstehen noch gute Sitten haben. 7. Man widerruft alte, längst bezahlte Ablässe, um neue verkaufen zu können. 8. Man läßt den Türkenzehnten erheben und verwendet doch das Geld nicht zum Zug gegen die Türken oder zur Unterstützung der Griechen. 9. Prozesse aller Art werden nach Rom gezogen, wo alles um Geld feil ist.«

Weniger diplomatisch als diese offizielle Beschwerde lautete die Anklage, die Hutten in seinem 1520 erschienenen Dialog »Vadiscus« dem Papsttum entgegenschleuderte; sie gehört zu den glänzendsten Erzeugnissen der agitatorischen Literatur der neueren Zeit. Kann es etwas Zündenderes geben, als den Schluß, der uns deutlich erkennen läßt, wie das Papsttum der Reformationszeit den Deutschen erschien? Er lautet: »Sehet da die große Scheune des Erdkreises (Rom), in welcher zusammengeschleppt wird, was in allen Landen geraubt und genommen worden; in deren Mitte jener unersättliche Kornwurm sitzt, der ungeheure Haufen Frucht verschlingt, umgeben von seinen zahlreichen Mitfressern, die uns zuerst das Blut ausgesogen, dann das Fleisch abgenagt haben, jetzt aber an das Mark gekommen sind, uns die innersten Gebeine zu zerbrechen und alles, was noch übrig ist, zu zermalmen. Werden da die Deutschen nicht zu den Waffen greifen, nicht mit Feuer und Schwert anstürmen? Das sind die Plünderer unseres Vaterlandes, die vormals mit Gier, jetzt mit Frechheit und Wut die weltbeherrschende Nation berauben, vom Blut und Schweiße des deutschen Volkes schwelgen, aus den Eingeweiden der Armen ihren Wanst füllen und ihre Wollust nähren. Ihnen geben wir Gold; sie halten auf unsere Kosten Pferde, Hunde, Maultiere, Lustdirnen und Lustknaben. Mit unserem Gelde pflegen sie ihre Bosheit, machen sich gute Tage, kleiden sich in Purpur, zäumen ihre Pferde und Maultiere mit Gold, bauen Paläste von lauter Marmor. Als Pfleger der Frömmigkeit versäumen sie diese nicht allein, ja sie verachten sie sogar, beflecken und schänden sie. Und während sie früher durch Schöntun uns köderten und durch Lügen, Dichten und Trügen uns Geld abzulocken wußten, greifen sie jetzt zu Schrecken, Drohungen und Gewalt, um uns zu berauben, wie hungrige Wölfe tun. Und wir müssen sie noch liebkosen, dürfen sie nicht stechen oder rupfen, ja nicht einmal berühren oder antasten. Wann werden wir einmal klug werden und uns rächen? Hat uns früher davor die vermeintliche Religion zurückgehalten, jetzt treibt und zwingt uns dazu die Not.«

Wir haben diesen beiden Zeugnissen so ausführlichen Raum gewidmet, um deutlich zu zeigen, was für das Verständnis der Reformation unumgänglich, daß diese, die Empörung gegen das Papsttum, im wesentlichen ein Kampf zwischen Ausbeutern und Ausgebeuteten war, nicht ein Kampf um bloße Mönchsdogmen oder vage Schlagworte, etwa ein Kampf zwischen »Autorität« und »Individualismus«.

Wie beim feudalen Grundbesitz, so finden wir beim Papsttum, nur bei diesem viel früher als bei jenem, daß es die

Ausbeutung der Massen in demselben Maß immer höher schraubte, in dem es entbehrlicher, ja schädlich wurde. Daß da schließlich der Moment kommen mußte, wo den Völkern die Geduld riß und sie den Ausbeutern die Tür wiesen, ist klar.

Die Päpste beschleunigten ihr Verderben dadurch, daß sie immer verächtlicher wurden. Es ist dies das Schicksal jeder herrschenden Klasse, die sich überlebt hat und zum Untergang reif ist. Während ihr Reichtum wächst, verschwinden ihre Funktionen, es bleibt ihr nichts anderes mehr zu tun übrig, als zu verschlemmen, was sie von den ausgebeuteten Klassen erpreßt. Sie verkommt intellektuell und moralisch, oft auch physisch. In demselben Maße, in dem ihre unsinnige Verschwendung die darbenden Volksmassen empört, verliert sie an Kraft, ihre Herrschaft zu behaupten. So wird früher oder später jede Klasse beseitigt, die für die Gesellschaft schädlich geworden ist.

Das Papsttum gab seit den Kreuzzügen den Gläubigen besonderen Anstoß, moralischen wie intellektuellen.

Italien war, wie wir bereits wissen, das reichste Land des europäischen Westens während des Mittelalters; es bewahrte die meisten Überlieferungen der römischen Produktionsweise; es war der Vermittler des Handels zwischen Orient und Okzident; in Italien entwickelte sich zuerst die Warenproduktion, zuerst der Kapitalismus. Damit kam dort zuerst eine neue, der feudalen, kirchlichen entgegengesetzte Anschauungsweise auf. In tollem, jugendlichem Übermut setzte sich das Bürgertum über alle herkömmlichen Schranken hinweg; Frömmigkeit, herkömmliche Zucht und Sitte, alles wurde lachend beiseite geworfen. Die Päpste konnten sich dem Einfluß ihrer Umgebung nicht entziehen. Ja, als weltliche Fürsten Italiens marschierten sie an der Spitze der neuen, revolutionären geistigen Richtung. Als solche verfolgten sie dieselbe, von uns oben gekennzeichnete Politik, wie alle anderen Fürsten ihrer Zeit: Förderung der Bourgeoisie, der

Warenproduktion, des Handels, der nationalen Größe. Als Oberhäupter der Kirche sollten sie dagegen international sein und an der Grundlage der kirchlichen Macht, der feudalen Produktionsweise festhalten. Als weltliche Fürsten waren sie ein revolutionäres Element, als Kirchenfürsten ein reaktionäres. In den Päpsten des fünfzehnten und anfangs des sechzehnten Jahrhunderts finden wir daher eine sonderbare Mischung zweier sehr verschiedener Elemente, jugendlicher Keckheit und greisenhafter Lüsternheit. Die revolutionäre Verachtung des Herkömmlichen, die einer aufstrebenden Klasse eigen ist, mengte sich mit der unnatürlichen Genußsucht einer dem Untergang entgegeneilenden Ausbeuterklasse. Diese sonderbare Mischung, die wir noch im nächsten Kapitel näher zu betrachten haben, findet ihren Ausdruck im ganzen geistigen Leben der italienischen Renaissance. Die Mischung revolutionärer und reaktionärer Elemente war eine Eigentümlichkeit des Humanismus, auch des Humanisten Thomas Morus.

Ob revolutionär, ob reaktionär, das Ergebnis war ein Leben, das allen feudalen Anschauungen von Anstand und Sitte schnurstraks zuwiderlief. Und dieses lockere Leben gelangte zu voller Blüte, als Deutschland noch unter dem Banne des Feudalismus stand. Rom spielte die Rolle, die später bis noch vor wenigen Jahrzehnten Paris gespielt hat. So wie alle Welt nach Paris, pilgerte bis zur Reformation jedermann nach Rom, der es erschwingen konnte, und mancher gute Deutsche hatte dort dasselbe Schicksal, das drei bis vier Jahrhunderte später viele seiner Nachkommen in Paris haben sollten; er versuchte die welsche »Unsittlichkeit« mitzumachen, aber es bekam ihm schlecht und voll Katzenjammers und moralischer Entrüstung über das Babel am Tiber kehrte er über die Alpen zurück. Drei Dinge, sagt Hutten, bringen die Pilger aus Rom heim: böse Gewissen, schlechte Mägen, leere

Beutel. Wäre es ihm nicht um die Dreizahl zu tun gewesen, hätte er als viertes die Syphilis nennen können.

Daß das Bild, welches solche »Pilger« vom »heiligen Vater« entwarfen, zu den mittelalterlichen Begriffen von Heiligkeit wenig stimmte, läßt sich denken. Am empörendsten war wohl für die frommen Seelen der Unglaube, der in Rom herrschte, und den die Päpste kaum verhüllten.

Von Leo X., dem Papst, unter dem die Reformation begann, wird erzählt, er habe erklärt, er wolle das Märchen von Christus gelten lassen, weil es ihm viel genützt habe. Ganz derselbe Ausspruch wird aber bereits Bonifaz VIII. in den Mund gelegt, der zwei Jahrhunderte vor Leo lebte. Er war entweder ein stehendes Witzwort am päpstlichen Hofe oder wurde einer erfundenen Anekdote entnommen, die man allgemein annahm, weil sie die Päpste sehr gut kennzeichnete. Sicher ist es, daß Leo X. dem Volke lachend den Segen erteilte und seinen Kaplänen aufs strengste befahl, vor ihm nicht länger als eine Viertelstunde zu predigen. Daß die Päpste das Gelübde der Keuschheit nicht allzu ernsthaft nahmen, ist naheliegend. Sannazaro (1458 bis 1530) sagte spottend vom Papst Innozenz VIII., er habe Rom, nachdem er es durch seine Bedrückungen verödet, mit seinen Kindern wieder bevölkert. (Ludwig Geiger, Renaissance und Humanismus in Italien und Deutschland. Berlin 1881. S. 261.)

Indes, so ungläubig die Päpste und ihre Höflinge sein mochten, sie hielten den Glauben für die Grundlage ihrer Macht, und er war es auch. Nachdem die materiellen Verhältnisse geschwunden waren, die den Papst zum Herrn der Christenheit gemacht, blieben als seine einzige Stütze die diesen Verhältnissen entsprossenen Anschauungen, Anschauungen, welche von Tag zu Tag mehr in Widerspruch mit den gesellschaftlichen Tatsachen gerieten. Nur dadurch war die Macht der päpstlichen Kirche noch haltbar, daß sie das Volk in Unwissenheit über diese Tatsachen erhielt, daß sie es betrog, verdummte, seine Entwicklung in jeder Weise hemmte. Mochte dies Motiv nur wenigen Weiterblickenden in der Kirche klar werden, so lag es den Pfaffen allerorten, sobald sie ungläubig geworden waren, vor allem also den römischen, nahe, die Dummheit des Volkes zu pflegen, um Geld aus ihr zu schlagen. Ein schwindelhaftes Treiben mit wundertätigen Bildern, Reliquien und dergleichen begann. Der Wetteifer der verschiedenen Kirchen und Klöster untereinander, ihren Reliquien usw. die größten Wundertaten anzulügen, war eine der ersten Äußerungen der freien Konkurrenz, die sich mit der Warenproduktion entwickelte.

Mit der Konkurrenz entwickelte sich auch die Herrschaft der wechselnden Mode. Die Pfaffen mußten alle Augenblicke neue Heilige erfinden, deren Renommee noch nicht abgenutzt war, und die durch den Reiz der Neuheit die Volksmassen anzogen. Notabene, die Dummen, die damals den Reliquien auf den Leim gingen, waren auch nicht dümmer als die unzähligen Kunden der modernen Quacksalber mit ihren Universalheilmitteln. Wie wenig die alten Heiligen der Konkurrenz der neuaufkommenden gewachsen waren, zeigt folgendes. In der Kathedrale von Canterbury in England waren drei Kapellen, zu denen Wallfahrten stattfanden, die eine Christo, die andere der heiligen Jungfrau, die dritte dem heiligen Thomas Becket geweiht. Der letztere war erst 1172 heilig gesprochen, seine Gebeine 1221 in die erwähnte Kapelle gebracht worden. Um wie viel profitabler für die Kirche der neue Heilige wurde als die alten, zeigt uns folgende Rechnung, die wir Burnets history of the reformation entnehmen. Er gibt leider das Datum der Rechnung nicht an. Nach ihr wurden geopfert in einem Jahre Christo 3 Pfd. 2 Sch. 6 P., der hl. Jungfrau 63 Pfd. 5 Sch. 6 P., dem hl. Thomas 832 Pfd. 12 Sch. 3 P., im nächsten Jahre Christo nichts, der hl. Jungfrau 4 Pfd. 1 Sch. 8 P., dem hl. Thomas 954 Pfd. 6 Sch. 3 P. Wir sehen, daß der neuengagierte Heilige sich als eine famose Zugkraft erwies.

Von den Einnahmen aus dem heiligen Thomas bekam auch der Papst seinen gehörigen Anteil. Der Märtyrertod des Heiligen war mitten im Winter passiert, einer höchst ungelegenen Zeit für Pilgerfahrten, und die Mönche von Canterbury ersuchten daher den Papst um die Erlaubnis, den Gedenktag in den Sommer zu verlegen. Der »heilige Vater«, damals Honorius III., wollte die Bewilligung nur dann erteilen, wenn ihm ein gebührender Anteil an dem Profit gewährt würde, den die Verlegung des Gedenktages der Kathedrale von Canterbury verschaffen mußte. Darüber entspann sich ein langes Feilschen. Der Papst verlangte die Hälfte der Bruttoeinnahme; die Mönche erklärten, unter solchen Bedingungen das Heiligengeschäft nicht fortführen zu können, da sie nicht auf die Kosten kämen. Endlich gab der Papst nach und begnügte sich mit der Hälfte des Reingewinns. (S. E. Thorold Rogers, Die Geschichte der englischen Arbeit, S. 284.)

Je höher der Unglaube des Papsttums stieg, desto eifriger förderte es den Aberglauben. Erbitterte es die Frommen durch ersteren, so die Freidenkenden durch letzteren.

Die moralische Entrüstung über Unsittlichkeit, Unglauben und Aberglauben wäre indes kaum von durchschlagender Wirkung gewesen, wenn nicht, wie schon erwähnt, das Papsttum eine, noch dazu sehr überflüssige, bloße Ausbeutungsmaschine geworden wäre. Es befand sich schon in einem bedenklichen moralischen Stadium, ehe es den Gipfel seiner Macht erreichte (wir erinnern an das »Metzenregiment« der Marozia und ihrer Töchter im zehnten Jahrhundert, die den päpstlichen Stuhl mit ihren Liebhabern und Söhnen besetzten). Es waren die seitdem eingetretenen ökonomischen und politischen, nicht aber moralische Veränderungen, welche die Völker antrieben, sich vom Papsttum loszureißen.

Ja manchen Ländern, namentlich in Deutschland, hatten alle Klassen ein Interesse daran, die Verbindung mit dem

Papsttum zu lösen; nicht bloß das ausgebeutete Volk, sondern auch die »nationalen« das heißt im Lande befindlichen Ausbeuter, welche es sehr ärgerte, so viel Geld aus dem Lande wandern zu sehen, das sie lieber selbst eingesteckt hätten. Auch der nationale Klerus hatte ein Interesse an der Kirchentrennung. In der Tat war er nur noch der Steuereinnehmer des römischen Stuhles; von allem, was er vom Volke einnahm, mußte er den Löwenanteil nach Rom abliefern, die fettesten Pfründen hatte er den Günstlingen Roms zu überlassen, indes ihm die schlecht besoldeten und Arbeit erfordernden niederen Pfarrstellen zufielen. Gerade der Teil der Geistlichkeit, der im Staatsleben noch gewisse Funktionen zu verrichten hatte, die Weltgeistlichkeit, die sich noch eines gewissen Ansehens beim Volke erfreute, gerade sie wurde durch ihre Interessen bewogen, dem römischen Stuhl am energischsten Opposition zu machen.

Die Zentralisation der Kirche war den Päpsten keineswegs leicht geworden, sondern hatte in heftigen Kämpfen den kirchlichen Organisationen der einzelnen Länder aufgezwungen werden müssen. Als wirksamstes Werkzeug zur Unterjochung der Weltgeistlichkeit hatten sich die verschiedenen Mönchsorden erwiesen. Noch im elften Jahrhundert standen sich der Papst und die deutschen Bischöfe feindlich gegenüber. Diese waren auf Heinrich IV. Seite, indes der hohe Adel für die päpstliche Sache eintrat. Auch die französische und die englische Kirche konnten nur nach schweren Kämpfen unter die päpstliche Oberhoheit gebeugt werden. Der Kampf zwischen Rom und den verschiedenen nationalen Kirchen hörte jedoch nie völlig auf, und er nahm nach den Kreuzzügen in dem Maße heftigere Formen an, in dem die Ausbeutung durch das Papsttum wuchs, bis er schließlich bei verschiedenen Nationen zum völligen Bruch mit dem römischen Stuhl führte. Die Geistlichkeit, namentlich die niedere, übernahm die Führung im Kampfe gegen Rom, die Reformatoren waren Geistliche – Luther, Zwingli, Calvin usw. –, der Klerus gab die Denkformen an, in denen sich die Reformationskämpfe bewegen sollten.

Aber die Kirche zur Zeit der Reformation war eine andere als die des frühen Mittelalters. Diese war die Organisation gewesen, die Staat und Gesellschaft zusammenhielt, jene bildete ein bloßes Werkzeug der Staatsverwaltung; die Grundlagen des Staates waren andere geworden. Mit der Trennung der Kirche von Rom verschwand der letzte Faktor, der ihre Herrschaft im Staate noch bis zu einem gewissen Grade hatte fortdauern lassen, die traditionelle Illusion; die Geistlichen der reformierten Kirchen wurden daher überall zu Dienern der Staatsgewalt – wo diese in den Händen von Monarchen lag, zu Beamten des Absolutismus. Die Kirche bestimmte nicht mehr, was die Menschen glauben, wie sie handeln sollten; die Staatsgewalt bestimmte, was die Kirche zu lehren habe.

Nicht alle Völker und nicht alle Klassen aller Völker der Christenheit hatten ein Interesse an der Losreißung vom Papsttum. Vor allem niemand in Italien. Je mehr die Warenproduktion sich entwickelte, je mehr der nationale Gedanke erstarkte, desto päpstlicher wurden die Italiener: die Herrschaft des Papsttums bedeutete die Herrschaft Italiens über die Christenheit, bedeutete deren Ausbeutung durch Italien. Der Herr der habsburgischen Länder, der Kaiser, hatte auch kein Interesse an der Reformation. Seine Macht in Deutschland war ebensowenig mehr eine reelle als die des Papstes; die eine wie die andere beruhte zum Teil auf denselben Illusionen und mußte mit deren Aufhören schwinden. Vom Kaiser erwarten, er solle sich vom Papst lossagen, hieß den Selbstmord von ihm verlangen. Ebensowenig Interesse hatte er an der Reformation als Herr des bunten Gemisches der habsburgischen Länder.

Der Katholizismus war ein mächtiges Element ihres Zusammenhaltens, und nur unter dessen Herrschaft durfte man einen Kreuzzug der ganzen Christenheit gegen die Türken erwarten, der vor allem das Haus Habsburg befestigt hätte. Mit der Reformation war jede Hoffnung auf einen solchen Kreuzzug vorbei.

Ebensowenig Ursache, sich vom Papsttum loszureißen, hatten die Beherrscher Frankreichs und Spaniens, in welchen Ländern damals die königliche Macht die entscheidende wurde. In beiden Ländern entwickelten sich Handel und Warenproduktion frühzeitig. Am frühzeitigsten im südlichen Frankreich, wo auch die erste Empörung gegen die päpstliche Gewalt ausbrach, die »Ketzerei« der Albigenser, die im Anfang des dreizehnten Jahrhunderts in einem blutigen Kriege ausgerottet wurde. Was den Städterepubliken des südlichen Frankreich mißlungen, gelang aber später den Königen von Frankreich. Bereits 1269 erließ Ludwig »der Heilige« eine pragmatische Sanktion, die 1438 von Karl VI. erneuert und erweitert wurde. Diese machte die französische Geistlichkeit in einem hohen Grade von Rom unabhängig und unterwarf sie dem König, bewirkte also im wesentlichen dasselbe, was fast hundert Jahre später die deutschen Fürsten in der Reformation erreichten. Der König erhielt ein entscheidendes Wort bei der Besetzung der höheren geistlichen Stellen; Gelderhebungen für den Papst ohne Zustimmung des Königs wurden verboten.

Ähnlich in Spanien. Seit 1480 war daselbst die Inquisition ein Polizeiwerkzeug der königlichen Gewalt, welche die Inquisitoren ernannte und die Institution ihren politischen Zwecken dienstbar machte. Aus Spanien ebensowenig wie aus Frankreich durfte der Papst Gelder ohne königliche Erlaubnis beziehen.

Die Erlaubnis zu dem Ablaßverkauf, der den Anstoß zur Reformation gab, mußte Leo X. Frankreich und Spanien teuer bezahlen. Karl V. erhielt ein Darlehen von 175000 Dukaten; Franz I. von Frankreich nahm einen hübschen Anteil des Erlöses aus dem Ablaß. Von den deutschen Fürsten war nur der Fürstprimas von Mainz als geistlicher und weltlicher Fürst mächtig genug, um einen Anteil an der Beute zu verlangen und zu erhalten. Die anderen deutschen Fürsten erhielten nichts, was sie sehr entrüstete und der Reformation geneigt machte.

Die Könige und der Klerus von Frankreich und Spanien hatten aber nicht nur infolge der höheren ökonomischen Entwicklung dieser Länder bereits vor der Reformation im wesentlichen das erreicht, was Fürsten und Klerus in Deutschland noch in schwerem Kampfe zu erringen hatten; sie waren so stark geworden, daß sie daran denken konnten, den Papst selbst zu ihrem Werkzeug zu machen, seinen Einfluß und seine Macht für sich auszubeuten. Sie hatten also nicht nur kein Interesse, sich vom Papst loszusagen, sondern vielmehr ein sehr starkes Interesse, seine Herrschaft über die Christenheit aufrecht zu halten, welche in Wahrheit ihre Herrschaft war.

Schon im Anfang des vierzehnten Jahrhunderts waren die französischen Könige stark genug geworden, um die römischen Päpste sich unterwürfig zu machen, die von 1308 bis 1377 auf französischem Boden, in Avignon, ihren Wohnsitz aufschlugen. Nicht der Einfluß der Kirche, sondern die Erstarkung Italiens und des nationalen und monarchischen Gedankens daselbst, welche die ökonomische Entwicklung mit sich brachte, ermöglichte es schließlich den Päpsten, sich von Frankreich loszureißen und wieder in Rom einzuziehen. Aber nun begannen die Franzosen ihre Versuche, sich Italien samt dem Papste botmäßig zu machen. Den gleichen Versuch machte Spanien, dessen Position am günstigsten am Beginn der Reformation war, als Karl die deutsche Kaiserkrone mit der spanischen Krone vereinigte.

Gerade damals, als die deutschen Fürsten nur vorsichtig und tastend den Versuch machten, das Joch des Papsttums abzuschütteln, kämpften die beiden großen katholischen Mächte Frankreich und Spanien einen erbitterten Kampf um die Herrschaft über das Papsttum. 1521 unterwarf sich der Papst Leo X. dem Kaiser Karl V., und dieser erklärte in dem gleichen Jahre Luther in die Reichsacht. Hadrian VI., Leos Nachfolger, war »eine Kreatur seiner Kaiserlichen Majestät«. Und als Klemens VII., der Hadrian folgte, sich vom Kaiser selbständig zu machen suchte, da sandte dieser Verteidiger des katholischen Glaubens seine Landsknechte gegen den »heiligen Vater«, ließ Rom im Sturm nehmen (1527) und furchtbar verwüsten.

Wenn Italien, Frankreich, Spanien katholisch blieben, so ist dies nicht, wie man in der Regel tut, ihrer geistigen Rückständigkeit zuzuschreiben, sondern vielmehr ihrer höheren ökonomischen Entwicklung[1]. Sie waren die Herren des Papstes, sie beuteten durch ihn die germanische Christenheit aus. Diese war gezwungen, sich vom Papsttum loszureißen, um der Ausbeutung zu entgehen, aber sie konnte dies nur, indem sie die Verbindung mit den reichsten und höchstentwickelten Ländern Europas zerriß. Insofern war die Reformation ein Kampf der Barbarei gegen die Kultur. Es ist nicht zufällig, daß der Vorkampf der Reformation an zwei der rückständigsten Nationen Europas überging: Schweden und Schottland.

Damit soll natürlich keine Verurteilung der Reformation ausgesprochen werden. Wir haben die obige Tatsache konstatiert, weil sie erklärt, warum gerade die gebildetsten Geister in Deutschland wie in England von der Reformation nichts wissen wollten, eine Erscheinung, die unbegreiflich ist, wenn

---

1 „So wie der Kampf zwischen Protestantismus und Katholizismus von manchen Historikern in den Kampf zweier Prinzipien mystifiziert wird, von »Autorität« und »Individualismus«, so werden auch die Deutschen als das gottbegnadete Volk des Individualismus hingestellt, die Romanen als die Sklaven der Autorität. Die Neigung zum Protestantismus ist den Deutschen und die zum Katholizismus ist den Romanen angeboren. Eine sehr bequeme Manier, historische Erscheinungen zu erklären."

man in der herkömmlichen Weise annimmt, die Reformation sei wesentlich geistiger Natur, ein Kampf der höheren protestantischen Geistesbildung gegen die tieferstehende katholische gewesen.

Im Gegenteil. Der Humanismus stand im vollsten Gegensatz zur Reformation.

Viertes Kapitel

Der Humanismus

1. Heidentum und Katholizismus

Die neue Produktionsweise erforderte auch neue Gedankenformen und erzeugte einen neuen Gedankeninhalt. Der Inhalt des geistigen Lebens wechselte rascher als dessen Formen; diese blieben noch lange die der feudalen Produktionsweise entsprechenden kirchlichen, indes das Denken bereits immer mehr von der Warenproduktion beeinflußt wurde, einen »weltlichen« Charakter annahm.

Indes konnten der neuen Denkweise die überlieferten kirchlichen Formen nicht lange genügen. Sie konnte um so eher von ihnen abgehen, da sie eine Denkform fertig vorfand, die sie bloß aufzunehmen brauchte, eine Denkform, die schon früher einmal zum Ausdruck eines Gedankeninhaltes gedient hatte, der mit der neuen Denkweise in vielen Punkten übereinstimmte. Diese Denkform war die der antiken heidnischen Wissenschaft und Kunst.

Die Warenproduktion, welche die feudale Produktionsweise verdrängte, entwickelte sich zuerst, wie schon öfter hervorgehoben, in Italien, in dem Lande, in dem noch unzählige herrliche Reste des antiken römischen Heidentums sich erhalten hatten, in dem dessen Traditionen nie ganz ausgestorben waren. Der aufblühende Handelsverkehr mit Griechenland brachte den Italienern auch die Kenntnis der antiken hellenischen Literatur, die der neuen Denkweise noch besser entsprach als die römische. Die italienischen Handelsrepubliken, die geistig wie materiell den Bann der Feudalität abzuschütteln suchten, jubelten entzückt auf, als sie in der Literatur der alten Handelsrepublik Athen eine Denkweise vorfanden, die der ihren in so vielen Punkten entsprach – wie auch das materielle Leben hier wie dort große Ähnlichkeit aufwies – eine Denkweise, allseitig ausgebildet und in der herrlichsten Form zum Ausdruck gelangt. Was eine neuaufkommende Produktionsweise sich sonst erst mühsam schaffen muß, eine neue Weltanschauung, eine neue Wissenschaft und Kunst, das brauchten die geistigen Vertreter der seit dem vierzehnten Jahrhundert in Italien rasch erwachsenden Produktionsweise nur aus dem Schutte auszugraben, den das Mittelalter über die Antike gelagert hatte.

Das Studium der Alten begann, als Mittel, die Gegenwart zu begreifen und den ersterbenden Resten der jüngsten Vergangenheit den Todesstoß zu geben. Die geistige Richtung, die sich unter dem Einfluß dieses Studiums entwickelte, führt den Titel der Renaissance (Wiedergeburt, nämlich des Altertums) und des Humanismus (des Strebens nach rein menschlicher Bildung, im Gegensatz zur scholastischen Theologie, die sich mit göttlichen Dingen befaßte). Der erstere Titel bezeichnet namentlich den Ausdruck der neuen Richtung in der Kunst, der zweite den in der Literatur. Würden wirklich die Ideen die materiellen Verhältnisse schaffen, nicht umgekehrt, dann hätte aus der Wiederbelebung der antiken Ideen die Wiederbelebung der antiken Gesellschaft hervorgehen müssen. Nie ist vielleicht eine Denkweise mit solcher Begeisterung aufgenommen worden, wie die antike von den Humanisten. Trotzdem nahmen sie diese nur insoweit auf, als sie den tatsächlichen Verhältnissen entsprach. Sie setzten sich lieber, wenn es sein mußte, in Widerspruch zur Logik, als zu den Tatsachen –, ohne sich dessen bewußt zu werden, da eine den Verhältnissen entsprechende Denkweise leicht ohne strengen Beweis als richtig angenommen wird. So ist denn die Weltanschauung des Humanismus in manchen Punkten eine gar seltsame geworden.

Im Altertum wie im Mittelalter erstanden Warenproduktion und Handel in Städterepubliken. Aber was im Altertum der Höhepunkt der gesellschaftlichen Entwicklung war, wurde gegen Ende des Mittelalters der Ausgangspunkt einer neuen Gesellschaft. Wir haben bereits oben gesehen, wieso die Anfänge der kapitalistischen Produktionsweise die absolute Monarchie und die nationale Idee emporkeimen ließen. So wurden denn die Humanisten die eifrigsten Verfechter der Vereinigung der Nation unter einem Fürsten, trotz ihrer Schwärmerei für Demosthenes und Cicero, und trotzdem viele von ihnen aus städtischen Republiken stammten. Schon der Vater des Humanismus, der Florentiner Dante (1265 bis 1321), erklärte sich als Monarchisten und glühenden Schwärmer für die Einheit Italiens, zu deren Durchführung er freilich den deutschen Kaiser anrufen mußte, da die Päpste zu seiner Zeit Werkzeuge Frankreichs waren. Aber nach der Rückkehr der Päpste aus Avignon wurden sie die Macht, um die sich die Mehrzahl der italienischen Humanisten scharte, von der sie die Einigung Italiens erwarteten.

Die Humanisten waren in ihrer Mehrheit der Ansicht, daß der sich entwickelnde moderne Staat einer persönlichen Spitze bedürfe. Aber eben, weil das Wohl und Wehe des Staates nach ihrer Ansicht von der Persönlichkeit des Fürsten abhing – und diese Ansicht war zu ihrer Zeit durch die Verhältnisse gerechtfertigt –, war es durchaus nicht gleichgültig, welcher Art der Fürst war. Ebenso notwendig wie die Herrschaft eines Fürsten im Staate, ebenso notwendig war es nach der Ansicht der Humanisten, daß sie selbst den Fürsten beherrschten, daß sie die Fürsten erzogen und leiteten. Es hing nur vom persönlichen Charakter der einzelnen ab, wie weit sie die Konsequenzen dieses Standpunktes zogen. Der Fürst war notwendig für das Heil der Völker, aber nur der gute, das heißt humanistisch denkende Fürst. Dem schlechten Fürsten Widerstand zu leisten, ihn abzusetzen, ja selbst zu ermorden, um einem besseren Fürsten Platz zu machen, stand durchaus nicht im Widerspruch zu den Prinzipien des Humanismus, wenn auch nur wenige Humanisten genügend Mut entwickelten, ihre Lehren in die Tat umzusetzen. Viele unter ihnen waren charakterlose Schmeichler. Aber im allgemeinen hielten sie ihren Anspruch aufrecht, die Fürsten geistig zu beherrschen. Die Ideologen der aufkeimenden Bourgeoisie vertraten damit nur deren Klassenstandpunkt, den wir bereits kennen gelernt haben.

Eine bezeichnende Konsequenz dieses Standpunktes ist die Unzahl von humanistischen Publikationen, die bestimmt waren, den Fürsten Vorschriften zu geben, wie sie ihre Staaten einrichten und regieren sollten. Die bekannteste Schrift dieser Art ist der »Fürst« Machiavellis.

Es war aber kein leerer, in der Luft schwebender Anspruch, den die Humanisten da erhoben. Sie waren in der Tat eine Macht, deren die Fürsten bedurften und die sie sich geneigt erhalten mußten. Die Fürsten bedurften nicht bloß der materiellen Mittel der Bourgeoisie, sondern auch ihrer Ideologen. Die »öffentliche Meinung«, das heißt die Anschauungen der städtischen, bürgerlichen Bevölkerung, war eine Macht, und sie wurde in den Zeiten und Ländern, in denen der Humanismus blühte, von diesem beherrscht. Die Fürsten bedurften aber auch der Gelehrten der neuen Richtung zu ihren Verwaltungsgeschäften. Noch war keine Bureaukratie gebildet; die Humanisten die einzigen, die neben den Juristen und der höheren Geistlichkeit imstande waren, und besser als diese, die Staatsverwaltung zu leiten, als Räte und Gesandte der Fürsten zu fungieren.

Es war keine bloße Phrase, wenn der Kaiser Maximilian rief, daß »die Gelehrten es sind, die da regieren und nicht untertan sein sollten, und denen man die meiste Ehre schuldig ist, weil Gott und die Natur sie anderen vorgezogen«. Mit Ausnahme der deutschen, namentlich norddeutschen Fürsten, die sich, der ökonomischen Rückständigkeit Deutschlands entsprechend, sehr wenig um den Humanismus bekümmerten und die Humanisten höchst schäbig behandelten, suchte jeder Fürst so viel als möglich Humanisten an seinen Hof zu ziehen, und einem hervorragenden Gelehrten wurden fast fürstliche Ehren erwiesen. Die Gelehrten spielten damals eine andere Rolle an den Höfen als heutzutage; sie erschienen nicht als geduldete gelehrte Bediente, sondern als gesuchte Freunde der Fürsten. Zum Teil ist auf diesen Umstand Heinrich VIII. Benehmen gegen Morus zurückzuführen.

Ebenso unlogisch wie in ihren politischen waren die Humanisten in ihren religiösen Anschauungen. Wenn sie auf der einen Seite für die antiken Republikaner schwärmten und gleichzeitig für die Monarchie eintraten, so wurden sie andererseits immer mehr Heiden und blieben dabei doch entschiedene Katholiken. Wie die neue Produktionsweise im Gegensatz stand zur feudalen, so die neue Weltanschauung im Gegensatz zur feudalen Weltanschauung. Je mehr die alte Produktionsweise verfiel, desto kecker setzten sich die Humanisten über alle herkömmlichen Schranken weg, spotteten der Familien- und Eheform des Mittelalters ebensosehr wie seiner Religion.

Die Emanzipation der Frau bedeutet ihre Emanzipation vom Einzelhaushalt (wenigstens bis zu einem gewissen Grade). Dies ist möglich dadurch, daß die beschwerlichsten Haushaltungsarbeiten wieder öffentliche Arbeiten werden. Es ist aber auch dadurch erreichbar, daß die Arbeiten des Einzelhaushaltes von den Hausfrauen auf andere abgewälzt werden. Durch dieses letztere Vorgehen kann natürlich nur ein Teil der Frauen emanzipiert werden, emanzipiert durch die Knechtung anderer.

Die erstere Art der Emanzipation der Frau durch Verwandlung ihrer Arbeit in öffentliche Berufsarbeit gehört im wesentlichen noch der Zukunft an. Die zweite Art der Frauenemanzipation ist dagegen schon einige Male eine historische Tatsache geworden: ihre Vorbedingungen waren gegeben, sobald eine herrschende Klasse die Ausbeutung der arbeitenden Klassen zu einem solchen Grade getrieben hatte, daß dadurch nicht nur die Männer, sondern auch die Frauen dieser Klasse von der Notwendigkeit der Arbeit emanzipiert wurden.

Ein Beispiel solcher Frauenemanzipation durch Ausbeutung bietet uns die römische Kaiserzeit; die heutige bürgerliche Frauenemanzipation gehört in dieselbe Kategorie, ebenso wie die Frauenemanzipation des Humanismus.

Der Einzelhaushalt, und damit bis zu einem gewissen Grade auch die Einzelehe, war eine ökonomische Notwendigkeit für Handwerker und Bauer. Es war fast unmöglich, einen bäuerlichen oder handwerksmäßigen Betrieb in Gang zu halten, der nicht in Verbindung stand mit einem wohlgeordneten Haushalt, welch letzterer ebenso seine oberste Herrin brauchte, wie der Erwerbsbetrieb seinen obersten Herrn.

Ein Bauer konnte weder Knechte noch Mägde halten, ein Meister keine Gesellen ohne einen Haushalt, ohne Hausfrau; denn Gesellen und Knechte gehörten zur Familie, aßen mit dem Familienvater am gleichen Tische, wohnten in seinem Hause.

Anders gestaltete sich die Sache beim Kaufmann. Sein Geschäftsbetrieb war vom Haushalt unabhängig; ob er eine Hausfrau hatte oder nicht, das war von geringer Bedeutung für den Gang seines Geschäftes. Die Ehe und der Haushalt wurden für ihn aus einer ökonomischen Notwendigkeit ein Gegenstand des Luxus. War er sparsam, dann brauchte er überhaupt nicht zu heiraten, es sei denn, daß er eine Frau nicht als Haushälterin, sondern als reiche Erbin genommen hätte. War aber der Haushalt ein Gegenstand des Luxus, war dessen bessere oder schlechtere Besorgung höchstens für die Ausgaben des Kaufmanns von Bedeutung, nicht aber für seine Einnahmen, dann durfte dieser es sich auch gestatten, wenn seine Handelsprofite große waren, den Haushalt Mietlingen zu übertragen. Bei einer Frau, die als Erbin, nicht als Haushälterin geheiratet wurde, verstand sich das eigentlich von selbst.

So wurde im fünfzehnten und sechzehnten Jahrhundert infolge der Unermeßlichkeit der Handelsprofite die Frau des Kaufmanns – und ebenso die Frau des städtischen Juristen, Arztes, Beamten usw., wenn er genug Geld hatte – von der Arbeit des Einzelhaushaltes wie von der Arbeit überhaupt emanzipiert. Sie erhielt Zeit und Interesse, sich mit Fragen zu beschäftigen, die ihr in ihrem früheren Wirkungskreis fern gelegen hatten, die »unweiblich« waren. Aber gleichzeitig mit dieser Emanzipation wurde die überkommene Eheform für die kaufmännischen und humanistischen Kreise immer mehr eine Luxussache, freiere geschlechtliche Beziehungen kamen infolgedessen auf, vor allem in Italien, der Heimat des Humanismus; mit jugendlicher Keckheit durchbrach das revolutionäre Großbürgertum die Schranken der patriarchalischen Familie, der Einzelehe; da aber, wie im kaiserlichen Rom, die Emanzipation der Frau daher kam, daß sie aus einer notwendigen Arbeiterin zu einer überflüssigen Ausbeuterin geworden war, so mengte sich in das neue geschlechtliche Leben und Treiben auch etwas von der verkommenen Liederlichkeit einer untergehenden Klasse.

Das sind die Elemente, die der Frauenemanzipation des Humanismus ihren eigentümlichen Charakter gaben. Sie war übrigens auf viel kleinere Gesellschaftskreise beschränkt als etwa die moderne Frauenemanzipation.

So wie die modernen Verfechter der bürgerlichen Frauenemanzipation die Notwendigkeit dieser gesellschaftlichen Umwälzung mit physiologischen und juristischen Gründen zu erweisen suchen, als etwas, was Natur und Gerechtigkeit gebieten, und nicht etwa besondere, historisch gewordene Verhältnisse, so beriefen sich die Humanisten anfangs auf die Religion, obgleich die herkömmliche kirchliche Lehre der Gleichberechtigung der Frau entschieden zuwider war. So berief sich zum Beispiel Charitas, des Nürnbergers Pirckheimer Schwester, Äbtissin von St. Klara in Nürnberg, eine eifrige Humanistin, darauf, daß »das andere Geschlecht denselben Schöpfer, Erlöser und Heiligmacher hat und daß die Hand des höchsten Werkmeisters keineswegs verkürzt ist. Er hat den Schlüssel der Gunst und teilt einem jeden aus nach seinem Wohlgefallen ohne Ansehen der Person.«

Charakteristisch für die Vermengung des neuen heidnischen Gedankeninhalts mit der alten kirchlichen Form ist unter anderem das Vorgehen des Gottesleugners Sigismondo Malatesta, Beherrschers von Rimini, der 1445 bis 1450 der heiligen Franziska eine prachtvolle Kirche erbaute und in dieser einer sonderbaren Heiligen ein Denkmal setzte, nämlich seiner Maitresse Isotta, die er als Heilige verehrt wissen wollte. Zu denjenigen, welche die geschlechtliche Freiheit dieser revolutionären Zeit am fleißigsten ausnutzten, gehörte Francesco Poggio (1380 bis 1459), Geistlicher und päpstlicher Sekretär, der nicht weniger als 18 von ihm anerkannte Kinder hinterließ, darunter 14 uneheliche.

Der Kühnheit des Humanismus auf geschlechtlichem Gebiet entsprach die auf religiösem. Anfangs trat der heidnische Unglaube noch in kirchlichem Gewand auf, aber er wurde immer unverhüllter zur Schau getragen und hätte zum vollständigen und allseitigen Atheismus (der Humanisten, nicht der Volksmassen) geführt, wenn die Entwicklung nicht durch die Reformation unterbrochen worden wäre.

Einer der kecksten Freidenker unter den Humanisten war der Florentiner Luigi Pulci (1432 bis 1484). In seinem komischen Heldengedicht »Morgante«, einer Verhöhnung des christlichen Rittertums, parodiert er auch einmal das katholische Glaubensbekenntnis: »Ich glaube an die schwarze Farbe nicht mehr als an die blaue, wohl aber an Kapaunen, an Gekochtes und Gebratenes, manchmal auch an Butter, auch an Bier, und wenn ich keines habe, an Most, aber lieber an herben als an süßen, besonders aber an guten Wein; ja, ich lebe der Überzeugung, daß derjenige, der an ihn glaubt, sein Heil findet. Ich glaube an die Torte und den Kuchen; sie ist die Mutter, er der Sohn; das wahre Vaterunser aber ist die gebackene Leber und sie könnte drei, zwei und eins sein.« Der das schrieb, war ein hoher Beamter und Freund Lorenzos von Medici; er verfiel nicht dem Staatsanwalt und auch nicht dem Kirchenbann.

2. Heidentum und Protestantismus

Ob zahm, ob verwegen, die kirchlichen Mißbräuche wurden von allen Humanisten auf das entschiedenste bekämpft, namentlich war das Mönchstum die auserlesene Zielscheibe ihrer Angriffe, ihres Spottes.

Aber so scharf diese Angriffe auch waren, an einem gewissen Punkte angelangt, machten sie Halt. Die Logik der Tatsachen zwang den Humanisten die Unlogik des Denkens auf.

Wir haben im vorhergehenden Kapitel gesehen, daß die herrschenden, ausbeutenden Klassen der romanischen Länder, vor allen Italiens, ein großes Interesse an der Aufrechterhaltung der Machtstellung des Papsttums hatten. Die Ideologen der neuen gesellschaftlichen Mächte in den romanischen Ländern mußten dieser päpstlichen Gesinnung Ausdruck geben, ob sie in ihr System paßte oder nicht. In der Tat, fast alle

Humanisten – die bedeutenderen ohne Ausnahme – griffen nicht die Institutionen der Kirche an, sondern die Personen ihrer Mitglieder und den Geist, der sie erfüllte. Die bisherigen Formen der Kirche sollten erhalten bleiben, sie sollten bloß mit einem anderen Inhalt erfüllt werden. Die Kirche sollte die allumfassende und allmächtige Institution bleiben, aber sie sollte eine humanistische Kirche werden, die Humanisten ihre Priester (und Inhaber ihrer fetten Pfründen), der Papst der oberste der Humanisten. Als solcher sollte er durch die Humanisten die Fürsten und Völker beherrschen und den humanistischen Zielen dienstbar machen.

Eine gute Illustration dazu bietet unseres Erachtens das Rabelaissche Idealkloster der Thelemiten. In seinem »Gargantua«, Kapitel 52 bis 57, beschreibt Rabelais eine phantastische Abtei Thelema, die er ganz im Sinne des Humanismus eingerichtet sein läßt. Wir glauben, der Beschreibung des Klosters liegt eine ebenso ernsthafte Tendenz zugrunde wie der »Utopia« Mores. Es zeigt uns die Art und Weise, wie der Humanismus die Kirche reformieren wollte. Die Ausbeutung der Massen durch die Kirche sollte fortbestehen – auch die Abtei Thelema ist ohne Ausbeutung nicht denkbar –, aber an Stelle der Mönche sollten Humanisten treten, an Stelle der aszetischen Ordensregeln Freiheit des Genusses und der Wissenschaft. Die betreffende Stelle aus dem »Gargantua« ist ungemein bezeichnend für den Humanismus und die Art und Weise, wie zur Zeit Morus' Reformideen vorgetragen wurden.

Die eigentümliche Stellung Italiens, dem der Humanismus entsprang, trieb ihn zu seiner papstfreundlichen Haltung, die nicht nur im Widerspruch zu seinen theoretischen Grundlagen stand, sondern auch zu den Bedürfnissen der gesellschaftlichen Mächte außerhalb der romanischen Länder, denen er Ausdruck geben wollte. An diesem Widerspruch ist er zugrunde gegangen, sobald die überlegene Stellung Italiens aufhörte.

In Italien entsprach der Humanismus realen Interessen. Nicht so in den germanischen Ländern. Dort war und blieb er eine exotische Pflanze, die keine Wurzeln im Boden fassen konnte. Um so dringender bedurfte der deutsche Humanismus des engsten Anschlusses an Italien, aus dem alle Wissenschaft und Kunst kam. Nur wenn dieser fortdauerte, durften die Humanisten hoffen, der nordischen Barbarei, wie sie namentlich in Deutschland herrschte, Herr zu werden, die machthabenden Klassen für sich zu gewinnen. Die Trennung von Rom bedeutete das Scheitern ihrer Absichten, den Sieg der Barbarei über die Zivilisation. So stemmten sie sich der Reformation entgegen und blieben katholisch, gerade weil sie auf einer höheren Stufe der Entwicklung standen als die Protestanten, die erbitterten Gegner der neuen Wissenschaft und Kunst.

Dies gilt nicht nur von den nordischen Reformatoren. Auch die Reformationsversuche in Italien gingen von halbverbauerten niederen Geistlichen aus. Nehmen wir zum Beispiel Savonarola. In einer seiner Predigten sagte er: »Das einzige Gute, was Plato und Aristoteles geleistet haben, ist, daß sie viele Argumente vorbrachten, die man gegen die Ketzer gebrauchen kann. Sie und andere Philosophen sitzen doch in der Hölle. Ein altes Weib weiß mehr vom Glauben als Plato. Es wäre gut für den Glauben, wenn viele sonst nützlich scheinende Bücher vernichtet würden. Als es noch nicht so viele Bücher und nicht so viele Vernunftgründe und Disputen gab, wuchs der Glaube rascher, als er seither gewachsen ist.« Wen erinnert das nicht an Luthers Ausfälle gegen die »Hure Vernunft«? Hunderte von Exemplaren des »Dekamerone« von Boccaccio ließ der fromme Savonarola verbrennen, bis die Kirche seiner Tätigkeit ein Ende machte und ihn als Ketzer hinrichten ließ. Nicht die Ungläubigen, die zu den Gebildeten sprachen, sondern die Frommen, welche sich an die Massen wandten, brachten die Ausbeutung durch das Papsttum in Gefahr und wurden daher verbrannt. Ungläubige dagegen, wie Rabelais, der den übermütigsten Hohn über die Kirche und den Glauben ausgoß, wurden von Bischöfen und Päpsten geschont, ja nicht selten gefördert. Der katholische Fanatismus des Papsttums war eben nicht Glaubensfanatismus, sondern der Fanatismus der Habsucht, der sich in kirchliche Formen kleidete.

Die gelehrten Ideologen Deutschlands und Englands vergaßen jedoch eines, wenn sie sich auf die katholische Seite schlugen, um die bedrohte Zivilisation zu retten: daß diese katholische Kultur, der hohe Stand von Wissenschaft und Kunst in Italien, die Größe des Papsttums, zur Grundlage die Unwissenheit und Ausbeutung der Volksmassen, die Unwissenheit und Ausbeutung ganz Deutschlands hatten; daß das Papsttum, um Wissenschaft und Kunst in Italien zu fördern, Deutschland arm und unwissend erhalten mußte; daß es die von den Päpsten selbst, soweit an ihnen lag, künstlich erhaltene Barbarei war, welche in der Reformation die katholische Kultur niederwarf, daß die historische Situation eine solche geworden war, daß nur noch der Sieg der deutschen Barbarei über die welsche Kultur den Weg eröffnen konnte, um Deutschland aus der Barbarei zu befreien, seine ökonomische und geistige Weiterentwicklung möglich zu machen.

Die Humanisten sahen jedoch nur die Schädigung von Wissenschaft und Kunst, die allerdings die Reformation in den nordischen Ländern vorübergehend bringen mußte. Zu diesem Grunde, sich an den Katholizismus anzuschließen, kam noch ein anderer: die Reformatoren appellierten an die Volksmassen, an das ganze Volk. In den verschiedenen Ländern der Reformation bildete das ganze Volk dem Papsttum gegenüber eine einzige Klasse, die der Ausgebeuteten. Die Länder der Reformation (mit Ausnahme Englands, dessen

Reformation überhaupt eigenartig war) waren aber gerade die ökonomisch zurückgebliebenen, wo der Absolutismus noch nicht so stark entwickelt war wie in den romanischen Ländern, wo namentlich Bauern und Ritter noch eine bedeutende Kraft und großes Selbstbewußtsein besaßen. Waren es auch schließlich die Fürsten und die Geldmächte, die aus der Reformation den größten Vorteil zogen, so begann diese doch mit einer Volksbewegung, mit einer einmütigen Erhebung des ganzen Volkes gegen die päpstliche Ausbeutung, einer Erhebung, die natürlich bei dem Sturze der päpstlichen Herrschaft nicht stehen blieb, sondern zu blutigen Kämpfen der verschiedenen Volksklassen untereinander führte, die deren Kraft erschöpften und so den Sieg des fürstlichen Absolutismus vorbereiteten.

Eine Volksbewegung war den Humanisten etwas Entsetzliches. Eine andere Staatsregierung als durch einen Fürsten, eine andere Einflußnahme auf den Staat als durch die Person des Fürsten erschien ihnen als völlig verkehrt. Für die Bedürfnisse und Bestrebungen des Volkes hatten sie im allgemeinen nur wenig Verständnis, die meisten auch kein Interesse. Mit Abscheu sahen sie auf eine Bewegung herab, welche alle Greuel des Bürgerkriegs entfesselte.

Daß sie sich unter diesen Umständen in den meisten germanischen Ländern durch ihre Parteinahme für den Katholizismus in Gegensatz zum gesamten Volk setzten; daß sie von den Reformatoren Renegaten geschmäht wurden, jeglichen Einfluß verloren und schließlich verschwanden, ohne Spuren ihres Wirkens im Volke zu hinterlassen, ist leicht erklärlich. Durch die Reformation erhielt der Humanismus aber auch seinen Todesstoß in Italien. Bereits war der Seeweg nach Indien um Südafrika herum entdeckt, bereits wurden die neuen Handelswege befahren, die Indien mit Europa bis zur Eröffnung des Suezkanals verbinden sollten; der Handel zog sich aus den Uferländern des Mittelmeers in die des

Atlantischen Ozeans. Gleichzeitig damit trat die Empörung der germanischen Länder gegen das Papsttum ein: die ungezählten Summen, die jahraus jahrein über die Alpen nach Rom gewandert waren, blieben aus. Die Quellen von Italiens Reichtum versiegten und damit auch seine geistige Größe. Handel und Ausbeutung waren die materiellen Grundlagen des Humanismus gewesen. Er verschwand mit ihnen.

Aber nicht spurlos. Seine Tendenzen feierten eine Wiedererstehung im – Jesuitismus. Der Jesuitismus ist der intellektuell etwas herabgekommene, seiner geistigen Selbständigkeit beraubte, in den Dienst der Kirche gepreßte und stramm organisierte Humanismus. Der Jesuitismus verhält sich zum Humanismus ähnlich wie das Christentum der Kaiserzeit zum Neuplatonismus. Er ist die Form, in der die katholische Kirche sich des Humanismus bemächtigte, sich modernisierte und sich im Gegensatz zu ihrer bisherigen feudalen Basis auf die Grundlagen stellte, welche die Gesellschaft vom sechzehnten bis ins achtzehnte Jahrhundert beherrschten. Der Jesuitismus wurde die furchtbarste Macht der reformierten katholischen Kirche, weil er die den neuen ökonomischen und politischen Verhältnissen entsprechendste war.

Er wirkte durch dieselben Mächte, durch die der Humanismus gewirkt hatte: durch die Überlegenheit der klassischen Bildung, durch Beeinflussung der Fürsten, durch Berücksichtigung der Geldmächte. So wie die Humanisten förderten die Jesuiten die absolute Gewalt, aber nur desjenigen Fürsten, der für sie arbeitete. So wie die Humanisten hielten sie es nicht für unverträglich mit ihrer monarchischen Gesinnung, auf die Beseitigung der Person des Fürsten hinzuarbeiten, wenn dieser ihnen nicht paßte.

In bezug auf das Geld gingen aber die Jesuiten weiter als die Humanisten. Sie vertraten nicht bloß die Interessen der neuen Produktionsweise, sie nahmen sie in ihren Dienst. Die Jesuiten wurden die größte Handelsgesellschaft Europas, die ihre

Kontore in allen Teilen der Welt hatte; sie waren die ersten, welche erkannten, wie gut der Missionär als Handlungsreisender verwendbar sei; sie waren die ersten, die kapitalistische industrielle Unternehmungen, zum Beispiel Zuckerfabriken, in überseeischen Weltteilen einrichteten. – Bei dieser Gelegenheit sei des Jesuitenstaats in Paraguay gedacht, der von antisozialistischen Schlauköpfen mit Vorliebe als Vogelscheuche gegen die sozialistische Propaganda verwendet wird. Der Jesuitenstaat von Paraguay soll zeigen, wohin der Sozialismus führt, in Wirklichkeit deutet er den Zustand an, dem wir entgegengehen, wenn die kapitalistische Produktionsweise sich ungestört weiter entwickeln sollte. Ein Staat, in dem die Produktionsmittel und Produkte nicht der Klasse der Arbeiter, sondern der Klasse der Nichtarbeiter – noch dazu ausländischen Kapitalisten! – gehören, und die Arbeit nicht von den Arbeitern, sondern den Nichtarbeitern organisiert wird, weist jedenfalls eine sonderbare Art von Sozialismus auf.

3. Unglaube und Aberglaube

Die Tendenz des Humanismus lief auf völlige Leugnung der Weltanschauung des Mittelalters hinaus, auf den reinen Unglauben. Statt dessen erwachst am Ende seiner Laufbahn als sein Erbe ein Glaubensfanatismus von einer Stärke, wie ihn das Mittelalter nie gekannt, und dies nicht nur in den Ländern, in denen er nie feste Wurzel gefaßt, sondern auch in seinem eigenen Vaterland, in Italien.

Daran war nicht nur der ökonomische Niedergang dieses Landes schuld, nicht nur die Erbitterung des Kampfes zwischen den ausbeutenden Italienern und den ausgebeuteten Nationen, die den Fanatismus der Habgier in den Fanatismus des Glaubens übergehen ließ, da der Glaube der Titel war, auf den sich die Ausbeutung stützte. Die Erstarkung des religiösen Lebens lag gegen das Ende des Zeitalters des Humanismus immer mehr auch in den allgemeinen Zeitumständen begründet. Die eine Wurzel der Religion war in der Periode des Humanismus nur ein wenig angefault; ihre zweite Wurzel aber trieb damals üppige Schößlinge.

Die intellektuellen Wurzeln der Religion, die Ursachen des religiösen Fühlens und Denkens – mit religiösen Organisationen haben wir in diesem Zusammenhang nichts zu tun – liegen in dem Vorhandensein übermenschlicher und unbegreiflicher Mächte, denen der Mensch hilflos gegenübersteht, deren Wirken er weder zu lenken noch zu berechnen, zu verstehen imstande ist, und die auf sein Wohl und Wehe einen so entscheidenden Einfluß besitzen, daß er das Bedürfnis empfindet, sich mit ihnen auseinanderzusetzen.

Diese Mächte sind entweder natürliche oder gesellschaftliche.

Im urwüchsigen Kommunismus spielen letztere keine Rolle. Die ökonomischen Verhältnisse unterliegen da der Bestimmung des Menschen, soweit sie von deren gesellschaftlichem Zusammenarbeiten abhängen. Um so abhängiger ist der Mensch auf dieser primitiven Stufe von der Natur. Aber er fühlt sich noch als Teil derselben, wie das Tier, er hat sich sozusagen noch nicht von ihrer Nabelschnur losgerissen und lebt gedankenlos in den Tag hinein. Von Religion ist da nicht viel die Rede.

Nur langsam erwächst im Menschen mit dem technischen Fortschritt das Bedürfnis, die Natur seinem Willen unterzuordnen, er reißt sich von ihr los, sie wird ein von ihm verschiedenes Objekt und dessen Erforschung seine Aufgabe. Aber die erste Erfahrung des Menschen auf diesem Wege ist seine Ohnmacht ihr gegenüber; ein ungeheurer Zeitraum muß verstreichen, eine lange historische Entwicklung muß vor sich gehen, ehe der Mensch anfängt, die Natur zu begreifen, ihre

Gesetze zu erkennen, ihre Kräfte sich zielbewußt dienstbar zu machen.

Die Religion wird ein menschliches Bedürfnis von dem Augenblick an, da der Mensch beginnt, über die Natur nachzudenken bis zum Erstehen der Naturwissenschaft.

Die Religionen, die dieses Bedürfnis erzeugt hat, die Naturreligionen, sind heiter, lebenslustig und tolerant, wie die Menschen, in deren Köpfen sie erwachsen; sie sehen in den Naturerscheinungen mehr das Großartige, Göttliche, als das Grausenerregende, Teuflische.

Mit dem Aufkommen der Warenproduktion erstehen indessen soziale Mächte, deren der Mensch nicht Herr ist, und damit erwächst die zweite Wurzel der Religion. In den kleinen Gemeinwesen des Altertums und Mittelalters ist sie anfangs nur schwach; die ökonomischen Verhältnisse sind da leicht zu überblicken, und Glück wie Unglück erscheinen meist als Folgen persönlichen Tuns und Lassens, erklärlich auch ohne Intervention einer übermenschlichen Macht. Die sozialen Erscheinungen mußten Massenerscheinungen werden, ehe der Mensch das Dasein der sozialen Mächte erkannte und sich seiner Ohnmacht ihnen gegenüber bewußt ward, ehe die sozialen Mächte Phantasie und Verstand gefangen nahmen und auf den Charakter der Religion bestimmend einwirkten.

Die Naturreligionen sind wesentlich lokaler Natur; die sozialen Religionen, die sie verdrängen, sind von vornherein Massenreligionen, Weltreligionen.

Das römische Weltreich schuf den Boden für eine solche Religion. Die gesellschaftlichen Erscheinungen, welche diese hervorriefen, waren aber nichts weniger als freundliche. Massenelend, Massensiechtum, daneben Habgier und Übermut einiger wenigen übermäßig Reichen, Entvölkerung und Rückgang des ganzen Reiches – unter diesen Umständen erstand das Christentum. Angst und Verzweiflung, Menschenhaß und Blutdurst erfaßten die Menschen, aus den heiteren Göttern der Heidenzeit wurden scheußliche Dämonen, der Schöpfer und Richter der Welt finster und unerbittlich, das geringste Vergehen mit ewigen Höllenqualen bestrafend, die ganze Welt ein Vorhof der Hölle, mit Teufeln erfüllt, die gierig suchten, wen sie verschlingen könnten.

Da brachen die urwüchsigen Germanen ein und erfüllten das Christentum mit ihrem Geiste der Lebenslust und Freude. Ihre Götter wurden wohl zu Dämonen und Teufeln umgewandelt, aber der Teufel verlor seinen Schrecken; der Teufel des Mittelalters war ein gemütlicher, humoristischer, harmloser Teufel, mit dem man übermütig spielte, den man ungestraft höhnte, ein guter, dummer Teufel. Der Gekreuzigte mit der Dornenkrone trat zurück und der wohltätige Heiland, der gute Hirte wurde zur Lieblingsgestalt der Kirche und ihrer Kunst; neben ihm die heilige Jungfrau, ein Frauenideal, mit allem Liebreiz und all der Anmut geschmückt, die der Deutsche in seinem Weibe verehrte und ersehnte.

Die Ausbildung der kirchlichen Dogmen stockte in diesem »finsteren Zeitalter«, die Ausbildung der kirchlichen Feste wurde um so eifriger betrieben. Die Christen der ersten Jahrhunderte hatten ihre blutrünstige Phantasie mit Vorliebe an der Betrachtung der grauenhaften Todesarten ihrer Märtyrer geweidet; jetzt wurde jeder Gedenktag eines Blutzeugen ein Tag der Freude und des Jubels, ein Vorwand zu einem Zechgelage.

Nach unseren liberalen Historikern – wenn sie »Freidenker« sind – ist die Religion nur Folge des Mangels an »Aufklärung«. Von ihren sozialen Grundlagen wollen sie nichts wissen. Wäre ihre Anschauung richtig, dann hätte der Humanismus im Volke einen ungemein günstigen Boden vorfinden müssen, und zwar namentlich bei den Deutschen, und in demselben Maße, in dem die »Aufklärung« des Humanismus wuchs, hätte die Aufklärung der Massen wachsen müssen. Statt dessen finden wir die sonderbare Erscheinung, daß je freidenkender der Humanismus wurde, desto mehr die Volksreligion ihren früheren Charakter verlor und den des Christentums der römischen Kaiserzeit annahm. Es wird dies nur erklärlich, wenn man die damalige ökonomische Umwälzung in Betracht zieht.

Wohl förderten die Warenproduktion und der Handel die Naturwissenschaft, wie sie ihrerseits wieder durch sie gefördert wurden. Der Verkehr mit dem Orient brachte nicht nur die Waren, sondern auch das Wissen dieser uralten Kulturwelt nach dem Westen. Aber auf die Religion hatte dies vorläufig wenig Einfluß.

Der Humanismus entwickelte sich wesentlich unter Anlehnung an die klassische, attische Literatur; in der war für die Naturwissenschaft nicht viel zu holen. Nur wenige humanistisch gebildete Gelehrte wandten den Wissensgebieten, mit denen uns in erster Linie die Araber bekannt gemacht, der Anatomie, der Chemie und Astronomie, ihre Aufmerksamkeit zu, um methodisch die Gesetze der Natur zu erforschen und so die großen wissenschaftlichen Entdeckungen des sechzehnten und siebzehnten Jahrhunderts vorzubereiten. Die Mehrzahl derjenigen, die sich mit den Naturwissenschaften beschäftigten, tat dies, dem Charakter der neuen Produktionsweise entsprechend, um ohne weiteres daraus praktischen, persönlichen Nutzen zu ziehen. Und wo dazu die überlieferten Kenntnisse nicht ausreichten, da half man sich mit Spekulationen und Hypothesen, die nicht mit Tatsachen, sondern nur mit einigen Zitaten aus alten Schriftstellern begründet zu werden brauchten.

Man widmete sich nicht der Erforschung des menschlichen und tierischen Körpers und seiner Funktionen, sondern trachtete nur nach dem Besitz einiger Formeln und Mittel, die Menschen gesund zu machen. Die Anatomie machte langsame Fortschritte, der Medizinalschwindel, die Quacksalberei dagegen entwickelte sich mit reißender Schnelligkeit. Die Konzentration von Volksmassen in den Großstädten, der Luxus auf der einen, das Anwachsen des Proletariats auf der anderen Seite, der Handel mit dem Orient, alle diese Umstände bereiteten den Boden für epidemische und andere Krankheiten. Mit der kapitalistischen Produktionsweise verbreiteten sich in Europa die orientalische Pest (seit dem vierzehnten Jahrhundert), die Syphilis (seit Ende des fünfzehnten Jahrhunderts) und das Branntweingift. Der Branntwein war den Arabern schon frühzeitig bekannt, in Frankreich wurde er als Arznei seit dem zwölften Jahrhundert gebraucht, aber schon 1493 beklagt ein Gedicht das Unheil, das der Schnapsteufel angerichtet. (Wachsmuth, Europäische Sittengeschichte. Leipzig 1837. 4. Band, S.280.)

Die Chemie fand ebenso reichliche Arbeit wie die Medizin. Sie versteht ja die Kunst, die Körper in ihre Elemente zu zerlegen, aus ihren Elementen zusammenzusetzen, was lag also näher, als sie zur Fabrikation desjenigen Metalls auszubeuten, nach dem damals alles lechzte, des Goldes? Die Chemie wurde verschwindelt zur Goldmacherei.

Die Kenntnis der Astronomie verbreitete sich rasch unter den Gebildeten des Zeitalters des Humanismus und der Reformation. Sie fand eine hervorragende praktische Anwendung in der Schiffahrtskunde. Der überseeische Handel war ohne sie unmöglich, sie wurde daher eifrig gepflegt. Die Gesetze der Astronomie, die man von den Alten übernahm, waren fast die einzigen Naturgesetze, die damals in weiteren Kreisen bekannt waren; aber auch sie mußten bald nicht der Aufklärung dienen, sondern der Ausbeutung und dem Aberglauben. Weil man die Bahnen der Sterne berechnen konnte und anfing zu ahnen, daß sie die Erde beeinflußten, versuchte man, die irdischen Geschicke aus ihnen zu prophezeien. Je ungewisser ihre Zukunft wurde, desto gieriger suchten die Menschen diese zu erforschen. Die Sterne waren ihr Trost in jener revolutionären Zeit, wo nichts fest zu stehen schien als der Himmel. Aber auch er wurde schließlich revolutioniert. Sterndeuterei, Goldmacherei, Quacksalberei, das waren die Formen, in denen die Naturwissenschaften in Europa seit dem Mittelalter zuerst den Massen und auch der Mehrheit der Gebildeten bekannt wurden. Diese Sorte »Naturwissenschaft« war nicht imstande, das religiöse Bedürfnis zu beseitigen. Der Unglaube der Humanisten entsprang in der Tat wesentlich nur dem Widerspruch gegen den bestehenden Glauben oder der Indifferenz, nicht einer wissenschaftlichen Einsicht in die Zusammenhänge in der Natur. An Stelle des überkommenen Glaubens setzte die Mehrzahl der Humanisten einen anderen, oft nichts als Astrologie und mystische Kabbalistik.

Wurde so durch die Naturwissenschaften die eine Wurzel der Religion kaum berührt, so wurde durch die ökonomische Entwicklung ihre andere um so mehr gekräftigt.

Die Stützen der unteren Volksklassen schwanden dahin, vor allem die Markgenossenschaft, die sie alle Stürme des Mittelalters hatte überstehen lassen. Neue Klassenkämpfe begannen, von furchtbarerer Art, als die der Feudalzeit. In diesen hatte es sich meist nur um ein Mehr oder Minder an Rechten und Pflichten gehandelt, jetzt entspannen sich Kämpfe auf Leben und Tod zwischen den aufstrebenden und den untergehenden Klassen. Die Bedrückung und Proletarisierung der Bauern wuchsen, das Elend und die Landstreicherei. Immer blutiger und grausamer wurden die Versuche, die mißhandelten Klassen ruhig und ungefährlich zu machen, immer blutiger und grausamer wurden die krampfhaften Zuckungen der Gepeinigten, um das Joch abzuschütteln. Haß, Angst, Verzweiflung wurden tägliche Gäste in der Hütte und im Palast; jeder zitterte vor dem Morgen, beklagte das Gestern und rang mit dem Heute. Der Krieg wurde ein Beruf, die Menschenschlächterei ein Handwerk, der verabschiedete Soldat durch die Not gezwungen, im Frieden die Gewohnheiten des Krieges fortzusetzen, die von ihm Bedrohten getrieben, ihn wie ein wildes Tier zu hetzen. Und gleichzeitig jagten die Würgengel der Pest und Syphilis durch ganz Europa. Unsicherheit, Jammer, Elend, stete Angst vor den unwiderstehlichen sozialen Mächten herrschte allüberall, vor Mächten, die nicht im kleinen Rahmen der Markgenossenschaft wirkten, sondern mit der verheerenden Wucht nationaler und internationaler Geißeln auftraten.

Unter dem Einfluß dieser Situation wuchs das religiöse Bedürfnis, die Sehnsucht nach einem besseren Jenseits, der Drang nach der Anerkennung eines allmächtigen Gottes, der allein imstande schien, dem allgemeinen Jammer ein Ende zu machen. Aber gleichzeitig schwand auch der liebenswürdige, heitere Zug aus der Religion, sie entwickelte ihre finstersten, grausamsten Seiten. Der Teufel erschien wieder überall den Menschen, und ihre Phantasie war damit beschäftigt, ihn so grauenhaft als möglich auszumalen. Mit Wollust ersannen sie die fürchterlichsten Qualen der Hölle, um sie in teuflischen Grausamkeiten gegen die Lebenden auf Erden zu verwirklichen. Zugleich mit der Blutgesetzgebung gegen Bettler und Landstreicher kamen auch die Hexenriechereien und Hexenverbrennungen in die Mode.

Langsam bereitete sich dieser Umschwung in der Stimmung der Massen vor; erst die Reformation hat ihn völlig zur Tat gemacht. Sie zerriß nicht bloß die Tradition der alten Volksreligion, die noch immer fortgewirkt hatte, sie ließ auch alle Klassengegensätze, die bis dahin vielfach noch unter der Decke fortgeglimmt, mit einemmal hoch auflodern und entfesselte damit alle eben geschilderten Tendenzen des Zeitalters der ursprünglichen Akkumulation des Kapitals. Aberglaube und Fanatismus, Grausamkeit und Blutdurst erreichten eine wahnsinnige Höhe. Vom Bauernkrieg bis zum Westfälischen Frieden (1525 bis 1648) glich Europa einem

Tollhaus, dessen Insassen aller Schranken los und ledig geworden sind.

In diesem Jahrhundert wurde das ausgebildet, was wir heute als Religion kennen lernen, sowohl die verschiedenen protestantischen Bekenntnisse, wie auch der jesuitische, tridentinische Katholizismus. Der alte Katholizismus der Feudalzeit – wir meinen den vom Volke geübten, nicht den des päpstlichen Hofes – ist verschwunden, nur hin und wieder in einem abgelegenen katholischen Gebirgsdorf findet man noch eine schwache Erinnerung an die Jovialität und Lebenslust des germanisierten Christentums.

Die Männer der Aufklärung des achtzehnten Jahrhunderts fanden als ihren gefährlichsten Feind, ihr größtes Hindernis die neue Religion vor, die sich zwischen sie und das Volk auf der einen, das Königtum auf der anderen Seite stellte. Im Kampfe gegen sie ist die Aufklärung groß geworden. Nach dem Muster dieser Religion haben die Historiker, die den Bahnen der Aufklärungsphilosophie folgten, alle Religionen und das Christentum aller Jahrhunderte gezeichnet. Sie konnten die germanisch-katholische Volksreligion des Mittelalters um so leichter verkennen, als der Charakter der Anfänge des Christentums mit dem des Christentums der Reformationszeit eine auffallende Ähnlichkeit aufweist und über die zwischen beiden liegende Volksreligion des Mittelalters, namentlich aus der Zeit ihrer fröhlichsten Entfaltung, nur spärliche Nachrichten erhalten sind.

Es führt jedoch zu einer ganz falschen Beurteilung des Mittelalters, wenn man bei diesem Fehler beharrt. Es führt auch im Speziellen – und dies der Grund unserer Auseinandersetzung – zu einer ganz schiefen Auffassung von Thomas Morus. Voltaire gelangte zu dieser schiefen Auffassung. Ihm erschien Morus wegen seines zähen Festhaltens am Katholizismus als ein beschränkter, fanatischer Barbar.

Morus ist als Märtyrer des Katholizismus gestorben. Um

ihn zu verstehen, müssen wir die Art von Katholizismus genau kennen, der er anhing. Man möge daher stets im Auge behalten, wie ganz anders der alte, feudale Volkskatholizismus war, als der moderne Jesuitenkatholizismus. Morus war einer der letzten Vertreter des ersteren, soweit er überhaupt noch Katholik war, kein Heuchler und Heuler, kein Augenverdreher und Schleicher, sondern ein Mann im besten Sinne des Wortes.

Wir haben die historische Lage im allgemeinen kennen gelernt, in der er sich entwickelte, lernen wir nun ihn selbst kennen in den besonderen Verhältnissen, in denen er zu wirken hatte.

Zweiter Abschnitt

Thomas More

Erstes Kapitel

Die Biographen des Thomas Morus

1. William Roper

Wer den Lebenslauf des ersten modernen Sozialisten darstellen will, hat sich über Mangel an Material wahrlich nicht zu beklagen. Er kann die Arbeiten einer großen Reihe von Vorgängern benutzen. Aber er wird bald finden, daß fast allen Morebiographien, die bisher geschrieben worden, etwas Weihrauchduft anhaftet, mitunter sogar sehr viel: nicht der Duft des Weihrauchs, den die dankbare Nachwelt Männern spendet, die ihrer Ansicht nach die menschliche Entwicklung besonders gefördert haben, sondern des Weihrauchs, mit dem die katholische Kirche ihren Heiligen opfert, um die Sinne der Gläubigen zu benebeln.

Morus hatte Stellung genommen in dem großen Kampfe zwischen dem Papismus und dem Protestantismus, der sich unter seinen Augen entwickelte; er war auf Seite des ersteren getreten, er war für seine Überzeugung gestorben. Der Katholizismus hat seit der Reformation keinen solchen Überfluß an großen Denkern aufzuweisen, daß er den berühmten Humanisten nicht für sich in Anspruch genommen hätte. Morus wurde ein katholischer Märtyrer, ein Heiliger, allerdings bis vor kurzem nur ein offiziöser. Erst 1886 wurde er offiziell seliggesprochen. Immerhin haben ihn seit seinem

Tode fromme Gemüter als Helligen verehrt, und das war ein großer Nachteil für ihn, oder wenigstens für seine Biographie.

Morus starb 1535. Seine erste Biographie wurde etwas über zwei Jahrzehnte später (wahrscheinlich um 1557) verfaßt von seinem Schwiegersohn William Roper, einem Katholiken; es war eine Schrift zur Rechtfertigung Mores, verfaßt unter der Regierung der »blutigen« Maria, der Tochter Heinrich VIII., zur Zeit einer heftigen katholischen Reaktion gegen die Kirchentrennung, die dieser Monarch herbeigeführt. Unbefangenheit des Biographen ist unter solchen Umständen schwer zu erwarten. Es ist jedoch Roper gelungen, soweit wir beurteilen können, sie wenigstens insoweit zu wahren, daß er der Versuchung widerstand, welche die Zeitumstände an ihn herantreten ließen, Morus als einen Heiligen erscheinen zu lassen. Einfach und schlicht, nüchtern, ja trocken, gibt er vollkommen ehrlich nur Tatsachen, keine Legenden; und er war in der Lage, die authentischste Darstellung liefern zu können. Er sagt uns das selbst in den Eingangsworten seiner Schrift: »Ich, William Roper, der (allerdings höchst unwürdige) Schwiegersohn Mores, Gatte seiner ältesten Tochter[2], kenne niemanden, der von ihm und seinen Taten mehr wüßte als ich, da ich über sechzehn Jahre lang ununterbrochen in seinem Hause wohnte.«

Roper ist die wichtigste und verläßlichste Quelle für das Leben Mores. Aber gerade die Eigenschaften, die ihn verläßlich machen, bewirken, daß wir nur eine beschränkte Kenntnis Morus' aus ihm schöpfen. Seine Trockenheit hielt ihn ab, in schwärmerische Ekstase zu verfallen und seinen Helden zu einem übermenschlichen Wesen zu gestalten; sie hinderte ihn aber auch, die Bedeutung Morus' zu erfassen und die dafür charakteristischen Tatsachen mitzuteilen. Wir dürfen das meiste als richtig annehmen, was Roper erzählt – wir haben

---

2 „Margarete; er heiratete sie 1521, starb 1577, 33 Jahre nach ihrem Tode."

wenigstens keinen wesentlichen Irrtum bei ihm gefunden. Nur mit der Chronologie steht er, wie alle ersten Biographen Mores, auf sehr schlechtem Fuße. Die verschiedenen Ereignisse laufen bei ihm kunterbunt durcheinander, ohne Zeitangabe, er gibt uns nicht einmal das Geburtsjahr Mores. Aber ist auch das meiste richtig, was er mitteilt, so erzählt er doch nicht alles, was wir wissen wollen. Wären wir nur auf Ropers Biographie angewiesen, dann wüßten wir zum Beispiel nicht einmal, daß Morus die »Utopia« geschrieben. Der Prozeß Morus' ist dagegen von Roper sehr eingehend dargestellt.[3]

2. Stapleton

Der nächste, der sich daran machte, eine Biographie Morus' zu schreiben, war der Archidiakonus von Canterbury Nicholas Harpsfield, der ebenfalls unter der »blutigen Maria«, aber nach Roper schrieb. Sein Werk wurde nie gedruckt. Bridgett, dem ein Jesuit eine noch erhaltene Abschrift geborgt hatte, teilt mit, daß Harpsfield außer Roper nur noch die Schriften Morus' selbst benutzte, und daß wir von ihm nichts Neues von Belang erfahren.

Dem Archidiakonus folgte ein spanischer Dominikanermönch, Ludovicus Pacäus, der zwischen 1560 bis 1570 schrieb, aber starb, ehe er sein Werk vollendete. Wir haben wohl nicht viel daran verloren. Was konnte damals ein spanischer Dominikaner über den englischen Humanisten wissen! Kaum mehr als frommen Klatsch.

Diese beiden Geistlichen eröffnen die lange Reihe ka-

---

3   „Der Titel seiner Schrift lautet: The Life of Sir Thomas Morus, written by his son in law William Roper. Als Motto ist ihr ein Kreuz vorangesetzt mit der Umschrift: In hoc signo vinces (unter diesem Zeichen wirst du siegen). Der englischen Ausgabe der Utopia der »Pitt-Press-Series« (Cambridge 1885) ist ein Abdruck dieser Biographie nach Hearnes Ausgabe von 1716 beigegeben. Die folgenden Seitenangaben aus Roper sind nach dieser Ausgabe gemacht."

tholischer Pfaffen, die das Martyrium des heiligen Thomas Morus verherrlicht haben. Der Hervorragendste unter ihnen und der erste der Zeit nach, wenn wir von den beiden eben genannten absehen, ist Thomas Stapleton, geboren zu Sussex 1535, in dem Jahr und dem Monat, in dem Morus starb. Er wurde katholischer Priester, erhielt unter der »blutigen Maria« ein Kanonikat in Chichester, flüchtete aus England, als dort unter Elisabeth die Katholikenverfolgungen begannen, und wurde Professor der Theologie in Douai, wo er 1588 starb. In demselben Jahre erschien in Douai seine Biographie der drei Thomasse, des Apostels Thomas, des heiligen Thomas Becket und des Thomas Morus.[4] Die Biographie des letzteren (vita et illustre martyrium Thomae Mori) nimmt zwei Drittel des Buches ein; sie wurde geschrieben »zur höheren Ehre Gottes und zur Erbauung des Lesers«. In der Tat, sie ist ein Erbauungsbuch, kein Geschichtsbuch, und erinnert in ihrem Charakter sehr an die Evangelien. So wie die Evangelisten geht auch Stapleton gleich seinem Vorgänger Roper jeder Zeitangabe sorgfältig aus dem Wege. Er ersetzt sie durch nichtssagende Flickwörter: »In der Zeit«, »darauf«, »später« usw. Aber wozu auch Zeitangaben, wenn nicht eine historische Entwicklung gegeben werden soll, sondern ein Sammelsurium von Anekdoten, Legenden und Wundergeschichten (von denen ein Teil nicht einmal Morus, sondern andere »fromme Männer« angeht)!

Deutlich kann man da das Wachstum der Legende verfolgen. Auch Roper hat bereits seine Wundergeschichten.

---

4   „Wir haben die Kölner Ausgabe dieses Werkes von 1612 benutzt: Tres Thomae, seu res gestae S. Thomae Apostoli, S. Thomae, Archiepiscopi Cantuariensis et Martyris, Thomae Mori, Angliae quondam cancelarii. Autore Thoma Stapletono. Coloniae Agrippinae 1612, 382 S. (gewidmet dem Abt »Hermanno Mayero«). Es existiert eine schlechte französische Übersetzung dieser Biographie, besorgt von A. Martin, mit Noten und einem Kommentar von Audin (das Beste davon aus Rudharts »Morus« abgeschrieben): Histoire de Thomas Morus, par Stapleton, Paris 1849."

Aber bei näherem Zusehen verlieren sie ihren wunderbaren Charakter und werden sehr prosaisch. Wir können getrost annehmen, daß die berichteten Tatsachen sich wirklich zugetragen haben.

So erzählt er uns zum Beispiel folgendes (S. XVIII, XIX): Gott bewies Morus wegen seiner Tugend und Gottesfurcht durch ein offenbares Wunder seine besondere Gunst. Margarete, Ropers Gattin, war am englischen Schweißfieber (sweating sickness) schwer erkrankt. Die Ärzte hatten sie aufgegeben. Sie wußten kein Mittel mehr, das Erfolg versprach. Da ging Morus in seine Hauskapelle und sandte ein inbrünstiges Gebet zum Allmächtigen. Und siehe, dieser erhörte das Gebet und erleuchtete ihn, so daß ihm in den Sinn kam, ein Klistier könne ihr helfen. Morus teilte seine Eingebung augenblicklich den Ärzten mit, und diese gestanden, daß wenn Rettung möglich sei, sie nur durch dies Mittel gebracht werden könne, und wunderten sich, daß ihnen das nicht früher eingefallen sei. Es wurde angewendet und Margarete genas.

Dergleichen simple Wunder genügten dem Herrn Professor der Theologie nicht. Auf Dienstbotenklatsch und ähnliche Autoritäten hin sammelte er eine hübsche Anzahl von wunderbaren Taten, Vorzeichen, Träumen und dergleichen, mit denen Morus' Andenken bereichert worden war seitdem Roper seine Biographie geschrieben hatte. Den Quellen entsprechend, deren sich Stapleton bediente, sind diese Geschichten ungemein platt und albern, was für den Autor das eine Gute hat, daß man ihn nicht für deren Erfinder hält. Wir wollen wenigstens aus Respekt für die katholische Theologie des sechzehnten Jahrhunderts annehmen, daß er geschickter erfunden hätte.

Wie albern ist zum Beispiel folgendes »Wunder«: Nach Morus' Tod gab Margarete all ihr Geld an die Armen, damit sie für ihres Vaters Seele beteten. Als sie dann dessen Leichnam begraben wollte, hatte sie natürlich kein Geld mehr, ein

Leichentuch zu kaufen. Was tun? Guter Rat war teuer. Endlich entschloß sich Frau Harris, eine ihrer Dienerinnen, zu einem Tuchhändler in der Nähe zu gehen, um zu versuchen, ob er nicht ein Tuch auf Kredit geben wolle. Aber welch Entzücken! Beim Tuchhändler angelangt, fand sie genau so viel Geld, keinen Penny mehr oder weniger in ihrer Börse, als das Tuch kostete! Die Autorität, auf die hin Stapleton dies Bargeldwunder erzählt, ist Dorothea Colly, ein Dienstmädchen Margaretens. Daß Roper auch nicht die leiseste Andeutung davon bringt, geniert ihn nicht im mindesten.

Trotz alledem ist Stapleton nächst Roper die wichtigste Quelle für den Biographen Mores. Er ergänzt Roper, indem er auf die literarische Tätigkeit Morus' näher eingeht und ist besonders dadurch nützlich, daß er mit großem Fleiß ein reiches Material gesammelt hat, namentlich aus Briefen Morus' und seiner Zeitgenossen, das seinen Wert behält, auch wenn man den Standpunkt des Verfassers keineswegs teilt.

3. Cresacre Morus und andere

Neben Roper und Stapleton wird häufig ein dritter als Hauptquellenschriftsteller für Morus' Leben genannt, sein gleichnamiger Urenkel Thomas Morus, ein katholischer Geistlicher, der 1625 in Rom starb und in dessen Hinterlassenschaft ein Manuskript, eine Biographie seines Urgroßvaters, gefunden wurde, die 1627 in London erschien. Die Biographie wurde viel gesucht und war bald so selten, daß 1726 ein Unbekannter sie neu herausgab: The Life of Sir Morus, Knight, Lord Chancellor of England under King Henry the Eight and his Majestys Embassadour to the courts of France and Germany. By his great Grandson Thomas Morus Esq. London 1726. XXXI und 336 S. Die Ausgabe ist sehr brauchbar durch die Noten des Herausgebers, der uns gründlicher, gewissenhafter und vernünftiger zu sein scheint als sein Autor. Eine deutsche Übersetzung erschien in Leipzig 1741 unter dem Titel: Das Leben des Sir Thomas Morus usw. Von dem Herausgeber des Lebens Coleti und Erasmi ins Deutsche übersetzt nebst einer Vorrede Dr. Christian Gottlieb Jöchers, Professors zu Leipzig. Die neueste stammt von Jos. Hunter: »The Life of Sir Thomas Morus, by his great Grandson Cresacre Morus, with a biographical preface, notes and other illustrations. London 1828. LXIV und 376 S.« In der Vorrede macht Hunter unter anderem die richtige Bemerkung, daß jedesmal, so oft die Katholiken Englands ihre Zeit wieder gekommen glaubten, eine Biographie Morus' erschien: die Ropers unter der »blutigen Maria«, die Stapletons, als die spanische Armada England bedrohte, 1588, die Cresacre Morus' unter Karl I., kurz nachdem dieser eine katholische Prinzessin, Henriette Marie von Frankreich, geheiratet hatte. (S. LXII.) In derselben Vorrede führt Hunter aber auch aus, er sei infolge von Angaben, die der Verfasser in dieser Biographie darin über sich selbst macht, zur Überzeugung gekommen, Thomas könne nicht der Autor sein, sondern die Biographie rühre von dessen jüngstem Bruder Cresacre Morus her. Auf diesen stimmen die betreffenden Angaben vollkommen. Wir dürfen also wohl Cresacre als den Autor betrachten. Die Frage ist übrigens von geringer Bedeutung, Cresacre war ein ebenso fanatischer Katholik wie Thomas.

Die letztgenannte Biographie ist die am meisten benutzte, und man sollte in der Tat meinen, daß sie die beste sein muß, da der Verfasser neben den mündlichen Mitteilungen solcher, die seinen Urgroßvater noch persönlich gekannt, die Familienarchive benutzen konnte und außerdem die Ergebnisse der historischen Forschung fast eines ganzen Jahrhunderts. Mit der genauen Sachkenntnis des Familienmitglieds konnte er den weiten Blick des Historikers verbinden, der die Ereignisse von einem höheren Standpunkte betrachtet.

Nichts von alledem. Cresacre Morus schrieb, wie er in der Einleitung sagt, zu seiner und anderer Leute Erbauung, wie Stapleton; es war ihm nicht um Erforschung der Wahrheit, sondern um eine rührende Wirkung auf die Gemüter zu tun, und zu diesem Zwecke erschien es ihm höchst überflüssig, sich viel Arbeit zu machen. Das ganze Buch ist ein unverschämtes Plagiat aus Stapleton und Roper. Er hat einmal den einen, das andere Mal den anderen abgeschrieben, und nicht einmal gewissenhaft abgeschrieben, sondern schleuderhaft, und zu verschiedenen Malen grobe Böcke geschossen, wie der Herausgeber der Ausgabe von 1726 nachwies, der sich die Mühe gab, jede einzelne Stelle Cresacre Morus' mit den entsprechenden Stapletons und Ropers zu vergleichen.

Die originalen Leistungen Cresacre Morus' beschränken sich auf einige Histörchen, die erst nach Stapletons Buch in den Kreisen des katholischen Wunderklatsches aufgekommen waren und daher in dem Werk des Professors der Theologie fehlten. Sie sind aber womöglich noch dümmer als die Stapletonschen.

Nur ein Beispiel: Zwei Brüder hatten einen Zahn Morus' zwischen sich auf dem Tisch biegen, jeder gleich begierig, die kostbare Reliquie zu erhalten. Der selige Märtyrer löste die Schwierigkeit auf die einfachste Weise der Welt: zum großen Erstaunen der beiden Brüder teilte sich plötzlich der Zahn und es lagen zwei Zähne auf dem Tisch (a.a.O. S. 304). Schade, daß der Knochen, der sich verdoppelte, nicht einer war, der nur einzeln beim Menschen vorkommt, etwa der Unterkiefer. Ein Heiliger mit zwei Unterkiefern wäre ein noch größeres Wunder, als einer mit dreiunddreißig Zähnen.

Das Buch Cresacre Morus' hat nicht den mindesten Wert; trotzdem ist es die am meisten benutzte Quelle über Thomas Morus geworden; es bietet eben einen sehr bequemen Extrakt aus Roper und Stapleton und ist fast noch mehr als das Werk des letzteren im richtigen Gebetbuchstil geschrieben.

Die große Mehrzahl der folgenden katholischen Biographien Morus' sind nur mehr oder weniger schlechte Paraphrasen des Buches Cresacre Morus' – soweit wir sie kennen. Der Leser wird von uns kaum verlangen, daß wir die ganze katholische Literatur durcharbeiten sollten, die über Morus seit dem siebzehnten Jahrhundert erschienen ist. Irgend ein Gewinn zur Erkenntnis unseres Sozialisten war daraus nicht zu erwarten, und wir haben an einigen aufs Geratewohl herausgenommenen Beispielen mehr als genug gehabt.

Auch die protestantische Literatur hat keine bedeutende Biographie Morus' aufzuweisen. Das Buch Cayleys ist, was die Biographie anbelangt, keine hervorragende Leistung. Wertvoll wurde es dadurch, daß es die besten literarischen Schöpfungen Morus' einem größeren Publikum zugänglich machte[5].

Außer den drei erwähnten Quellenschriftstellern über Morus erscheinen uns nur noch vier Biographen der Erwähnung wert: die Katholiken Rudhart und Bridgett, und die Protestanten Seebohm und Hutton. Rudhart[6] und Seebohm[7] sind noch genügend religiös, um ihren spezifischen konfessionellen Standpunkt erkennen zu lassen, beide über die konfessionelle Beschränktheit so weit hinaus, daß sie sich dadurch den Blick nicht trüben ließen.

Rudhart war ein süddeutscher Gelehrter, der nie in Eng-

---

5   „Arthur Cayley the younger, The memoirs of Sir Thomas Morus. 2 Bände. London 1804."

6   „Dr. Georg Thomas Rudhart, Thomas Morus. Aus den Quellen bearbeitet. Nürnberg 1829. X und 458 Seiten."

7   „Frederic Seebohm, The Oxford Reformers of 1498. Being a history of the fellow work of John Colet, Erasmus and Thomas Morus. London 1867. XII und 434 Seiten. 2. Auflage 1869. XIV und 551 Seiten. Kaum war die erste Auflage dieses Buches erschienen, als ein Manuskript aufgefunden wurde, aus dem das Geburtsjahr Morus' zu ersehen war. Dadurch wurde die ganze Chronologie und ein gut Teil der Hypothesen des Buches hinfällig. Seebohm veranstaltete schleunigst eine zweite Auflage und zog den Rest der ersten Auflage zurück. Unsere Exzerpte sind teils der ersten, teils der zweiten Auflage entnommen, da uns letztere später zu Gesicht kam."

land gewesen zu sein scheint, der aber in Göttingen zahlreiches Material über Morus fand, das er gut benutzte. Er suchte Morus nach allen Seiten seines Wirkens darzustellen und die Berichte seiner Biographen durch anderes, gleichzeitiges Material je nachdem entweder sicherzustellen oder zu ergänzen oder zu berichtigen. Die Bedeutung Morus' vermochte er allerdings nicht zu erfassen; sein Standpunkt ist beschränkt und kleinlich. Aber es ist eine gewissenhafte, fleißige und ehrliche Arbeit, die Arbeit eines deutschen Gelehrten aus der ersten Hälfte des neunzehnten Jahrhunderts, wo die deutsche Wissenschaft noch nicht durch das Überwuchern des Strebertums auf den Hund gekommen war. Wir haben Rudhart manchen wertvollen Fingerzeig zu verdanken.

Seebohm betrachtet Morus von einer Seite, die bisher noch wenig untersucht worden: Morus als Humanisten in seinem Zusammenarbeiten mit den beiden anderen Humanisten, die in England zu seiner Zeit wirkten, Colet und Erasmus von Rotterdam. Die Darstellung geht nur bis zum Tode Colets, dem Jahre 1519. Damit endet in der Tat der Humanismus in England. Er wird abgelöst durch die Reformation. Die Frage, wieso Morus dazu kam, mit voller Kraft für die katholische Sache einzustehen, wird in dem Buche nicht mehr behandelt. Wohl aber fällt die »Utopia« noch in den Kreis von Seebohms Betrachtungen. Jedoch ebensowenig wie Rudhart oder irgend einer der bisherigen Biographen Morus' weiß er etwas mit diesem Buche anzufangen. Rudhart erscheint die »Utopia« als ein Scherz, Seebohm nimmt sie ernsthaft, legt aber das Hauptgewicht auf die in ihr niedergelegte christliche Philosophie, die er so protestantisch-platt als möglich wiedergibt. Ihren kommunistischen Charakter bemerkt er nicht einmal, oder will ihn nicht bemerken, weil er ihm völlig ratlos gegenübersteht.

Endlich müssen wir noch der jüngsten Biographien Morus' gedenken, die erst nach der ersten Auflage des vorliegenden Buches erschienen.⁸ Ihre Verfasser sind beide Geistliche, der eine T. G. Bridgett, Mitglied der Kongregation des heiligsten Erlösers, verfaßte sein Werk zur Verherrlichung des 1886 selig gesprochenen katholischen Märtyrers. Er arbeitet mit dem Apparat der modernen Wissenschaft, namentlich was die Chronologie anbelangt und hält sich von den gröbsten Abgeschmacktheiten fern. Aber von einem historischen Verständnis Morus' kann auch bei ihm keine Rede sein. Angesichts der aufdringlichen Hervorhebung der katholischen Formen, die das Moresche Denken namentlich am Schlusse seiner Laufbahn annahm, kommt der Leser ebenso wie etwa bei Roper nicht einmal dazu, zu ahnen, welcher Geistesriese Morus gewesen. Sein ganzes Wirken wird in das Prokrustesbett beschränkter katholischer Rechtgläubigkeit gepreßt.

Man braucht deswegen nicht an Unehrlichkeit des Verfassers zu denken. Ein Schelm gibt mehr, als er hat.

Hutton endlich, dessen Schrift in erster Auflage 1895, in zweiter einige Jahre später erschien⁹ ein Oxforder Theolog und Kaplan des Lordbischofs von Ely, schreibt ebenso wie Bridgett mit einer theologischen Tendenz. Er will nachweisen, daß Morus' Theologie mit der der englischen Staatskirche sehr wohl verträglich ist. So heißt es dort zum Beispiel auf Seite 282:

»Es wäre müßig, mit den römischen Heiligenlehrern über ihr Recht zu streiten, ihn (More) als ihren Märtyrer zu verehren; aber keine richtige theologische Würdigung wird leugnen, daß er zu der geschichtlichen und ununterbrochenen Kirche von England gehört. Ein eingehendes Studium seiner religiösen Schriften und seines Lebens zeigt, daß Morus ein

---

8 „Rev. T. E. Bridgett, Life and Writings of Sir Thomas Morus, Lord Chancellor of England and Martyr under Henry VIII. London 1891. XXIV und 458 Seiten."
9 „William Holden Hutton, Sir Thomas Morus. London 1900. X und 290 Seiten."

Heiliger war, auf den England heute noch stolz sein darf.«
(Vergleiche auch S. 201).

Viel Neues kommt bei dem Kampf der katholischen und protestantischen Pfaffen um die Leiche ihres Patroklus Morus nicht heraus. Indessen ist in dem Huttonschen Buche die theologische Tendenz nicht allzu aufdringlich, und es bietet eine ganz lesbare und sorgfältige Darstellung des Entwicklungsganges Mores, sogar mit einigem Interesse für den Sozialismus des Verfassers der »Utopia«.

4. Erasmus von Rotterdam

Angesichts solcher Biographen ist es namentlich für denjenigen, der dem Sozialisten Morus näher treten will, um so wichtiger und willkommener, daß diejenige Quelle wohlerhalten ist, aus der Morus am besten zu erkennen: seine eigenen Schriften und ein großer Teil seines Briefwechsels.

Die Originalausgaben seiner einzelnen Werke sind sehr selten; aber die Gesamtausgaben seiner Werke, namentlich der lateinischen, dürften auch in deutschen Bibliotheken zu finden sein. Morus' englische Werke wurden 1557 in London auf Befehl der Königin Maria herausgegeben.[10]

Von seinen lateinischen Werken erschienen drei Gesamtausgaben, die erste in Basel 1563, die zweite in Löwen 1566, die dritte 1689 in Frankfurt und Leipzig. Diese soll nach Cayley (a. a. O. S. 274) die beste sein. Wir haben uns daher an sie gehalten.[11]

---

10 „The workes of Sir Thomas Morus Knyght, sometimes Lorde Chauncellor of England, written by him in the English tongue. Printed at London 1557. 1458 Seiten Fol."

11 „Thomae Mori Angliae quondam Cancellarii opera omnia quotquot reperiri potuerunt ex Basileensi anni MDLXIII et Lovaniensi anni MDLXVI editionibus deprompta, diversa ab istis serie deposita, emendatioraque edita, praefixae de vita et morte Thomae Mori, Erasmi et Nucerini epistolae ut et doctorum virorum de

Eine Unzahl von Abhandlungen, Gedichten usw. von Morus wurde in den schon erwähnten »Memoirs of Sir Thomas More« im Anfang unseres Jahrhunderts von A. Cayley herausgegeben. Eine ähnliche Sammlung (zum Teil nur Bruchstücke und Auszüge enthaltend) von einigen Schriften Morus' (in neues Englisch übertragen) lieferte der gutkatholische W. Jos. Walter in Amerika.[12]

In neuester Zeit wurden außer der »Utopia«, von der wir noch eingehender handeln werden, nur Morus' Fragment über Richard III. und sein Buch über Pico von Mirandula herausgegeben.[13]

Neben den Schriften Morus' selbst sind die wichtigsten Quellen für seine Beurteilung die Briefe seiner Freunde an ihn und über ihn. Unter diesen ist der wichtigste einer, der ebenso großes Interesse erregt durch die Person des Mannes, von dem er handelt, wie durch die des Schreibers und des Adressaten. Er wurde im Jahre 1519, also gerade im Beginn der Reformation, von Erasmus von Rotterdam an Ulrich von Hutten gerichtet. Er enthält eine förmliche Lebensbeschreibung Morus' bis zu diesem Datum von seinem vertrautesten Freunde, mit dem er jahrelang zusammen gewohnt und gewirkt. Wer könnte uns trefflicher mit Morus bekannt machen? Wir wissen keine bessere Einleitung zu einem Versuch, das Verständnis Morus' zu fördern, als diesen Brief. Wir geben ihn daher um so lieber vollinhaltlich wieder (mit

---

eo eulogia. Francofurti ad Moenum et Lipsiae, sumptibus Christiani Genschii, anno MDCLXXXIX."

12 „Sir Thomas Morus. A Selection from his works, as well in prose as in verse, forming a sequel to »Life and Times of Sir Thomas More« by W. Jos. Walter. BaltiMorus 1841. 364 S."

13 „Morus' History of King Richard III. Edited with Notes, Glossary, Index of Names, by J. Rawson Lumby. Pitt Press Series, Cambridge, University Press. Leipzig 1885, F. A. Brockhaus. In einer Volksausgabe wurde Morus' Geschichte Eduard V. und Richard III. abgedruckt zusammen mit I. Miltons Britain under Trojan, Roman, Saxon Rule und E. Bacons Heniry VII. London. 1890 erschien eine Neuausgabe von Morus' Life of John Picus, Earl of Mirandula etc."

Weglassung einiger langweiligen und nichtssagenden Höflichkeitsformeln, wie sie der schwülstige Briefstil der Humanisten erforderte), als eine deutche Übersetzung des Briefes unseres Wissens noch nicht veröffentlicht worden. Er ist lateinisch geschrieben und nach der Sitte der damaligen Zeit mit griechischen Brocken gespickt.[14]

Er lautet:

»Wenn des Thomas Morus[15] so überaus gelehrte und liebenswürdige Schriften Dich so entzücken, daß Du ihn liebst, ja fast hätte ich geschrieben, sterblich in ihn verliebt bist, so stehst Du damit nicht allein da, erlauchter Hutten, sondern hast Deine Schwärmerei mit vielen gemein. Und sie ist eine gegenseitige, denn Morus erfreut sich so sehr an Deinen Schriften, daß ich Dich fast beneiden könnte. .... Wenn Du mich übrigens bestürmst, ich möchte Dir doch ein Bild von Morus entwerfen, so wünsche ich nur, meine Kraft, dies zu vollbringen, wäre ebenso groß als Dein Verlangen danach ungestüm. Denn auch für mich ist es ein Vergnügen, mich von Zeit zu Zeit der Betrachtung des liebenswürdigsten meiner Freunde hinzugeben. Aber es ist nicht jedem gegeben, des Morus Gaben zu erkennen, und ich weiß nicht, ob er es sich gefallen läßt, vom ersten besten Maler gezeichnet zu werden. Ich glaube in der Tat, daß es nicht leichter ist, Morus darzustellen, als Alexander den Großen oder Achilles: sie waren nicht würdiger der Unsterblichkeit als er. Ein solcher Vorwurf verlangt die Hand eines Apelles, und ich fürchte, ich bin dem Fulvius Rutuba ähnlicher als dem Apelles. Aber ich will es versuchen, Dir des ganzen Mannes Bild wenigstens zu skizzieren, wenn auch nicht genau darzustellen, wie es mir ein langjähriges Zusammenleben gezeigt hat. .... Beginnen wir die Beschreibung des Morus von der Seite, von der Du

---

14 „Er findet sich in der Gesamtausgabe der lateinischen Werke von Morus, von 1689. Größere Bruchstücke daraus sind bei Bridgett abgedruckt."

15 „Nach Humanistenart latinisierte Morus seinen Namen in Morus."

ihn am wenigsten kennst: er ist nicht groß, aber auch nicht auffallend klein, und seine Glieder sind so ebenmäßig, daß man nichts an ihm auszusetzen findet. Die Haut seines Körpers ist weiß, doch zeigt sein Gesicht mehr eine lichte als eine blasse Hautfarbe, die allerdings nirgends eine kräftige Röte aufweist, sondern nur einen zarten rosigen Schimmer. Seine Haare sind von einem ins Schwärzliche spielenden Braun oder, wenn Du lieber willst, von einem ins Bräunliche spielenden Schwarz (sufflavo nigore); der Bart dünn, die Augen blaugrau, mit einigen Flecken: solche Augen deuten in der Regel einen hochbegabten Geist an und gelten bei den Engländern auch für hübsch, während uns schwarze besser gefallen; keine Augenart soll sicherer vor Schäden sein als diese.

»Sein Antlitz entspricht seinem Charakter, es verkündet immer eine freundliche und liebenswürdige Heiterkeit und zeigt uns gern ein Lächeln: und daß ich es nur offen sage, er neigt mehr zu Fröhlichkeit als zu Ernst und Würde, wenn er sich auch von alberner Possenreißerei fernzuhalten weiß. Seine rechte Schulter ist etwas höher als die linke, namentlich beim Gehen. Es ist ihm das nicht angeboren, sondern zur Gewohnheit geworden, wie ja unsereinem oft dergleichen anzuhaften pflegt. Sonst ist an ihm nichts Anstößiges als höchstens seine im Verhältnis zu seinem Körper etwas bäuerischen Hände.

»Alles, was das körperliche Aussehen betrifft, hat er von Jugend auf vernachlässigt und in der Regel nicht einmal das sehr gepflegt, was nach Ovid der Mann allein zu pflegen hat. Wie hübsch er als Jüngling war, kann man noch jetzt aus dem, was davon geblieben, entnehmen; und doch lernte ich ihn kennen, als er noch nicht mehr als 23 Jahre alt war; und jetzt zählt er etwas über 40. Seine Gesundheit ist gut, ohne gerade robust zu sein; aber sie reicht für die Arbeiten aus, die einem ehrbaren Bürger anstehen, und ist keinen oder doch nur wenigen Krankheiten unterworfen: wir dürfen hoffen, daß er sich als zäh erweisen wird, da er einen Vater hat, der trotz seines hohen Alters noch sehr rüstig ist.

»Ich sah noch niemanden, der in bezug auf Speisen weniger wählerisch wäre als er. Bis zum Jünglingsalter trank er gern Wasser; das hatte er vom Vater. Um aber in lustiger Gesellschaft kein Spielverderber zu sein, täuschte er seine Zechgenossen, indem er aus einem Zinnkrug (stanneo poculo) leichtes Bier, oft reines Wasser trank. Da die Engländer beim Wein sich gegenseitig zuzutrinken pflegen, so pflegte er dabei zu nippen, damit es nicht aussehe, als habe er einen Widerwillen dagegen und um kein Sonderling zu sein. Rindfleisch, gesalzene Fische und grobes, stark gesäuertes Brot ißt er lieber als Speisen, die gewöhnlich als Leckerbissen gelten, ohne dabei etwas zu verschmähen, was dem Körper ein unschädliches Vergnügen bereitet. Milchspeisen und Baumobst aß er immer sehr gern; für Eier schwärmt er.

»Seine Stimme ist nicht stark, aber auch nicht schwach, leicht vernehmbar, klar, aber ohne Weichheit und Schmelz. Zum Gesang scheint er nicht veranlagt zu sein, obwohl er ein großer Freund jeder Art Musik ist. Seine Sprache ist deutlich, ebensowenig überhastend als zaudernd. Er liebt die Einfachheit, trägt weder Seide, noch Purpur, noch goldene Ketten, außer wenn es seine Stellung erfordert. Wunderbar ist es, wie wenig er sich um jene Formen kümmert, die die Menge für Höflichkeit und Anstand hält: er verlangt sie weder von anderen, noch hält er sich streng an sie, nicht in ernsten Versammlungen, nicht bei fröhlichen, geselligen Zusammenkünften: er ist ihrer nicht etwa unkundig, aber er hält es für weibisch und eines Mannes unwürdig, mit solchen Albernheiten die Zeit zu verschwenden. Vom Hofe und dem Umgang mit Fürsten hielt er sich früher fern, weil ihm die Tyrannei von jeher besonders verhaßt und nichts lieber war als die Gleichheit. Denn Du wirst kaum einen Hof finden, und wäre er noch so bescheiden, an dem nicht viel Lärm und Streberei, viel Heuchelei und Prunk zu finden, und der gänzlich frei wäre von jeglicher Tyrannei. So ließ sich denn Morus nur mit vieler Mühe an den Hof Heinrich VIII. ziehen; und doch kann man sich keinen liebenswürdigeren und anspruchsloseren Fürsten wünschen.

»Morus liebt Ungebundenheit und Muße; aber so wie er sich gern dem Nichtstun überläßt, wenn dazu Gelegenheit ist, so wird er von niemandem an Eifer und Ausdauer übertroffen, wenn es arbeiten heißt. Zur Freundschaft scheint er geboren zu sein; er hegt sie treu und fest. Und er fürchtete nicht jenen Freundschaftsüberfluß πολυφιλιαν(polphilias), von dem Hesiod so wenig Gutes zu sagen weiß. Sehr entgegenkommend in bezug auf das Eingehen des Freundschaftsbündnisses, zeigt er sich nicht pedantisch streng in der Auswahl der Freunde, nachsichtig im Verkehr, beständig im Festhalten an ihnen. Wenn er einmal auf einen stößt, dessen Fehler er nicht bessern kann, dann läßt er die Freundschaft mit ihm wieder einschlafen, bricht sie aber nicht gewaltsam ab. Mit denjenigen zu verkehren, die er treu und seiner Sinnesart entsprechend findet, erscheint ihm als das größte denkbare Vergnügen. Denn er hat einen Widerwillen gegen das Ballspiel, Würfel-, Karten- und ähnliche Spiele, mit denen der vornehme Pöbel (vulgus procerum) die Zeit totzuschlagen pflegt. So unbekümmert er ist, wo es sich um den eigenen Vorteil handelt, so sorgfältig in Wahrung der Interessen seiner Freunde. Kurz, wenn jemand ein vollkommenes Beispiel wahrer Freundschaft sucht, so bietet es ihm niemand besser als Morus. Im geselligen Verkehr ist er so munter und angenehm, daß niemand so grämlich sein kann, den er nicht aufheiterte, nichts so scheußlich, daß er nicht dessen Wirkung verscheuchte. Schon als Knabe hatte er ein solches Gefallen an Scherz und Spiel, daß er dazu geboren schien; aber sein Scherz wurde nie possenhaft oder verletzend. Als Jüngling schrieb er kleine Lustspiele und führte sie auf. So sehr liebt er geistreiche Witze, daß sie ihm gefallen, selbst wenn sie auf seine Kosten mit Verdrehung der Wahrheit gemacht werden. Schon als Jüngling schmiedete er daher Epigramme und erfreute sich am Lucian. Auch mich hat er dazu angestiftet, das ‚Lob der Narrheit' (eine Satire) zu schreiben, das heißt einen Kameltanz aufzuführen. Und nichts kann passieren, das er nicht von der heiteren Seite zu nehmen suchte, selbst höchst ernste Dinge. Hat er es mit gelehrten und gescheiten Männern zu tun, dann freut er sich über ihren Geist; ist er in Gesellschaft von Ungebildeten und Toren, bietet ihm die Torheit Gelegenheit zum Lachen. Selbst an dem größten Narren nimmt er keinen Anstoß, indem er sich mit wunderbarer Geschicklichkeit in die Laune eines jeden zu schicken weiß. Mit den Frauenzimmern, selbst mit seiner Gattin, treibt er nichts als Spiel und Scherz: Du könntest ihn für einen zweiten Demokrit halten oder eher noch für jenen pythagoräischen Philosophen, der sorglos und müßig auf dem Markte herumschlenderte und das Getümmel der Käufer und Verkäufer lächelnd besah. Niemand läßt sich weniger vom Urteil der Menge beeinflussen als Morus, und andererseits ist niemand zugänglicher und leutseliger als er.

»Eine seiner liebsten Vergnügungen ist die Beobachtung der Formen, der geistigen Tätigkeiten und Gemütsbewegungen der Tiere. Es gibt kaum eine Vogelart, die er nicht zu Hause hielte; wenn er ein seltenes Tier zu sehen bekommt, das verkäuflich, einen Affen, einen Fuchs, ein Frettchen, einen Marder und dergleichen, etwas Exotisches und ähnliches, dann eilt er, es zu kaufen. Sein ganzes Haus hat er damit angefüllt, und wohin man tritt, findet man etwas, das die Augen auf sich zieht: und Morus freut sich jedesmal wieder von neuem, so oft er sieht, daß andere sich daran ergötzen.«[16]

16   „Nach Humanistenart latinisierte Morus seinen Namen in Morus."

»Als Jüngling war er durchaus kein Mädchenhasser, doch verursachte er keine üble Nachrede und genoß lieber die, die ihm entgegenkamen, als die er erobern mußte; auch hatte der geschlechtliche Umgang für ihn keinen Reiz, wenn er nicht mit gegenseitiger geistiger Anregung verknüpft war.[17]

»Der klassischen Literatur wandte er sich frühzeitig zu. Schon als Jüngling studierte er die griechische Literatur und Philosophie, sehr wider Willen seines Vaters, eines sonst tüchtigen und verständigen Mannes, der ihm alle Unterstützung entzog und ihn fast verstoßen hätte, weil es schien, als wolle er nicht in die Fußtapfen des Vaters treten, der ein Gelehrter des englischen Rechtes ist. So sehr auch dieser Beruf der wahren Bildung fremd ist, so werden doch in England diejenigen hochgeschätzt und geehrt, die auf diesem Gebiet einen Ruf erlangt haben, und kaum gibt es dort einen besseren Weg als den der Rechtsgelehrsamkeit, um Ruhm und Geld zu erwerben; gar manchem hat dieser Beruf sogar den englischen Adelsstand eingebracht. Und man soll auf diesem Gebiet nichts leisten können, wenn man nicht schon viele Jahre darüber geschwitzt hat. Morus aber, trotzdem er, der zu etwas Besserem geboren, nicht mit Unrecht einen

---

17 „Da wir nicht mehr Gelegenheit haben, später darauf zurückzukommen, so sei hier bemerkt, daß Morus nichts weniger als prüde war. An einem witzigen Zötchen konnte er sich sehr ergötzen, und zwar nicht bloß im geheimen, wie der moralisierende Philister. War ihm eines gelungen, dann ließ er es auch drucken. Unter seinen lateinischen Epigrammen finden sich mehrere dieser Art. Zur Charakterisierung Morus' sei eines derselben hier wiedergegeben: Ein Jüngling überrascht ein Mädchen in der Einsamkeit. Er umschlingt sie und fleht um ihre Liebe. Umsonst, sie wehrt sich verzweifelt mit Händen und Füßen gegen ihn. Da reißt ihm die Geduld; er zieht sein Schwert und ruft: »Ich schwöre dir bei diesem Schwert, »Wenn du nicht ruhig liegst und den Mund hältst – dann geh' ich.«Erschreckt von der düsteren Drohung fällt sie um: »Nun so tu's, sagt sie, aber wisse, ich weiche nur der Gewalt.« Der Witz besteht auf diesem Gebiet weniger in dem, was man sagt, als wie man's sagt. Eine Übersetzung verliert daher stets an Wirkung. Im Original lautet die Pointe: »Per tibi ego hunc ensem juro, simul etulit ensem, »Commode ni jaceas, ac taceas, abeo. »Illico succumbuit tam tristi territa verbo: »Atque age, sed quod agis, vi tamen, inquit, agis.«

Abscheu dagegen hatte, erlangte eine solche Vollkommenheit darin, nachdem er kaum davon gekostet, daß die Prozeßführenden sich an niemanden lieber wandten als an ihn, und daß keiner seiner Kollegen, die sich ausschließlich ihrem Beruf widmeten, eine größere Einnahme daraus zog als er. So groß war sein Scharfsinn und seine Schlagfertigkeit.

»Aber nicht genug damit, verwendete er noch große Mühe auf das Studium der Kirchenlehrer. Er hielt noch als Jüngling öffentliche Vorlesungen vor einer zahlreichen Zuhörerschaft über des Augustinus Bücher vom Reiche Gottes (de civitate dei); und sogar Priester und Greise kamen, von dem jungen Manne, der keine Weihen empfangen, die Geheimnisse der Religion erklären zu hören, und es reute sie nicht. Dabei widmete er sich auch mit ganzer Seele frommen Werken und suchte sich durch Nachtwachen, Fasten, Beten und ähnliche Vorübungen für den Priesterstand vorzubereiten. Aber er erkannte in dieser Sache eher als die meisten derjenigen, die sich unbedacht zu einem so schwierigen Beruf drängen, daß keiner für ihn gefährlicher sei als dieser. Nur eines stand im Wege, daß er sich dieser Lebensweise widmete: er vermochte es nicht, sein Verlangen nach einem Weibe zu überwinden. Und er wollte lieber ein keuscher Gatte sein, als ein schmutziger Priester. So heiratete er ein Mädchen, das fast noch ein Kind war, aus edlem Geschlecht, auf dem Lande bei Eltern und Schwestern aufgewachsen, noch unerfahren und ungebildet, so daß er sie völlig nach seinen Neigungen entwickeln konnte. Er ließ sie in den Wissenschaften unterrichten und bildete sie in jeder Gattung der Musik: er hatte sie vollkommen zu einer Frau gemacht, mit der er sein ganzes Leben hätte wohl verbringen können, wenn nicht ein früher Tod sie ihm entrissen hätte, nachdem sie ihm mehrere Kinder geboren, von denen drei Mädchen und ein Knabe noch leben: Margareta, Aloisia[18],

---

18   „Morus selbst gibt als die Namen seiner Töchter an: Margareta, Elisabe-

Cäcilia und Johannes. Er blieb nicht lange ledig, vielleicht durch Ratschläge seiner Freunde beeinflußt. Wenige Monate nach dem Tode seiner Frau heiratete er eine Witwe, mehr zur Führung seines Haushaltes als um ihrer Reize willen, da sie weder jung noch hübsch war, wie er selbst scherzend zu sagen pflegt, aber eine tätige und fürsorgliche Hausfrau. Und er lebt mit ihr ebenso gut, als wenn sie ein weiß Gott wie hübsches Mädchen gewesen wäre. Kaum erlangt ein anderer Gatte von der Seinen solchen Gehorsam durch Befehl und Strenge, als er durch Güte und Scherze. Was sollte sie ihm verweigern können, wenn er es dahin gebracht, daß sie, die schon begann alt zu werden, keineswegs von geschmeidiger Gemütsart war und dabei eine sehr prosaische Natur, lernte Saiteninstrumente[19] spielen und die Flöte blasen, und daß sie die für jeden Tag vorgeschriebenen Übungen auf diesen Instrumenten dem Gatten auf Verlangen vortrug? Mit der gleichen Güte wie die Frau leitet er die Kinder und das Hausgesinde; da gibt es keine Trauerspiele, keinen Streit. Wo sich ein solcher zu entspinnen droht, da unterdrückt er ihn im Keime oder schlichtet ihn augenblicklich. Noch nie ging jemand von ihm als sein Feind. Es scheint eine Vorherbestimmung seines Hauses zu sein, Glückseligkeit zu verbreiten: noch niemand hat dort gelebt, ohne zu höherem Glück zu gelangen, noch niemand hat sich dort üblen Leumund zugezogen.

»Wenige gibt es, die sich mit der Mutter so gut vertragen hätten, wie er mit der Stiefmutter: denn der Vater hatte eine zweite Frau geheiratet, die Morus nicht weniger lieb gewann als seine Mutter. Vor kurzem nahm jener die dritte Frau, und

---

tha und Cäcilia (zum Beispiel in dem gereimten Brief an seine Kinder im Anhang zu seinen Epigrammen). Die englische Aussprache des abgekürzten Namens hat wohl Erasmus irregeführt."

19   „Erasmus nennt drei: cythara, testudo und monochordum. Wir überlassen es den der Geschichte der Musik Kundigen, herauszufinden, was für Instrumente er damit meint, namentlich mit der letzten Bezeichnung."

Morus schwört hoch und heilig, er habe noch kein besseres Frauenzimmer gesehen. Eltern, Kinder, Schwestern liebt er in einer Weise, daß er weder durch Überschwenglichkeit lästig wird, noch jemals seine Pflichten gegen sie vernachlässigt.

»Sein Sinn geht nicht nach schmutzigem Gewinn. Von seinem Einkommen legt er einen Teil für seine Kinder beiseite, das andere gibt er mit vollen Händen aus. Als er noch als Anwalt sein Brot verdiente, erteilte er allen, die ihn um Rat fragten, freundschaftliche und wahre Auskunft, mehr auf ihren Vorteil bedacht als auf den eigenen. Den meisten riet er zu einem Ausgleich mit dem Gegner, weil das weniger koste. Drang er mit diesem Ratschlag nicht durch, dann wies er seinen Klienten an, wie er den Prozeß am billigsten führen könne. Anderer Freude ist um so größer, je mehr und längere Prozesse es gibt.

»In seiner Vaterstadt London fungierte er durch einige Jahre als Richter in Zivilsachen.[20] Dieses Amt ist mit keinen hohen Mühen verknüpft, denn Gerichtssitzungen finden nur Donnerstags und bloß vormittags statt, wohl aber mit hohen Ehren verbunden. Niemand erledigte so viele Klagen, niemand war uneigennütziger als er: erließ er doch vielen sogar die ihm gebührenden Gerichtssporteln! Bei Einleitung eines Prozesses haben nämlich Kläger wie Geklagter jeder drei Groschen[21] zu erlegen, und niemand darf mehr fordern. Durch solches Benehmen wurde er der beliebteste Bürger seiner Vaterstadt. Er beschloß aber, sich mit dieser Stellung zu begnügen, die genügend Ansehen bot, ohne schweren Gefahren unterworfen zu sein. Zweimal wurde er gepreßt, eine Gesandtschaft zu übernehmen; und da er seine Mission sehr klug erfüllte, so beruhigte sich der erhabene König Heinrich,

---

20   Morus wurde 1509 Untersheriff von London.
21   Unser klassisch gebildeter Erasmus schreibt drachmas. Die Drachme war eine altgriechische kleine Silbermünze. Hier ist darunter wohl der groat gemeint, der Groschen, eine kleine Silbermünze im Werte von 4 Pence.

seines Namens der Achte, nicht eher, als bis er den Mann an seinen Hof geschleppt hatte. Warum soll ich nicht sagen »geschleppt«, da niemand noch so viel Mühe aufgewendet hat, an den Hof zu gelangen, als Morus, ihm fernzubleiben. Da aber der hochedle König sich vorgenommen hatte, um sich eine große Schar gelehrter, gesetzter, kluger und uneigennütziger Männer zu versammeln, so zog er, wie viele andere, so vor allem Morus zu sich heran, und er hat sich so eng an diesen angeschlossen, daß er ihn niemals von seiner Seite läßt. Handelt es sich um ernste Dinge, dann findet man keinen Erfahreneren als Morus; will der König in leichtem Geplauder den Geist erfrischen, dann ist Morus der heiterste Gesellschafter. Oft verlangen schwierige Fragen einen gewiegten und verständigen Richter: Morus löst sie so, daß jeder Teil befriedigt ist. Noch niemand aber hat ihn dahin gebracht, daß er ein Geschenk von ihm angenommen hätte. Glücklich wären die Staaten, wenn die Fürsten überall Obrigkeiten einsetzten, die dem Morus glichen!

»Nicht die geringste Spur von Hochmut ist ihm bei Hofe angeflogen. In dem großen Drange der Geschäfte, die auf ihm lasteten, vergaß er weder seine alten Freunde, noch vernachlässigte er seine geliebten Studien. Die ganze Macht seiner Stellung, seinen ganzen Einfluß auf den erlauchten König verwendet er bloß zum Besten des Staates, zur Befriedigung der Herzen. Seit jeher war sein lebhaftestes Streben dahin gegangen, der Allgemeinheit zu nützen, seit jeher neigte sein Sinn zum Mitleid. Je höher er steigt, desto mehr vermag er Gutes zu tun. Die einen unterstützt er mit Geld, die anderen schützt er mit seinem Einfluß, andere wieder fördert er durch seine Empfehlung, und denen er nicht anders helfen kann, steht er wenigstens mit seinem Rate bei. Niemanden entläßt er traurig von sich. Man möchte sagen, Morus sei der oberste Schutzpatron aller Armen im Reiche. Er freut sich, als hätte er den größten Gewinn gemacht, wenn es ihm gelang, einem

Unterdrückten zu helfen, einen Bedrängten aus seinen Verlegenheiten zu befreien, einem in Ungnade Gefallenen wieder Gunst zu gewinnen. Niemand übt lieber Wohltaten, niemand verlangt weniger Dankbarkeit. Und so reich begabt und berühmt er auch ist, und so natürlich damit Prahlerei verbunden zu sein pflegt, so ist doch niemand ferner von dieser Untugend als er.

»Aber ich gehe zu seinen Studien über, die mich dem Morus, die Morus mir so teuer gemacht haben. In seiner Jugend gab er sich namentlich mit der Poesie ab, bald aber ging er dazu über, in langem und mühsamem Arbeiten seine Prosa zu verbessern und seinen Stil in allen Arten der Darstellung zu üben. Welchen Zweck hätte es, diesen näher zu beschreiben, namentlich Dir, der Du seine Schriften immer in der Hand hast? Besonders gern schrieb er Reden und Vorträge, namentlich über ungewöhnliche Themata, um seinen Geist desto mehr zu schärfen. Noch als Jüngling arbeitete er an einem Dialog, in dem er den Kommunismus des Plato, sogar mitsamt der Weibergemeinschaft, verteidigte. Auf den Tyrannicida (Tyrannenmörder) des Lucian schrieb er eine Antwort und wünschte, mich dabei zum Gegner zu haben, damit er aus dem Versuch um so genauer erfahre, ob er Fortschritte in dieser Art Schriftstellerei gemacht. Die › Utopia‹ verfaßte er mit der Absicht, zu zeigen, worin es liege, daß die Staaten in schlechtem Zustand seien, namentlich aber hatte er bei seiner Darstellung England vor Augen, das er gründlich durchforscht und kennen gelernt hat. Das zweite Buch verfaßte er zuerst in seinen Mußestunden; bald fügte er das erste Buch dazu, das er gelegentlich aus dem Stegreif niederschrieb: so sehr wurde sein reicher Geist durch seine Sprach- und Schreibgewandtheit unterstützt.

»Sein Geist ist schlagfertig und eilt stets voraus, sein Gedächtnis wohl geschult: da es alles gewissermaßen geordnet enthält, so liefert es rasch und ohne Zögern, was die jeweilige

Sachlage erheischt. Bei Disputationen ist niemand gewandter als er, so daß er mitunter selbst bedeutende Theologen in Verlegenheit setzt, wenn er sich auf ihrem eigenen Gebiet bewegt. Johann Colet, ein scharfsinniger Mann mit trefflicher Urteilsgabe, pflegte oft in vertrautem Gespräch zu sagen, England besitze nur ein einziges Genie, Morus, und doch blühen auf dieser Insel so viele ausgezeichnete Geister.

Er übt wahre Frömmigkeit, dagegen ist ihm jeder Aberglaube fremd. Er hat seine Stunden, wo er Gott sein Gebet darbringt, nicht gewohnheitsgemäß, sondern aus vollem Herzen. Mit den Freunden spricht er vom künftigen Leben in einer Weise, daß man sieht, er spricht mit Überzeugung und mit der besten Hoffnung. So ist Morus am Hofe, und da gibt es Leute, die glauben, gute Christen seien nur in Klöstern zu finden.«

Damit schließt des Erasmus Schilderung des ersten modernen Sozialisten.

Zweites Kapitel

Morus als Humanist

1. Morus' Jugend

Es ist nicht unsere Aufgabe, eine eingehende Biographie Morus' zu liefern. Diese würde den uns zugemessenen Raum weit übersteigen und uns auf Gebiete führen, die mit der »Utopia« nicht das mindeste zu schaffen haben. Wir haben es hier nur mit dem Kommunisten Morus zu tun und seiner geistigen Entwicklung auf den Gebieten, auf denen sich das soziale Leben äußert, vor allem der Entwicklung seiner ökonomischen, politischen, religiösen Anschauungen. Sein äußerer Lebensgang interessiert uns hier nur, soweit er Einfluß auf diese genommen hat. Wir werden uns daher mit wenigen Angaben darüber begnügen können, um so mehr, da des Erasmus Brief bereits die wichtigsten Einzelheiten des Lebens Morus' bis zum Jahre 1519 gegeben hat.

Es ist bezeichnend für die ersten Biographen Mores, daß, wie schon erwähnt, keiner dessen Geburtsjahr mitteilt. Man nahm bis vor wenigen Jahrzehnten allgemein an, Morus sei 1480 geboren worden. Doch spricht schon des Erasmus Brief an Hutten dagegen, der 1519 geschrieben wurde und der angibt, Morus sei etwas über 40 Jahre alt. Dieser mußte also vor 1479 geboren sein. W. Aldis Wright hat denn auch 1868 aus einem Manuskript, das sich in der Bibliothek des Trinity

College in Cambridge befindet, nachgewiesen, daß Morus am 7. Februar 1478 geboren wurde. Näher brauchen wir auf diese Frage wohl nicht einzugehen, die Seebohm in seinen »Oxford Reformers« weitläufig behandelt hat. (1. Auflage, wo noch 1480 als Geburtsjahr genannt wird, S. 429ff. 2. Auflage, S. 521 ff.)

Thomas Morus' Vaterstadt ist London, welches damals zwar noch nicht die Hauptstadt der Welt, aber immerhin einer der bedeutendsten Handelsplätze Europas war, in dem die Tendenzen der neuen Produktionsweise scharf und deutlich hervortraten. Er entstammte einer »ehrbaren, aber keineswegs hervorragenden« städtischen Familie. In der Grabschrift, die Morus für sich selbst abgefaßt hatte, heißt es: Thomas Morus urbe Londinensi, familia non celebri, sed honesta natus. Sein Vater, John Morus, war einer der Richter am Oberhofgericht (Kings Bench), ein nüchterner, strenger, fast filziger Mann, der auf jede Weise dahin wirkte, seinen Sohn zum Nachdenken über ökonomische Verhältnisse zu veranlassen und ihn mit den materiellen Bedingungen des Lebens bekannt zu machen.

Nach der Sitte seiner Zeit hatte Thomas zunächst Lateinisch zu lernen; zu diesem Behufe besuchte er die Sankt Anthonyschule in London, später wurde er von seinem Vater im Hause des Erzbischofs, späteren Kardinals Morton untergebracht, eines bedeutenden Staatsmanns, der in der englischen Politik, namentlich den Kriegen der weißen und der roten Rose, eine hervorragende Rolle spielte (er wurde 1478 Lordkanzler von England und schloß sich später Heinrich VII. gegen Richard III. an) und einen sehr günstigen Einfluß aus den jungen Thomas übte. Der dankbare Morus hat ihm im ersten Buche seiner »Utopia« ein Denkmal gesetzt. Da heißt es unter anderem von Morton: »Er sprach schön, fließend und wirksam; die Gesetze kannte er genau, sein Witz war unvergleichlich, sein Gedächtnis geradezu wunderbar.

Diese Gaben, von Natur aus bedeutend, hatte er durch Studium und Übung vervollkommnet. Der König setzte das größte Vertrauen in ihn, und auch der Staat fand in ihm seine beste Stütze, als ich dort war. Sehr jung war er schon gleich von der Schule an den Hof gekommen und verbrachte sein Leben inmitten von Unruhe und Geschäftigkeit, unaufhörlich von den wechselnden Wogen des Glückes hin und her geworfen. So hatte er in vielen und großen Gefahren eine Weltkenntnis erworben, die, auf diese Weise angeeignet, nicht so leicht vergessen wird.«

War Thomas durch seinen Vater mit den materiellen Sorgen vertraut gemacht worden, die zu seiner Zeit die Welt bedrückten, so lernte er beim Erzbischof von Canterbury die Mächte kennen, die damals das Schicksal der Welt entschieden oder wenigstens zu entscheiden sich anmaßten. So wurden frühzeitig in ihm die Keime zu dem Verständnis der Gegenwart, vor allem ihrer materiellen Fragen, geweckt, das den Humanisten des Nordens, der Mehrzahl nach bloßen Schulgelehrten, in der Regel sehr mangelte.

Morus war daher trotz seiner Jugend kein Knabe mehr, als er nach Oxford auf die hohe Schule kam (wahrscheinlich 1492 oder 1493). Dort hatten neben der alten Scholastik auch die neuen humanistischen Studien eine Stätte gefunden. Ihre Hauptvertreter waren Linacre, Grocyn und Colet, später auch Erasmus von Rotterdam, der 1498 als Lehrer des Griechischen nach Oxford kam. Morus fühlte sich von den Humanisten ebenso angezogen, als sie von ihm. Bald war er völlig vom Humanismus gewonnen.

Dem alten Morus scheint angst und bange geworden zu sein, als sein Thomas sich dem brotlosen Studium der antiken Klassiker ergab. So nahm er ihn etwas unvermittelt und gewaltsam, wie uns Erasmus mitteilt, von der Universität weg und steckte ihn in eine Schule des englischen Rechtes, New Inn, wahrscheinlich ums Jahr 1494 oder 1495. Hier und später in Lincolns Inn studierte Thomas mehrere Jahre lang das englische Recht, um dann als Rechtsanwalt eine ausgedehnte Praxis zu erwerben.

2. Morus als humanistischer Schriftsteller

Aber die Liebe für seine Studien erstarb nicht in dieser angestrengten Beschäftigung. Er vervollkommnete nicht nur seine Kenntnisse der lateinischen und griechischen Sprache und Literatur, er fing bald an, produktiv als Schriftsteller aufzutreten. Einige Andeutungen darüber hat uns bereits des Erasmus Brief gegeben.

Die griechischen Autoren zog Morus den lateinischen bei weitem vor, und mit Recht. Waren doch die letzteren zum großen Teil nur Nachahmer, und nicht immer die glücklichsten, der ersteren. In der »Utopia« heißt es von Raphael Hythlodäus, der in dem Buche die Ansichten Morus' wiedergibt: »Er war allerdings zur See, aber nicht als Palinurus, sondern als Ulysses oder vielmehr als Plato. Dieser Raphael, Hythlodäus zubenannt, ist nicht übel bewandert im Lateinischen, aber ausgezeichnet und gründlich im Griechischen. Auf dieses verwendete er viel mehr Fleiß als auf das Lateinische, da er sich ganz der Philosophie ergeben hat. Auf diesem Gebiet ist aber in lateinischer Sprache nichts Bedeutendes vorhanden, mit Ausnahme einiger Schriften von Seneca und Cicero.«

Unter den Griechen zog ihn vor allen Plato an. »Von den Philosophen las und studierte er am liebsten den Plato und die Platoniker«, schrieb Stapleton (S. 16?), »da man aus ihnen sowohl in bezug auf die Regierung der Gemeinwesen, wie auf den Verkehr der Bürger untereinander[22] sehr viel lernen kann.«

---

22 »Civilem conversationem«; damit meinte Herr Stapleton wohl nicht

Wenn man neben diesen Stellen die wichtige Mitteilung in dem Briefe des Erasmus in Erwägung zieht, daß Morus schon als Jüngling sich mit den kommunistischen Ideen Platos bekannt gemacht hatte und so sehr für sie eingenommen war, daß er sie (mitsamt der Weibergemeinschaft) in einer Schrift verteidigen wollte, dann wird man nicht umhin können, zuzugeben, daß die »Utopia« von der Platonischen »Republik« beeinflußt worden ist.

Daß Morus bei der Verfassung der »Utopia« das Platonische Staatsideal vor Augen schwebte, erhellt auch aus einem kurzen Gedicht (angeblich von einem Neffen des Hythlodäus), das er im Eingang zu ihr veröffentlichte:

»Utopia wurde ich ursprünglich genannt, wegen meiner Öde (infrequentiam) Aus dieser Zeile scheint uns hervorzugehen, daß die gewöhnliche Übersetzung von »Utopia« (eine Zusammensetzung aus den griechischen Worten ου = nicht, und τοποσ – Platz, Gegend) mit »Nirgendheim« dem von Morus gewünschten Sinne nicht entspricht. Vielleicht kommt das Wort »Unland« ihm näher.,

Nun bin ich die Nebenbuhlerin des Platonischen Staates,
Vielleicht diesem überlegen (denn was dieser mit Worten
Ausmalte, habe bloß ich verwirklicht,
Mit Männern und Macht und den besten Gesetzen),
Mit Recht sollte ich jetzt Eutopia heißen.« Eutopia = Glücksland. Die Engländer sprechen »Eutopia« ebenso aus wie »Utopia«, nämlich »Jutopia«.

Noch aus mehreren Stellen der »Utopia« erhellt Platos Einfluß. Nur eine davon sei noch angeführt: Im ersten Buche sagt Hythlodäus: »Wenn ich die Einrichtungen der Utopier mit denen der jetzigen Nationen vergleiche, dann muß ich Plato Recht widerfahren lassen und wundere mich nicht darüber, daß er für Völker keine Gesetze machen wollte, welche die Gütergemeinschaft zurückwiesen.«

---

eine »höfliche Konversation«.

Platos »Republik« war in manchen Beziehungen das Vorbild für die »Utopia«, und diese insoweit ein echt humanistisches Werk. Es heißt jedoch viel zu weit gehen, wenn man behauptet, wie von verschiedenen Seiten geschehen, die »Utopia« (oder wenigstens ihr zweites Buch, der positive Teil) sei eine rein akademische Leistung, eine Art literarischer Spielerei, ein Versuch, die Platonische Republik in neuer Form darzustellen. Nichts irriger als das. Wir werden noch sehen, daß die »Utopia« aus den Verhältnissen entsprossen ist, die Morus umgaben, daß sie einen ganz modernen Charakter besitzt, und daß die Verwandtschaft mit der Platonischen »Republik« sich wesentlich auf Äußerlichkeiten beschränkt.

Die »Utopia« war keine bloße Schulübung; sie sollte praktischen Einfluß auf die Geschicke der Nation gewinnen. Da ist es denn wieder echt humanistisch, daß sie nicht in der Sprache der Nation verfaßt wurde, sondern in einer Sprache, die nur ein geringer Bruchteil des Volkes verstand, der lateinischen.

Nicht etwa, daß Morus ausschließlich lateinisch geschrieben hätte. Der Humanismus entwickelte im Gegensatz zum barbarischen Kirchenlatein einerseits das klassische Latein des Heidentums, andererseits aber, als der erste literarische Vertreter des nationalen Gedankens, die nationale Sprache. Die Humanisten, von Dante, Petrarca und Boccaccio an, haben nicht nur das klassische Latein wiedererweckt, sondern auch eine nationale Prosa geschaffen, die sich zur Behandlung wissenschaftlicher wie künstlerischer Stoffe in gleicher Weise eignete.

So war auch Morus nicht nur einer der elegantesten Lateiner seiner Zeit, sondern auch »der Vater der englischen Prosa«, wie Sir James Mackintosh ihn nennt; einer der ersten, die in englischer Prosa schrieben und deren Bildung beeinflußten. Schon vor der »Utopia« hatte Morus Schriften in englischer

Sprache verfaßt. Er übersetzte 1510 aus dem Lateinischen ins Englische eine Biographie des englischen Humanisten Pico von Mirandola[23] und schrieb 1513 seine berühmte Geschichte Richard III.[24], die leider ein Fragment geblieben ist. Sie erschien erst nach Morus' Tode, 1543, und wurde sofort die klassische Darstellung der Zeit, die sie schilderte. Von ihr stammt wohl das nicht sehr schmeichelhafte Bild Richards, das in dem Shakespeareschen Drama unsterblich geworden ist.

Seine übrigen englischen Schriften wurden nach der »Utopia« abgefaßt: sie stammen aus der Zeit der Reformation und sind sämtlich polemischen Inhalts. Mit diesen Abhandlungen und Dialogen verließ Morus ebenso den Boden des Humanismus, wie Hutten mit seinen deutschen Schriften. Sie benutzten da die nationale Sprache nicht im Dienste der Wissenschaft und Kunst, sondern der Politik, sie wandten sich ans Volk von dem sich die Humanisten hochmütig fern hielten.

3. Morus über das Frauenstudium. Seine Pädagogik

Die Verwendung und Ausbildung der nationalen Sprache zu ihren Zwecken hatten die Humanisten mit den Reformatoren gemein; dagegen war ihnen ausschließlich eigentümlich

---

23 The Life of John Picus, Erle of Mirandula, a great Lorde of Italy, an excellent connyng man in all sciences and vertuous of living: with divers epistles and other works of y said John Picus, full of great science, vertue and wisedom: whose life and workes bene worthy and digne to be read and often to be head in memory. Translated out of latin into Englishe by maister Thomas Morus.

The history of King Richard the Third (unfinished) written by Master Thomas Morus, than one of the undersheriffis of London, about the year of the Lord 1513 (S. 35 der Gesamtausgabe von Morus' englischen Schriften).

24 The history of King Richard the Third (unfinished) written by Master Thomas Morus, than one of the undersheriffis of London, about the year of the Lord 1513 (S. 35 der Gesamtausgabe von Morus' englischen Schriften).

die Hochhaltung der Frau, der Naturwissenschaften, der schönen Künste.

In bezug auf jeden dieser Punkte stand Morus unter den Humanisten selbst wieder in erster Linie.

Für seine Ansichten vom Frauenstudium ist namentlich ein Brief wichtig, den er an Gunnell, den Erzieher seiner Kinder, richtete, eines derjenigen Schriftstücke, durch deren Überlieferung Stapleton sich verdient gemacht hat. Es heißt da unter anderem: »Wohl verdient in meinen Augen Gelehrsamkeit mit Tugend vereint den Vorzug vor allen Schätzen der Könige, wissenschaftlicher Ruhm ohne Tugend aber bedeutet nichts als glänzende Schande. Dies gilt namentlich von der Gelehrsamkeit eines Frauenzimmers. Denn da bei diesen gemeiniglich jedes Wissen etwas Seltenes und ein heimlicher Vorwurf über der Männer Trägheit ist, so lieben es viele, sie anzugreifen und der Literatur zuzuschreiben, was in Wirklichkeit ein Fehler der Natur ist, indem sie meinen, die Fehler der Gelehrten stempelten ihre eigene Unwissenheit zur Tugend. Vereinigt jedoch ein weibliches Individuum auch nur einige Kenntnisse mit vielen löblichen Tugenden, so schätze ich dies über des Krösus Reichtümer und der Helena Schönheit. ... Der Unterschied des Geschlechtes tut (in bezug auf Gelehrsamkeit) nichts zur Sache, denn zur Zeit der Ernte ist es gleich, ob die Hand, die den Samen ausgestreut, einem Manne oder einem Weibe angehört hat. Sie haben beide die gleiche Vernunft, die den Menschen vom Tiere unterscheidet. Beide sind daher gleich befähigt zu jenen Studien, durch welche die Vernunft vervollkommnet und befruchtet wird, wie ein Ackerland, auf das die Saat guten Unterrichtes ausgestreut worden ist. Sollte aber, wie viele behaupten, die die Frauen vom Studium abhalten wollen, beim weiblichen Geschlecht das Erdreich unfruchtbar sein oder Unkraut hervorbringen, so wäre dies meines Erachtens ein Grund mehr, die Fehler der Natur durch anhaltenden Fleiß und durch Unterricht in den Wissenschaften zu verbessern.«

Diese Grundsätze betätigte Morus praktisch bei der Erziehung seiner drei Töchter und seiner Pflegetochter, Margarete Giggs, die er in den humanistischen Wissenschaften gründlich unterrichtete und unterrichten ließ. Margarete, seine älteste Tochter, kam ihrem Vater an Geist und Witz am nächsten; sie erlangte ein so hohes Wissen, daß sie bedeutendes Ansehen unter den Gelehrten ihrer Zeit genoß. Ihre literarischen Leistungen erregten Aufmerksamkeit in weiten Kreisen; Erasmus schrieb an sie stets mit der größten Ehrerbietung und nannte sie einmal »Britanniens Zier«. Sie sprach geläufig Griechisch und Lateinisch, übersetzte den Eusebius aus dem Griechischen ins Lateinische und stellte, wie Johannes Costerius berichtet, eine verdorbene Stelle des Cyprianus wieder her, Leistungen, die uns heute als Schulmeisterarbeiten erscheinen, die aber im Anfang des sechzehnten Jahrhunderts als höchst bedeutsam galten und allgemeines Interesse erregten. Morus liebte seine Margarete ungemein. Noch ist uns ein Brief von ihm an sie erhalten, in dem er ihr, der Gattin Ropers, seines späteren Biographen, Glück wünscht zu ihrer bevorstehenden Niederkunft: möge sie eine ihr gleiche Tochter gebären; ein solches Mädchen ziehe er drei Jungen vor. Sie starb leider schon 1544, neun Jahre nach der Hinrichtung ihres Vaters, noch bei Lebzeiten Heinrich VIII., als Morus' Gedächtnis noch geächtet war. Hätte sie die katholische Reaktion noch erlebt, so würde sie wohl eine bessere Biographie Morus' gegeben haben, als ihr Gatte vermochte.

In der trefflichen Erziehung seiner Kinder zeigte Morus jenes Talent, das allen großen Utopisten eigen, ohne das sie kaum ihre Größe erlangt hätten, das pädagogische. Die ersten Sozialisten waren ja vor allem deshalb Utopisten, weil sie das Menschenmaterial, mit dem das Gemeinwesen aufgebaut werden sollte, zu unentwickelt, zu tiefstehend fanden, als daß sie hätten erwarten dürfen, daß es sich aus eigener Kraft emanzipieren werde. Die Erziehung des Volkes, nicht im Klassenkampf, sondern durch pädagogische Maßnahmen war demnach ein Haupterfordernis für den utopistischen Sozialismus. Niemand konnte auf diesem Gebiet etwas leisten ohne pädagogisches Talent. So wie Robert Owen, war auch Thomas Morus als Pädagoge seiner Zeit weit voraus. So wie jener in seiner Fabrik, zeigte dieser in seiner Familie, bei seinem Gesinde durch die Tat, welch glänzende Erfolge sich mit seiner Methode erreichen ließen. Die Mittel, durch die der eine wie der andere diese Erfolge erzielte, waren Liebenswürdigkeit, Milde, Konsequenz und geistige Überlegenheit. Erasmus hat uns in seinem Briefe gezeigt, wie gut Morus auf diese Weise seine Kinder, sein Gesinde und namentlich seine zweite Frau zu erziehen wußte, die nach allem, was wir von ihr wissen, ursprünglich eine wahre Xanthippe für diesen neuen Sokrates gewesen zu sein scheint.

Einige der pädagogischen Grundsätze, denen Morus folgte, sind uns noch erhalten. So heißt es zum Beispiel in dem oben erwähnten Brief an Gunnell: »Du sagst, die Eitelkeit fern zu halten, welche selbst Männer von großer Gelehrsamkeit nicht besiegen können, sei eine zu große Aufgabe für Kinder. Allein je mühsamer es ist, dies Unkraut auszuraufen, desto frühzeitiger sollen wir an dessen Ausbildung Hand anlegen. Die Ursache, warum dies Übel so tief sitzt, ist darin zu suchen, daß Ammen, Eltern und Lehrer es bei den Kindern vom zartesten Alter an entwickeln und großziehen, denn kaum wird dem Kinde etwas Gutes beigebracht, so erwartet es auch alsbald sein Lob und sucht gern um dieses Lobes willen den meisten, also gerade den Schlechtesten zu gefallen.«

Am liebenswürdigsten schildert uns Morus selbst sein Verhältnis zu seinen Kindern in einem reizenden Gedicht

»An meine geliebten Kinder«, dem wir folgende Verse entnehmen:

>»Küsse gab ich euch wahrlich genug, doch Schläge kaum einmal,
>Und wenn ich jemals euch schlug, so mit dem Schwanz eines Pfauen. ...
>Stets hab' ich jene zärtlich geliebt, die ich zeugte,
>Hab' sie mit Milde erzogen, wie es dem Vater geziemt;
>Doch so unendlich ist jetzt die Liebe zu euch mir gewachsen,
>Daß es fast scheint, als hätt' ich euch früher gar nicht geliebt.
>Ernstes Streben, vereint mit der Anmut der Jugend,
>Geister, trefflich gebildet in Kunst und in Wissen,
>Zungen, die sprechen mit fließender Anmut,
>Die nicht Worte bloß reden, sondern auch große Gedanken,
>Das ist's, was mich an euch so mächtig entzücket,
>Was mein Herz mit den euren so innig verbindet,
>Daß ich euch jetzt, meine Teuren, unendlich mehr liebe,
>Als wäret ihr bloß die Kinder, die ich gezeuget.«

Heute noch erscheint die Milde und Liebenswürdigkeit Morus' ungemein anziehend. Sie ist aber um so höher anzuschlagen, wenn man bedenkt, daß das sechzehnte Jahrhundert eines der grausamsten und blutdürstigsten in der Geschichte der Menschheit ist. Das Zeitalter des Humanismus war nichts weniger als das Zeitalter der Humanität.

In pädagogischer Beziehung leitete es das Zeitalter der Prügelpädagogik und des geistlosen Auswendiglernens unverstandener Worte ein. Erasmus berichtet, daß ein Schulmeister nach der gemeinsamen Mahlzeit immer einen Schüler hervorzog und einem rohen Prügelmeister zur

Züchtigung übergab, der, sinnlos sein Amt verwaltend, einmal einen schwächeren Knaben nicht eher losließ, als bis er selbst vor Schweiß troff und der Knabe halbtot zu seinen Füßen lag. Der Lehrer aber wendete sich mit ruhiger Miene zu den Schülern und sagte: »Er hatte zwar nichts getan, aber er mußte gedemütigt werden.«

Man vergleiche damit Morus' pädagogische Grundsätze.

4. Morus' Verhältnis zur Kunst und zu den Naturwissenschaften

An Humanität war Morus mehr als ein Humanist. Das Interesse für die Kunst hatte er dagegen mit allen Humanisten gemein. Seine Vorliebe für Musik haben wir bereits in dem Briefe des Erasmus kennen gelernt. Aber auch die bildenden Künste hatten sich seiner vollen Teilnahme zu erfreuen. Für uns ist in dieser Beziehung von besonderem Interesse sein Verhältnis zu Hans Holbein dem Jüngeren, dem großen deutschen Maler. Dieser kam 1526 nach England mit einem Empfehlungsschreiben von Erasmus an Morus, »um einige Engeltaler zusammenzukratzen, da in Deutschland die Künste darbten«. Dieser nahm ihn mit offenen Armen auf, waren ihm die Werke des Künstlers doch schon von früher her bekannt. Die Frobensche Ausgabe der »Utopia« von 1518 hatte Holbein mit Zeichnungen geschmückt, wie früher schon des Erasmus »Lob der Narrheit«. Morus behielt ihn längere Zeit in seinem Hause. Dafür schmückte Holbein dieses mit seinen Gemälden und malte Morus und dessen Familie. Unter Morus' Anleitung soll er auch zwei berühmte Gemälde, den Triumph des Reichtums und den der Armut, im Steelyard, dem Londoner Haus der deutschen Hansa, verfertigt haben, die bei dem großen Brand 1666 leider zugrunde gingen. (Rudhart, a.a.O. S. 230, 231.) Morus führte Holbein später (wahrscheinlich 1528) beim Hofe ein und machte Heinrich

VIII. auf den genialen Maler aufmerksam, der diesen in seine Dienste nahm.

Neben Morus' Interesse für die Kunst ist noch bemerkenswert seine Vorliebe für die Naturwissenschaften.

Zu den wenigen, die sich im Anfange des sechzehnten Jahrhunderts für die Erforschung der Gesetze der Natur interessierten und den jungen Naturwissenschaften ein weiteres Ziel wiesen, als die Befriedigung beschränkter Augenblicksbedürfnisse, gehörte Thomas Morus. Es ist dies zu ersehen aus der Rolle, welche er die Naturwissenschaften in seinem utopistischen Gemeinwesen spielen läßt. Wir werden bei dessen Darstellung einige davon handelnde Stellen mitteilen.

Hier, wo es sich um die Skizzierung des Charakterbildes Morus' handelt, seien nur einige Tatsachen erwähnt, die sein Verhältnis zu den Naturwissenschaften bezeichnen. Aus dem Brief des Erasmus haben wir bereits gesehen, wie gern er die Tierwelt beobachtete, ein Zug, der zu seiner Zeit nicht häufig war.

Von den Biographen Morus' erfahren wir, daß er neben der Geometrie auch Astronomie studierte, und er muß es in ihr zu einer gewissen Vollkommenheit gebracht haben, da er in der ersten Zeit seines Aufenthalts am Hof von Heinrich VIII. mehr als Astronom denn als Staatsmann beschäftigt wurde. Daß es sich dabei nur um wissenschaftliche Forschung handelte und nicht um astrologische Verwertung, ersieht man aus seinen Ausfällen gegen die Astrologen, die er allerdings nicht mit moralischer Entrüstung, sondern seiner Lieblingswaffe, dem Spott, angriff. Eine Reihe seiner lateinischen Epigramme ist gegen die Astrologen gerichtet, darunter erscheint uns am gelungensten eines, in dem er einen Sterndeuter verhöhnt, der aus den Sternen alles herausliest, nur das nicht, daß ihm seine Frau Hörner aufsetzt.

Aber Morus war nicht nur ungläubig den Astrologen gegenüber. Er verlachte auch die Leichtgläubigkeit der Frommen und ihre Lust an Schauermärchen. Sein Lieblingsschriftsteller war nebst Plato Lucianus von Samosata, der Heine des untergehenden Römertums, dem »nichts heilig war« und der die Schale seines Witzes ebenso ausgoß über das neuaufkommende Christentum und die Modephilosophen wie über den alten Götterglauben.

Er las die Schriften dieses Ungläubigen trotz der Ermahnungen seiner frommen Freunde, die befürchteten, er könne durch eine solche Lektüre »verdorben« werden, und verteidigte ihn ihnen gegenüber. In einem seiner Briefe (an Ruthall) heißt es von Lucian: »Wundere Dich nicht, daß diejenigen plumpen Pöbelgeister sich über seine Dichtungen ärgern, die glauben, etwas Großes geleistet und Christum sich für immer eigen gemacht zu haben, wenn sie irgend ein Märchen von einem heiligen Mann oder eine Schauergeschichte aus der Hölle erfinden, daß ein altes Weib darob halb verrückt Tränen vergießt oder vor Entsetzen zusammenschaudert. Es gibt kaum einen Heiligen oder eine fromme Jungfrau, denen sie nicht derartige Lügen angehängt hätten, natürlich in frommer Absicht, da sie fürchteten, die Wahrheit werde nicht geglaubt werden, wenn man sie nicht mit Lügen gehörig unterstütze.«

Morus ahnte nicht, daß er einige Jahrzehnte später selbst zu den »heiligen Männern« gehören würde, auf deren Kosten katholische Pfaffen »sich Christum zu eigen machten«.

Drittes Kapitel

Morus und der Katholizismus

1. Morus' Religiosität

Morus war ein Spötter, ein kritischer Kopf; aber zu dem Unglauben, den der Humanismus in Italien und Frankreich erreichte, ist er ebensowenig gekommen als ein anderer der englischen und deutschen Humanisten. Die ökonomische Entwicklung der germanischen Länder war im ganzen und großen hinter der der romanischen zurückgeblieben und damit auch die geistige Entwicklung. Und so wie der Humanismus überhaupt, war auch seine höchste Entwicklungsstufe, der heidnische Unglaube, ein Gemisch widersprechender Elemente. Der Unglaube des Humanismus war teils revolutionärer Trotz gegen die hergebrachte kirchliche Anschauung, teils die schlaffe Indifferenz einer verkommenen Klasse, die des kraftvollen Enthusiasmus spottete, den sie selbst in der Jugend entwickelt hatte, dessen sie aber längst nicht mehr fähig war. Am päpstlichen Hofe machte man sich in derselben Weise über den alten Glauben lustig, wie heute die »staatsmännischen« Liberalen der demokratischen Illusionen ihrer Jugend spotten: nicht weil sie klüger geworden, sondern weil sie erschlafft sind.

Ein Unglaube so erbärmlicher Sorte mußte die nordischen »Barbaren« anekeln und abstoßen, in denen die alte

Produktionsweise noch urwüchsige Tatkraft und Begeisterungsfähigkeit erhalten hatte.

Selbst die freiesten Geister des Nordens blieben gläubig und fromm, und zwar um so mehr, je enthusiastischer sie waren. Dies sehen wir an Hutten, an Erasmus von Rotterdam, an Morus. Bei dem so energischen Charakter des letzteren grenzte die Frömmigkeit mitunter an Fanatismus und Aszetismus. Andeutungen davon haben wir bereits im Briefe des Erasmus empfangen. Zahlreiche weitere Beispiele davon könnten noch aus den Werken seiner katholischen Biographen beigebracht werden. Wir verzichten darauf, nicht nur, weil das Zeugnis des Erasmus genügt, sondern auch, weil schwer zu entscheiden ist, wo in den Berichten jener Biographen die Wahrheit aufhört und die Dichtung anfängt.

Den größten Einfluß auf Morus gewann unter den italienischen Humanisten Pico della Mirandola, dessen Lebensbeschreibung denn auch Morus aus dem Lateinischen ins Englische übersetzte, wie wir im vorhergehenden Kapitel gesehen. Pico, geboren 1462, gestorben 1494, war einer der wenigen italienischen Humanisten, die eine moralische und wissenschaftliche Reinigung der Kirche und ihrer Lehren sich zum Ziele setzten, einer der wenigen unter ihnen, die eine gewisse geistige Verwandtschaft mit den Reformatoren hatten, wenn sie diesen auch an Wissen und freiem Blick überlegen waren.

Den Päpsten galt Pico kaum viel weniger gefährlich, als der Reformator Savonarola. Nicht die ungläubigen Humanisten, die das Volk nicht verstand, gefährdeten ihre Ausbeutung, sondern die frommen, die es mit der Kirche ernst meinten, deren Denkart der des Volkes nahe stand und von ihm begriffen wurde.

Pico versuchte die christlichen Lehren zu reinigen, indem er sie auf den Stand des Wissens seiner Zeit zu bringen suchte. Zu diesem Behufe studierte er nicht nur das heidnische

Griechentum, sondern war auch einer der ersten Christen, die das Hebräische wissenschaftlich-gründlich erlernten, um durch die mystische Philosophie der Kabbala den Geheimnissen des Christentums näher zu kommen. Die Ergebnisse seiner Studien legte er in seinen »neunhundert Sätzen« nieder, in denen er unter anderem die Ewigkeit der Höllenstrafen und die Anwesenheit Christi im Abendmahle leugnete usw. Wäre Pico ein richtiger Reformator gewesen, das heißt ein Agitator, so wäre er um dieser Sätze willen wohl verbrannt worden. Da er nur ein Mann der Wissenschaft war, begnügte sich Papst Innozenz VIII. damit, die Schrift zu verbieten. Es war wie zur Zeit der seligen Zensur vor 1848, wo man sich wenig um Leute kümmerte, deren Bücher über zwanzig Bogen stark waren: je dünner das Buch, desto gefährlicher der Autor, desto strenger der Zensor.

Dieser halbe Ketzer Pico war Morus' Ideal.

2. Morus ein Gegner der Pfaffenherrschaft

Schon Morus' Verhältnis zu Pico beweist, daß er nicht der Pfaffenknecht war, zu dem ihn katholische wie protestantische Pfaffen gern stempeln möchten. Es ist richtig, er war in seiner Jugend in ein Kartäuserkloster gegangen und hatte längere Zeit dort mit frommen Übungen zugebracht. Aber was er dort sah, scheint ihm keinen allzu hohen Respekt vor den Mönchen beigebracht zu haben. Der Pfaffe Stapleton muß selbst zugestehen, daß Morus seine Absicht, Mönch zu werden, aufgab, da »die Geistlichen bei uns zu seiner Zeit ihre frühere Strenge und fromme Begeisterung eingebüßt hatten«. Morus hielt mit seinem Urteil über das Pfaffentum durchaus nicht zurück. Er wußte die Mönche zu höhnen, so gut wie irgend ein anderer Humanist.

Man höre zum Beispiel folgende Stelle aus dem ersten

Buche der »Utopia«: Raphael Hythlodäus beschreibt ein Mahl bei dem Kardinal Morton, an dem unter anderen auch ein Witzbold, der die Stelle eines Hofnarren vertritt, und ein Bettelmönch teilnehmen. Es kommt die Rede darauf, was man mit den altersschwachen oder aus anderen Ursachen arbeitsunfähigen Bettlern anfangen soll. Der Narr meint: Ich gebe den Bettlern nie ein Almosen; »daher erwarten sie auch nichts von mir, in Wahrheit, nicht mehr, als wenn ich ein Priester wäre.[25] Aber ich will ein Gesetz machen, daß alle diese Bettler in Benediktinerklöster gesteckt und Laienbrüder werden sollen (fieri laicos ut vocant monachos), die Frauen mache ich zu Nonnen.« Der Kardinal lächelte dazu und billigte den Vorschlag als Scherz, die anderen auch als Ernst. Ein Bruder Theolog aber wurde durch den Scherz von den Priestern und Mönchen so belustigt, daß auch er, sonst ein Mann von finsterer Strenge, zu scherzen begann. »Nein«, sagte er, »du wirst die Bettler nicht los, wenn du nicht auch für uns Bettelmönche Vorsorge triffst.« »Für die ist schon gesorgt«, sagte der Schmarotzer, »denn der Kardinal selbst hat eine sehr gute Bestimmung für euch getroffen, indem er erklärte, Vagabunden sollten kurz gehalten und zur Arbeit gezwungen werden. Denn ihr seid die größten Vagabunden.« – Der Pfaffe nimmt diesen Witz gewaltig übel. Ein Streit zwischen ihm und dem Narren entsteht, in dem Morus den Pfaffen so dumm erscheinen läßt, daß dieser unter allgemeinem Gelächter kläglich den kürzeren zieht. Natürlich endet der Pfaffe damit, dem Narren mit Gottes Zorn zu drohen: »Wenn die vielen, die den Elisäus verspotteten, der nur ein Kahlkopf war, seinen Zorn zu fühlen bekamen, wie viel fühlbarer muß er den treffen, der, ein Mann, die Menge der Mönche angreift, unter denen so viele Kahlköpfe! Und

---

25   In manchen alten Ausgaben steht hier die Randglosse: »Ein gewöhnliches Sprichwort bei den Bettlern.« Ein Beweis, wie sehr die Kirche ihrer Aufgabe der Armenunterstützung untreu geworden war.

haben wir nicht eine Bulle des Papstes, die alle exkommuniziert, die uns verspotten?«

Der Kardinal bringt ein anderes Thema auf, um der Blamage des Pfaffen eine Grenze zu setzen. Damit endet die Episode, in der mit wenigen Worten die Dummheit, Faulheit und der Geiz der Mönche dem Gelächter preisgegeben werden.

Ebenso humoristisch ist ein Gedicht, das sich unter den lateinischen Epigrammen Morus' befindet. Wir geben es, so gut es in holpriger Prosa geht, deutsch wieder.

> *Ein Sturm erhob sich, das Schiff schwankte,*
> *Die Matrosen fürchten für ihr Leben!*
> *Unsere Sünden, unsere Sünden, jammern sie entsetzt.*
> *Haben dies Unheil über uns gebracht.*
> *Ein Mönch war zufällig an Bord,*
> *Sie drängen sich um ihn, zu beichten.*
> *Doch das Schiff schwankt wie zuvor,*
> *Und noch immer fürchten sie für ihr Leben.*
> *Da schreit einer, klüger als die andern:*
> *Das Schiff hat noch immer unsrer Sünden Last zu tragen,*
> *Werft ihn hinaus, den Pfaffen, dem wir sie aufgeladen,*
> *Und leicht wird das Schiff auf den Wellen tanzen.*
> *Gesagt, getan: Alle packen an*
> *Und werfen den Mann über Bord,*
> *Und nun fliegt die Barke vor dem Wind*
> *Mit leichtem Rumpf und erleichtertem Segel.*
> *Und die Moral von der Geschicht:*
> *Die Sünde hat ein schwer Gewicht.*

Was wohl der fromme Cresacre Morus sich gedacht haben mag, wenn er las, wie sein »heiliger« Urgroßvater sich über Beichte und Ablaß lustig machte?

Der Spott unseres »katholischen Märtyrers« beschränkt sich nicht auf die niedere Geistlichkeit; auch die Bischöfe werden von ihm hergenommen. Namentlich einer, den er Posthumus nennt, ist die Zielscheibe des Witzes in seinen Epigrammen. In einem derselben (In Posthumum Episcopum) drückt Morus seine Freude darüber aus, daß besagter Posthumus zum Bischof gemacht worden, denn während die Bischöfe in der Regel aufs Geratewohl ohne Rücksicht auf ihre Befähigung ernannt würden, sei es augenscheinlich, daß man diesen mit besonderer Sorgfalt auserlesen habe. Man hätte unter Tausenden kaum einen schlechteren und dümmeren Bischof finden können. Im nächsten Epigramm (In Episcopum illiteratum) heißt es von demselben Bischof: er zitiere gern den Spruch: der Buchstabe tötet, aber der Geist macht lebendig; und doch sei Posthumus viel zu unwissend, als daß irgend welche Buchstaben ihn töten könnten; und hätten sie es getan, so besäße er keinen Geist, der lebendig mache.

Selbst der Papst erschien Morus nur als ein gewöhnlicher Sterblicher. 1510 schrieb Erasmus in Morus' Haus und auf dessen Anregung hin sein »Lob der Narrheit«, an dem sich dieser höchlichst ergötzte, an dem er vielleicht auch mitarbeitete; das Manuskript wurde Erasmus von einem seiner Freunde, höchstwahrscheinlich von Morus selbst, heimlich weggenommen und nach Paris gesandt, wo es gedruckt wurde, 1511, und in wenigen Monaten sieben Auflagen erlebte. Es war eine ungemein kühne und übermütige Satire auf die ganze damalige Gesellschaft, namentlich aber auf das Mönchswesen und Papsttum. Es kam daher auch auf den Index der verbotenen Bücher. Trotzdem hat der selige Märtyrer seinen Anteil daran nie bedauert.

Doch wir bedürfen nicht eines solchen indirekten Beweises, um Morus' Stellung zum Papsttum kennen zu lernen. Wir haben einige Aussprüche von ihm aus der Zeit nach dem

Beginn der Reformation, wo der Kampf gegen den Protestantismus bereits Morus enger an das Papsttum anschließen mußte. Trotzdem schreibt er zum Beispiel in seiner »Widerlegung von Tyndalls Antwort« (1532), daß ein allgemeines Konzil über dem Papst stehe, daß es den Papst ermahnen und strafen, ja, wenn er sich unverbesserlich zeige, schließlich absetzen könne (S. 621).

Ebenso bezeichnend wie diese Stelle ist folgendes:

Als die Reformation begann, erklärte sich Heinrich VIII. von England entschieden gegen sie und für den Papst. Und er veröffentlichte sogar ein Buch gegen Luther über die sieben Sakramente[26]. Es erschien unter seinem Namen (1521), aber es war, was in solchen Fällen nicht selten vorkommen soll, von anderen Leuten geschrieben worden. Mitunter wurde Morus für den Verfasser gehalten, er hatte aber nur geringen Teil daran. Als Heinrich VIII. sich vom Papsttum lossagte, war ihm dieses Buch natürlich höchst unbequem. Die Verfasser seines Buches wurden jetzt Hochverräter.

Unter anderen Anklagen, die gegen Morus erhoben wurden, nachdem er sein Amt als Lordkanzler niedergelegt (1532), war auch die, er habe »durch seine verworfenen Ränke den König ganz widernatürlich dahin gebracht, ein Buch zur Verteidigung der sieben Sakramente und der päpstlichen Autorität herauszugeben, und habe so den König veranlaßt, zu seiner Unehre dem Papst eine Waffe gegen sich selbst in die Hand zu drücken«.

Das Komischste bei dieser moralischen Entrüstung des armen verführten Königs ist der Umstand, daß dieser ganz ruhig zehn Jahre lang sich selbst als den Verfasser ausgegeben und alles Lob des Buches für sich in Anspruch genommen hatte. Der Papst hatte Heinrich dafür den Titel eines »Ver-

---

26 Assertio septem sacramentorum adversus Martinum Lutherum edita ab invictissimo Angliae et Franciae rege et domino Hiberniae, Henricus ejus nominis octavo. Londini 1521.

teidigers des Glaubens« (defensor fidei) erteilt und allen Lesern des Buches einen Ablaß gewährt.

Nun war das Buch ein schändliches Machwerk geworden und Morus sollte dafür büßen. Dieser erwiderte auf die Anklage (nach Roper): »Mylords, mit solchen Drohungen kann man Kinder schrecken, nicht mich. Um aber Ihre Hauptanklage zu beantworten, so glaube ich nicht, daß des Königs Hoheit mich je damit belasten wird. Niemand kann mich in diesem Punkte besser entlasten als seine Hoheit selbst, der sehr gut weiß, daß ich bei der Verfassung des Buches in keiner Weise zu Rate gezogen wurde, sondern dasselbe auf Befehl seiner Hoheit und mit Einwilligung der Verfasser bloß zu redigieren hatte (only a sorter out and placer of the principall matter therein contayned), nachdem es vollendet war. Und da ich fand, daß darin des Papstes Autorität stark betont und gar sehr verteidigt wurde, sagte ich seiner Hoheit: ›Ich muß Eure Hoheit daran erinnern, daß der Papst, wie Eure Hoheit weiß, ein Fürst ist, wie Sie, und in einem Bündnis mit den anderen christlichen Fürsten steht. Es mag daher kommen, daß Eure Hoheit und er über verschiedene Punkte des Bündnisses in Zwiespalt geraten und einander den Krieg erklären. Ich halte es daher für das beste, daß die betreffende Stelle geändert und die Autorität des Papstes weniger stark betont werde.‹ ›Nein‹, erklärte Seine Hoheit, ›das soll nicht geschehen. Wir sind dem römischen Stuhle so tief verpflichtet, daß wir ihm nicht zu viel Ehre erweisen können.‹ Ich erinnerte ihn nun an das Statut Prämunire, durch das ein gut Teil des päpstlichen Hirtenamtes für England beseitigt worden ist. Darauf antwortete Seine Hoheit: ›Was immer dagegen sprechen mag, wir wollen diese Autorität so stark als möglich hinstellen, denn wir haben von ihr unsere königliche Krone erhalten‹, was ich nie gehört hatte, ehe es mir Seine Hoheit nicht selbst mitteilte.‹

Die Anklage fiel ins Wasser. Weder Heinrich selbst, noch

sonst jemand hat je die Richtigkeit der Behauptungen Morus' bestritten. Wir dürfen sie also als richtig annehmen. Wir sehen aber deutlich aus ihnen, ebenso wie aus der mitgeteilten Stelle in der Widerlegung Tyndalls, daß Morus weit entfernt war, eine sklavische Verehrung für das Papsttum zu fühlen. Er sah in ihm, wie wir noch im nächsten Kapitel nachweisen wollen, ein internationales Bindemittel, ohne das die Christenheit in ein Chaos einander feindlicher Nationen zerfallen würde. Er verteidigte jedoch die Rechte der einzelnen Nationen wie der gesamten Kirche gegenüber dem Papste, der in seinen Augen nichts war als ein absetzbarer Präsident der Christenheit.

3. Morus' religiöse Toleranz

Wie frei Morus in religiösen Dingen dachte, ersieht man am besten aus der Idealreligion, die er seinen Utopiern beilegte. Wir werden sie im dritten Abschnitt unserer Schrift kennen lernen. Hier sei nur noch eines charakteristischen Zuges gedacht, durch den Morus den Katholizismus wie den Protestantismus seiner Zeit weit überragte, und den er nur mit wenigen Zeitgenossen teilte: seiner religiösen Toleranz. Er proklamierte sie nicht nur vor der Reformation in seiner »Utopia«, sondern auch inmitten der erbittertsten Kämpfe zwischen Protestanten und Katholiken, als allerorten Scheiterhaufen zur Verbrennung der »Ketzer« rauchten. Und er proklamierte sie nicht bloß, er übte sie auch.

Stapleton (S. 215) findet es sehr sonderbar, daß sein katholischer Heiliger Lutheraner in seinem Hause aufnahm.

Simon Grynäus, ein Schüler und Anhänger Melanchthons, kam nach England, um Materialien zu seiner Übersetzung des griechischen neuplatonischen Philosophen Proklus zu sammeln. Dabei wurde er von Morus, der damals Lordkanzler war, so sehr unterstützt, daß er die Übersetzung Morus' Sohne Johannes widmete, da Thomas Morus vor ihrer Fertigstellung als Märtyrer für den katholischen Glauben gestorben war. Die Widmung teilt uns Stapleton mit. Sie erscheint uns wichtig für die Kennzeichnung Mores. Es heißt darin: »Dein herrlicher Vater, der damals seiner Stellung wie seinen ausgezeichneten Eigenschaften nach der Erste des ganzen Reiches war, hat mir, einem unbekannten Privatmann, um der Studien willen Zutritt zu vielen öffentlichen und privaten Instituten verschafft, hat mich zu seinem Tischgenossen gemacht, er, der das königliche Zepter trug, und mich an seiner Seite mit an den Hof genommen. Aber mehr noch: milde und gütig bemerkte er, daß meine religiösen Ansichten in nicht wenigen Punkten von den seinen abwichen, was er sich von vornherein denken konnte. Aber trotzdem blieb seine Fürsorge für mich die gleiche, und er richtete es sogar so ein, daß er alle meine Auslagen aus eigener Tasche bestritt. Auch gab er mir einen gelehrten jungen Mann, Johannes Harris, als Reisebegleiter mit und einen Empfehlungsbrief an die Vorsteher der gelehrten Schule zu Oxford, der wie eine Wünschelrute wirkte und mir nicht nur alle Bibliotheken, sondern auch alle Herzen erschloß. Alle Bibliotheken, deren die Schule ungefähr zwanzig besitzt, wohlgefüllt mit wichtigen alten Büchern, stöberte ich durch und nahm mit der Einwilligung der Vorsteher nicht wenige von solchen, die über Proklus handelten, mit mir heim, so viel ich glaubte in ein bis zwei Jahren durcharbeiten zu können. Hocherfreut über diesen Schatz und von Deinem Vater reich beschenkt und mit Wohltaten von ihm überhäuft, verließ ich England.«

Dies ereignete sich mehr als ein Jahrzehnt nach der Kriegserklärung Luthers gegen Rom.

Protestantische wie liberale Schriftsteller haben Morus trotzdem zu einem Ketzerverfolger stempeln wollen. So schrieb zum Beispiel Voltaire über ihn:

»Fast alle Geschichtschreiber, und namentlich die katholischen Glaubens, betrachten übereinstimmend Thomas Morus oder Morus als tugendhaften Mann, ein Opfer der Gesetze, als einen Weisen, voll von Milde, Güte und Wissen; aber in Wirklichkeit war er ein abergläubischer und barbarischer Verfolger.« Er habe verschiedene Leute wegen ihres Glaubens martern und verbrennen lassen. »Für diese Grausamkeiten, und nicht für seine Leugnung der kirchlichen Obergewalt Heinrich VIII., verdiente er die Todesstrafe. Er starb scherzend: besser wär's gewesen, er hätte einen ernsthafteren und weniger barbarischen Charakter besessen.« (Essai sur les moeurs et l'esprit des nations, 135. Kapitel: über den König Heinrich VIII. und die Revolution der Religion in England.)

Neben der freidenkerischen Stimme aus der Mitte des achtzehnten Jahrhunderts sei noch eine protestantische aus der zweiten Hälfte des neunzehnten erwähnt, die des Herrn James Anthony Froude in seiner »History of England from the Fall of Wolsey to the Defeat of the Spanish Armada«, London 1870, in der die Geschichte der englischen Reformation vom plattesten protestantischen Bourgeoisstandpunkt aus zurechtgerichtet wird. Derselbe Herr, der über die angeblichen »Ketzerverfolgungen« Morus' so entrüstet ist, hält es für seine Aufgabe, die Hinrichtung Morus' zu rechtfertigen und zu erklären, Hinrichtung auf den geringsten Verdacht hin, »gesellschaftsgefährliche« Ansichten (opinions subversive of society) zu hegen, könne auch noch im neunzehnten Jahrhundert mitunter notwendig werden. 1848 sei England nicht weit von dieser Notwendigkeit entfernt gewesen. Sie wäre eingetreten, wenn sich die englischen Chartisten mit den »Mördern« und »Rebellen« in Paris in Verbindung gesetzt hätten. Welches Geheul über »blutdürstige Hyänen« wohl Herr Froude angestimmt hätte, wenn die »Rebellen« in Paris 1848 nach seinem Rezept, aber in ihrem Interesse vorgegangen wären? Das Hinüberschießen im Kriege wäre ganz schön, wenn nur das verdammte Herüberschießen nicht wäre!

Den Beweis für die angebliche Intoleranz Morus' bildet neben einigen unbewiesenen Behauptungen protestantischer Klatschbrüder seine von ihm selbst verfaßte Grabschrift, in der es heißt: »Furibus, homicidis, haereticis molestus«, »er setzte Dieben, Mördern und Ketzern arg zu«. Die Zusammenstellung ist für die »Ketzer« nicht sehr schmeichelhaft, das »molestus« schließt aber keineswegs notwendig eine Bekämpfung mit anderen als geistigen Waffen in sich. An einer solchen ließ es Morus freilich nicht fehlen. Unter Toleranz verstand er, daß man den Gegner nicht mit »schlagenden« Gründen mundtot machen solle. Daß es aber Intoleranz sein sollte, wenn man seine ganze geistige Kraft aufbietet, um seine Überzeugung zur Geltung zu bringen und die des Gegners zu erschüttern, das wäre Morus nie eingefallen. Er war eine viel zu energische Kampfesnatur, um Rücksichten vom Gegner zu verlangen, er fühlte sich aber auch nicht bemüßigt, seine eigenen Waffen abzustumpfen. Seine Hiebe saßen. Alte Weiber mögen darüber in moralische Entrüstung geraten und ebenso über die »leichtfertige« und »rohe« Sprache, die Morus führte. Unser schwächliches und heuchlerisches Zeitalter mag wohl Anstoß nehmen an der Derbheit, mit der die Geisteskämpfe damals ausgefochten wurden, und die in der Hitze des Gefechtes mitunter weiter ging, als auch den weniger Prüden unter uns gefallen mag. Ein Beweis der Intoleranz ist diese Sprache für sich allein noch lange nicht.

Wie weit Morus aber die Ketzer verfolgte, erzählt er uns selbst in seiner »Apology«, geschrieben 1533, nachdem er seine Stelle als Lordkanzler aufgegeben. Seine Darlegungen machen den Eindruck der vollsten Wahrheit, werden durch die Tatsachen bestätigt, soweit diese von anderer Seite her bekannt sind, und verdienen schon darum vollen Glauben, weil Morus kein Interesse daran hatte, die Wahrheit zu entstellen und eine bewußte Lüge ihm ganz unähnlich sieht. Bald nach der Abfassung seiner »Apology« ging er in den Tod, weil er keine Lüge aussprechen wollte!

Er sagt in der genannten Schrift unter anderem: »Es ist nicht unbekannt, welche Art von Gunst ich dem Klerus zuwandte, als ich im Rate des Königs saß, als ich Kanzler des Herzogtums Lancaster, namentlich aber, als ich Reichskanzler war. Lobte und ehrte ich die Guten, so war ich nicht lässig in der Bestrafung der Nichtsnutzigen, die den anständigen Leuten Ärgernis gaben und ihrem Stande zur Schande gereichten. Diejenigen, die den Geboten der Religion zuwiderhandelten, Diebe und Mörder wurden, fanden so wenig Gnade vor mir, daß sie niemanden mehr fürchteten als mich.« Nachdem er so sein Verhältnis zum damaligen katholischen Klerus, damit aber auch diesen selbst, gekennzeichnet, geht er auf die Behauptung über, er sei ein Ketzerverfolger gewesen: »Verschiedene unter ihnen (den Lutheranern) haben gesagt, daß ich als Kanzler Leute meines Gesindes peinlich zu befragen pflegte, indem ich sie in meinem Garten an einen Baum binden und jämmerlich durchprügeln ließ. Dieses Märchen haben manche dieser sauberen Brüder so herumgeklatscht, daß ein braver Freund von mir allgemein davon reden hörte. Was werden diese Brüder nicht noch erzählen, wenn sie schamlos genug sind, so etwas zu behaupten? Allerdings ließ ich dergleichen mitunter durch die Beamten oder die Verwaltung eines der Gefängnisse vornehmen, wenn es sich um einen großen Raub, einen scheußlichen Mord oder eine Kirchenschändung handelte, Diebstahl der Monstranz mit dem Allerheiligsten oder dessen böswillige Entfernung ... Aber wenn ich so verfuhr mit Dieben, Mördern und Kirchenräubern, so habe ich doch niemals in meinem Leben Ketzern um ihres Glaubens willen etwas zuleide getan, zwei Fälle ausgenommen.« Diese zwei Fälle werden nun eingehend erzählt. Das eine Mal handelte es sich um einen Jungen im Dienste Mores, der einen anderen Jungen in dessen Hause anlernen wollte, das Sakrament des Altars zu verspotten. Dafür ließ ihm Morus, »wie man Knaben zu tun pflegt«, vor den versammelten Hausbewohnern von einem Diener einige Hiebe auf die Hosen applizieren. Die andere »Ketzerverfolgung« traf einen verrückten Kerl, der schon einmal in der Irrenanstalt Bedlam gewesen war und dessen Hauptvergnügen darin bestand, Messen zu besuchen und während der »heiligen Handlung« lautes Geschrei zu erheben und Skandal anzufangen. Morus ließ ihn, als er einmal bei seinem Hause vorbeiging, vom Konstabler greifen, an einen Baum in der Straße binden und mit einer Rute prügeln.

Diese zwei Prügelstrafen waren sicherlich harmlos in einer Zeit, wo man gleich bei der Hand war, Ketzer und Hexen ohne viel Federlesens zu verbrennen.

Morus fährt fort: »Von allen denen, die mir wegen Ketzerei übergeben wurden, hat kein einziger, so wahr mir Gott helfe, einen Schlag oder Streich erhalten, nicht einmal einen Nasenstüber. Alles, was mir meine Amtspflicht auferlegte, war, sie in sicherem Gewahrsam zu halten – nicht in so sicherem, daß es nicht Georg Konstantin gelungen wäre, sich wegzustehlen.« Die Lutheraner behaupten, Morus sei über des Mannes Flucht außer sich vor Wut gewesen. Aber in Wirklichkeit gab er niemandem ein böses Wort deswegen, nicht einmal dem Torwächter, dem er sagte: »›John, sorge dafür, daß die Gitter wieder gerichtet und fest verschlossen werden, sonst schleicht sich am Ende der entwischte Gefangene wieder ein.‹ Was Konstantin getan (nämlich das Durchgehen), das hat er mit Recht getan. Niemals werde ich so unvernünftig sein, einem Manne zu zürnen, wenn dieser seine Stellung wechselt, weil ihm das Sitzen unbequem geworden ist.«

Alle anderen Geschichten von seinen Grausamkeiten gegen Ketzer und dergleichen erklärt Morus für erlogen: »Was die Ketzer anbelangt, so mißverstehe man mich nicht. Ich hasse ihre Irrtümer, nicht ihre Personen; ich wünschte, jene würden vernichtet, diese geschont.«

Noch ein Absatz aus dieser Schrift sei zitiert, der für die Art und Weise bezeichnend ist, wie Morus religiöse Dinge behandelte: »Und laßt uns zu dem letzten Fehler kommen, den die Brüder an mir rügen: dem, daß ich unter die ernstesten Dinge Schnurren und Witze und lustige Anekdoten mische. Horaz sagt: ridentem dicere vernum (quid vetat) – warum soll man nicht lachend die Wahrheit sagen? Und einem, der nur ein Laie ist, wie ich, mag es besser anstehen, in heiterer Weise seine Ansichten vorzubringen, als ernst und feierlich zu predigen.«

Morus hatte recht, ein Prediger im Sinne des neueren Katholizismus war er nicht. So oft er sich auch bemüht, in seinen polemischen religiösen Schriften ernsthaft zu bleiben, der Schalk blickt immer wieder durch. Nichts amüsanter zu lesen als manche Stellen seiner Supplication of Souls (Bittschrift der armen Seelen) aus dem Jahre 1529, einer Polemik gegen die Flugschrift: Supplication of beggars (Bittschrift der Bettler), die bei einer Prozession verbreitet worden war, gerichtet an Heinrich VIII., der aufgefordert wurde, die frommen Stiftungen einzuziehen, um dadurch dem arbeitslosen Proletariat aufzuhelfen. Unter anderem verlangte Fishe, der Verfasser, die Geistlichen sollten aus den Klöstern vertrieben, mit Peitschenhieben zur Arbeit gezwungen und verheiratet werden: so werde die Produktion und die Bevölkerung des Landes vermehrt werden. Morus lachte ungemein über den Vorschlag: »Man denke nur, eine Bittschrift an den König einreichen, damit die Geistlichkeit beraubt, geplündert, gefesselt, gehauen und – verheiratet werde! Wie der Mann über das Heiraten denkt, kann man daraus ersehen, daß er es als das letzte dieser Übel anführt, und fürwahr, wenn er es für etwas Gutes hielte, würde er es der Geistlichkeit nicht wünschen.«

Morus kommt dann auf das Fegefeuer zu sprechen, dessen arme Seelen zu kurz kämen, wenn die Stiftungen aufgehoben würden, so daß niemand da sei, der für sie bete. Und welche Qualen erleiden nicht die armen Seelen! Man denke nur, sie sind verdammt, all den Blödsinn anzusehen, der auf der Welt vorgeht. Und wie schnell ist ein Verstorbener vergessen! Da muß der Mann im Fegefeuer zusehen, wie seine Frau schleunigst einen anderen heiratet und die Kinder lustig sind und niemand mehr des Vaters gedenkt, der so schnell vergessen ist wie ein weggeworfener alter Schuh. Nur mitunter gedenkt das Weib des verstorbenen Gatten, wenn sie sich gerade mit dem zweiten Gatten gezankt hat.

In seiner »Confutation of Tyndales Answer« läßt er den protestantischen Prediger Barnes vor versammelter Gemeinde mit zwei Frauen disputieren, einer Kaufmannsfrau und der Flaschenwirtin von Botolphs Wharf. Es handelt sich um die Zeichen, an denen der wahre Priester Christi zu erkennen sei. Barnes gibt als solche an, daß er die wahre Auslegung der heiligen Schrift gebe und nach der Schrift lebe. Darauf ruft die Wirtin: »Beim heiligen Dreckfink (malkin)! Vater Barnes, alle die Zeichen, von denen du sprichst, halten den Vergleich nicht aus mit meinem Wirtshauszeichen oder einem Senfladenzeichen. Wo ich das eine sehe, bin ich sicher, warme Semmeln zu kriegen, und wo das andere, einen Senftopf. Aber deine beide Zeichen geben mir nicht die geringste Sicherheit, nicht für einen Heller!«

In dieser Weise sind Morus' »theologische« Abhandlungen gehalten. Daß sie gegen Schluß seines Lebens weniger heiter sind und mitunter einen ekstatischen und fanatischen Zug aufweisen, daß er in ihnen Dinge sagt, die seinen früheren Prinzipien widersprechen, wie er sie etwa in der »Utopia« geäußert, ist richtig. Die Untersuchung darüber, wieso diese Umwandlung gekommen, gehört mehr in das Gebiet der Psychologie als der Geschichte: daß ein Feuergeist, wie Morus, in der Hitze des Gefechts über die Schnur haut und Dinge behauptet, die seinem früheren Standpunkt widersprechen, daß er sich in die Feindschaft gegen seine Widersacher verbeißt und Anwandlungen von Fanatismus bekommt, daß schließlich Schriften, die im Kerker in der Erwartung des Todes geschrieben wurden, einen ekstatischen Charakter tragen, dürfte kaum jemand anderer, als ein gegnerischer Pfaffe anstößig finden. Wir überlassen es den katholischen und protestantischen Pfaffen, ihre Materialien für oder wider Morus aus diesen Schriften zu schöpfen. Für uns sind sie höchstens von pathologischem Interesse, die wir nur vom Sozialisten, dem Denker Morus handeln. Die theologische Literatur Morus' erklärt sich fast von selbst, sobald wir verstehen, warum Morus auf die katholische und nicht auf die protestantische Seite trat. Sobald er sich für die erstere entschieden hatte, war alles Folgende nur die natürliche Konsequenz dieses Schrittes. Die Gründe aber, warum er dem Protestantismus entgegentrat, waren nicht dogmatischer, nicht theologischer, sondern politischer und ökonomischer Natur; zum Teil dieselben Gründe, die im allgemeinen den Humanismus bewogen, sich auf die katholische Seite zu schlagen, und die wir im ersten Abschnitt berührt haben. Aber diese Gründe nahmen bei Morus infolge lokaler und persönlicher Einwirkungen eine ganz eigentümliche Gestaltung an. Wir werden sie im folgenden näher kennen lernen.

Viertes Kapitel

Morus als Politiker

*1. Die politische Lage Englands am Anfang des
sechzehnten Jahrhunderts*

Wir haben die allgemeine politische Situation Europas im fünfzehnten und sechzehnten Jahrhundert bereits im ersten Abschnitt gekennzeichnet. Einige Worte genügen, darzulegen, in welcher Gestaltung diese Situation in England speziell zum Ausdruck kam.

Von den mittelalterlichen Ständen waren am Ende des fünfzehnten Jahrhunderts die zwei mächtigsten der Krone fast völlig unterworfen: der Adel und die Kirche. Der Gang der allgemeinen Entwicklung, der damals, wie wir gesehen, dahin ging, diese beiden Stände zu schwächen, wurde in England durch einige besondere Umstände gefördert. Die Macht des Feudaladels erhielt einen furchtbaren Stoß durch den Bürgerkrieg zwischen der weißen und der roten Rose. Die englischen Barone, raubgierig gleich ihren Vorfahren, hatten zuerst im »heiligen Land«, dann in Frankreich Beute und Land und Leute zu erwerben gesucht. Als ihnen diese Ausbeutungsobjekte verschlossen wurden, als das »heilige Land« für die Christenheit und später Frankreich für England verloren gingen, da blieb den englischen Baronen nichts übrig, als sich untereinander um das einzige Ausbeutungsobjekt zu raufen, das ihnen geblieben war: um Land und Leute von England.

1453 war von ganz Frankreich nur noch Calais in den Händen der Engländer. Die ganze Menge adeliger englischer Ausbeuter, die wenige Jahre zuvor noch reichen Gewinn aus den eroberten Ländern gezogen hatte, sah sich plötzlich wieder auf den engen Raum des »teuren Vaterlandes« zusammengedrängt. Eine »Übervölkerung« von Ausbeutern begann. Der Ertrag der Ausbeutung war zu gering für sie alle, wenn sie das verschwenderische Leben fortsetzen wollten, das sie sich infolge der Ausbeutung Frankreichs angewöhnt hatten. Die natürliche Folge dieser »Übervölkerung« war ein »Kampf ums Dasein«, die Spaltung des englischen Adels in zwei feindliche Fraktionen, die unter dem Vorwand, die Ansprüche des Hauses York oder die des Hauses Lancaster auf die Krone Englands zu verteidigen, sich gegenseitig abschlachteten und ausplünderten. Der Krieg der weißen und der roten Rose, der Anhänger der Häuser York und Lancaster, war anscheinend ein »Kampf ums Recht«, nämlich um das Recht auf den Thron, ungefähr in der Weise, wie der Kampf zwischen Schutzzöllnern und Freihändlern ein Kampf für die »Rechte des armen Mannes« ist. In Wirklichkeit war er ein Kampf zweier Ausbeutungsfraktionen um das Ausbeutungsobjekt, und daher von einer kolossalen Erbitterung und Grausamkeit begleitet. Beide Parteien nahmen den Grundsatz an, keinem Adeligen Pardon zu geben, und diejenigen der vornehmen Herren, die nicht auf dem Schlachtfelde umkamen, fielen unter dem Schwerte der Henker der jeweilig siegreichen Partei. In diesem furchtbaren Gemetzel, das ein Menschenalter lang dauerte (von 1452, dem endgültigen Verlust der französischen Besitzungen an, bis 1485), ging fast der ganze Adel zugrunde, dessen so erledigter Grundbesitz dem König zufiel, der damit einen neuen Adel schuf, welcher weder die Macht noch die Befugnisse des Feudaladels hatte. Wohl sollte der englische große Grundbesitz wieder eine Macht werden, die es wagen konnte, dem Königtum zu trotzen, es von sich abhängig zu machen. Dies war aber noch nicht der Fall in der Zeit von Thomas Morus, der sieben Jahre vor der Beendigung des Bürgerkrieges zur Welt kam. Die hohen Adeligen aus der Zeit Morus' waren fast alle Kreaturen des Königtums, verdankten dem herrschenden König oder dessen Vater ihr Besitztum und waren daher vollkommen von ihm abhängig.

So wie der Adel war auch der Klerus zum Diener des Monarchen herabgesunken. Vielleicht keine andere Monarchie Europas war so abhängig vom Papsttum gewesen, als England, nach der Eroberung durch die Normannen (1066). Diese hatten das Land mit Hilfe der Kirche gewonnen, dafür bekannte sich der siegreiche Normannenherzog Wilhelm der Gröberer, der nun Englands König wurde, als Lehensmann des Papstes. Und später wieder, im Jahre 1213 mußte Johann ohne Land sein Königtum vom Papst als Lehen gegen einen jährlichen Zins von 1000 Mark (1 Mark = 2/3 Pfund Silber) nehmen. Die normannische Feudalmonarchie in England hatte alle Ursache, zur Größe und Macht des Papsttums beizutragen, solange der englische Adel hoffen durfte, daß die Kreuzzüge ihm das reiche Plünderungsobjekt des Orients offen hielten. Als die Aussichten darauf gegen Ende des dreizehnten Jahrhunderts immer geringer wurden, trat die Ausbeutung Frankreichs für die englischen Ritter und Barone in den Vordergrund; – gleichzeitig bekamen die englischen Kaufleute ein Interesse an der Erwerbung französischer Besitzungen, mit denen sie einen einträglichen Handel trieben, den sie durch keine Zölle und Schikanen gehindert sehen wollten[27] –: im Kampf gegen Frankreich war aber der Papst nicht Bundesgenosse, sondern Gegner der Engländer; hat-

---

27   Namentlich Guienne (mit der alten Hauptstadt Bordeaux) war für die Engländer wichtig, weil sie von dort Salz und Wein bezogen. Als der König von Frankreich diese Provinz 1450 eroberte, legte er sogleich eine Ausfuhrsteuer auf diese beiden Artikel, wohl wissend, wie nötig sie für die Engländer seien. Thorold Rogers, Six Centuries of Work and Wages. S. 96.

te ihn doch Frankreich im vierzehnten Jahrhundert völlig zu seinem Werkzeug gemacht! Diese Gegnerschaft zeitigte die papstfeindliche Stimmung in England rascher, als in den anderen nichtromanischen Ländern, sie verstärkte das Gewicht der Einflüsse, die in allen vom Papsttum ausgebeuteten Gebieten seit dem vierzehnten Jahrhundert in immer steigendem Maße das Streben nach Unabhängigkeit von Rom hervorriefen. Diese Gegnerschaft gegen das Papsttum nahm wie später in Deutschland so auch in England, zwei einander feindliche Gestaltungen an, je nach den Klassen, von denen sie getragen wurde: auf der einen Seite eine demokratische, ausgehend von Bauern, Handwerkern, mitunter auch niederen Adeligen. Auf der anderen Seite eine monarchische, ausgehend vom Königtum, dessen Kreaturen und den Handelsleuten. Die erstere Richtung lehnte sich an die Lehren von Wiklif (1324 bis 1484) an und entwickelte die Sekte der Lollharden. Die monarchische Richtung begnügte sich damit, ohne an den Dogmen der Kirche zu rütteln, durch Parlamentsbeschlüsse die Ausbeutung und Macht des Papsttums erheblich einzuschränken, ja fast völlig zu beseitigen. Schon 1360 faßte das Parlament dahinzielende Beschlüsse. 1390 wurde jedem Engländer bei Verlust von Gut und Leben verboten, irgend eine Pfründe von einem Ausländer anzunehmen oder für ihn zu verwalten oder Geld außer Landes zu senden. Und als sich die Päpste daran nicht kehrten, erhielten diese Bestimmungen besondere Bekräftigung durch das Statut Prämunire, das ein Grundgesetz der englischen Verfassung geworden ist. Von den Königen hing es ab, ob und inwieweit dies Statut ausgeführt werden sollte. Sie waren dadurch fast völlig vom Papsttum unabhängig geworden, auf das sie durch die Drohung, das Statut Prämunire streng durchzuführen, jederzeit einen starken Druck ausüben konnten. Die Tage waren aber längst vorbei, wo der nationale Klerus, unabhängig vom Papste, über das Königtum gebieten konnte. Er konnte sich der Abhängigkeit vom Papsttum nicht entziehen, ohne der Abhängigkeit vom König zu verfallen. In dem Maße, in dem die Macht des Papstes in England sank, in demselben Maße wurde der Klerus Diener des Königs.

Die Türkengefahr trug nicht dazu bei, dem Papsttum erneute Bedeutung in England zu verschaffen. Dies Land war dasjenige in Europa, welches am wenigsten von den Türken zu fürchten hatte.

So kam es, daß zu Morus' Zeit Adel und Klerus Englands untertänige Diener des Königtums waren und diesem eine absolute Macht verliehen, wie es sie damals in keinem anderen Lande Europas besaß.

Aber mit dem Königtum waren auch Bürger und Bauer emporgekommen. Wir haben im ersten Abschnitt schon gezeigt, daß in Europa im allgemeinen die Bauern am Ende des dreizehnten und Anfang des vierzehnten Jahrhunderts ihre Lage wesentlich verbesserten. Die Leibeigenschaft war im Schwinden, die persönlichen Dienste wurden mitunter ganz aufgehoben, oft durch Geldgaben ersetzt, eine Umwandlung, die auch für die Grundherren manche Vorteile bot. An Stelle der Arbeit der Leibeigenen im Fronhof trat die von bezahlten Knechten, von Lohnarbeitern. Allein die Zahl der Leute, die gezwungen waren, sich um Lohn zu verdingen, war damals noch gering[28]; die Löhne waren hoch. Geringe Ursachen reichten hin, die Löhne rasch zu steigern. Eine Reihe von Umständen, wie die Verheerungen der Pest, des »schwarzen Todes«, der 1348 sich zuerst in England zeigte,

---

28 »Die Lohnarbeiter der Agrikultur bestanden teils aus Bauern, die ihre Mußezeit durch Arbeit bei großen Grundeigentümern verwerteten, teils aus einer selbständigen, relativ und absolut wenig zahlreichen Klasse eigentlicher Lohnarbeiter. Auch letztere waren faktisch zugleich selbstwirtschaftende Bauern, indem sie außer ihrem Lohn Ackerland zum Belauf von vier und mehr Acres nebst Cottage angewiesen erhielten. Sie genossen zudem mit den eigentlichen Bauern die Nutznießung des Gemeindelandes, worauf ihr Vieh weidete und das ihnen zugleich die Mittel der Feuerung, Holz, Torf, usw. bot.« Marx, Kapital, 3. Aufl. 1. Band, S. 740.

das Aufblühen neuer Industrien, die zahlreiche Arbeitskräfte in die Städte lockten – so das der Wollenweberei im vierzehnten Jahrhundert in Norwich – oder die auf dem Lande eine Hausindustrie erzeugten und dadurch die Zahl der sich anbietenden Lohnarbeiter verringerten, ferner Kriege, die Söldner anzogen – alles das wirkte dahin, daß die Löhne der Arbeiter in England in der zweiten Hälfte des vierzehnten Jahrhunderts im allgemeinen um 50 Prozent, vorübergehend um viel mehr stiegen.

Die Grundherren gerieten in Verzweiflung. Sie versuchten durch Parlamentsakte die Arbeiter zur Arbeit zu zwingen und die Löhne herabzudrücken. Das erste dieser Statues of Labourers stammt aus dem Jahre 1349. Aber diese Gesetze genügten den Landjunkern nicht. Diese versuchten direkt, die Arbeiter und Bauern wieder unter das Joch der Leibeigenschaft zu beugen. Schließlich war der Druck nicht länger zu ertragen. Arbeiter und Bauern erhoben sich unter Wat Tyler, 1381. Die Rebellion hatte keinen direkten Erfolg. Ihr Führer wurde durch Verrat erschlagen, die Insurgenten verliefen sich wieder, ihre Rädelsführer wurden hingerichtet, die Lollhardie wurde grausam verfolgt: aber die Rebellion hatte den Grundherren einen heilsamen Schreck eingejagt; sie ließen ab von ihren Versuchen, die Bauern und Arbeiter zu zwingen. Die Bürgerkriege des fünfzehnten Jahrhunderts brachen den Feudalismus vollends.

Ein trotziger, selbstbewußter, kräftiger Stand freier Bauern entwickelte sich so in England. Diese Bauern waren es, die seine Heere furchtbar machten, vom vierzehnten bis ins siebzehnte Jahrhundert, sie waren es, an denen der Anprall der französischen Ritter sich brach, wie später der der Kavaliere der Stuarts.

Sie bildeten ein Material, das der königlichen Gewalt sehr gefährlich werden konnte, wenn sich eine Klasse fand, die es in diesem Sinne zu benutzen verstand. Ohne Verbindung mit einer anderen Klasse war der Bauer ungefährlich; er hatte keine politischen, nationalen Bestrebungen, sein Interesse ging nicht viel über den Bereich der Gemeinde, kaum über den des Kantons (County) hinaus. Wenn man ihn in diesem Bereich in Ruhe ließ, war er zufrieden.

So viel Freiheitsgefühl der englische Bauer auch hatte, so war er doch unter Heinrich VII. und Heinrich VIII., das heißt zur Zeit Mores, kein Hindernis für den königlichen Absolutismus. Er war diesem gegenüber indifferent, ja eher noch freundlich gesinnt, da er in ihm eine Schutzwehr gegen die Übergriffe der großen Grundeigentümer sah, die zu Morus' Zeit begannen, und von denen wir unten noch handeln werden.

Ebensowenig als durch die Kräftigung des Bauernstandes erlitt das Königtum Abbruch durch die rasche Zunahme der Macht des Bürgertums. Der eine der beiden Stände, aus denen es bestand, die Handwerker, waren damals allerdings ein unruhiges Element, trotzig und selbstbewußt und den Kampf nicht scheuend. Neben den Bauern lieferten sie zahlreiche Rekruten für die Lollhardie. Aber so wie der Bauer lebte und webte auch der Handwerker, wenigstens der der Landstädte, viel mehr in seiner Gemeinde als im Staate, und so rebellisch und zäh er auch in Gemeindeangelegenheiten sein konnte, auf die Reichsangelegenheiten nahm er keinen dauernden Einfluß. Auch war das zünftige Handwerk zu Morus' Zeit bereits in manchen Landstädten im Sinken begriffen und verkam in diesen so rasch, daß schon unter Heinrichs VIII. Nachfolger, Eduard VI., dessen Vormünder es wagen konnten, die Gilden auszuplündern, das Gildenvermögen ebenso für die Krone zu konfiszieren, wie Heinrich VIII. schon die Kirchengüter konfisziert hatte. Es war das in der Zeit, in der die Grundlagen zur Heiligkeit der modernen Eigentumsform gelegt wurden.

Diese Konfiskation wurde allerdings nur in den Landstädten durchgeführt, nicht in London. Die Gilden dieser Stadt wagte man nicht anzutasten. Die Bürger Londons waren zu Morus' Zeit eine Macht, vor der die englischen Könige mehr Respekt hatten, als vor Kirche, Adel, Bauern und Landstädten. Die zentralisierende Tendenz des Handels, die wir im ersten Abschnitt dargetan, hatte sich nirgends in Europa so früh und so weit geltend gemacht, wie in Frankreich und England, zwei Staaten, die auch am frühesten zu Nationalstaaten geworden sind. Paris und London sind die ersten Städte gewesen, die das ganze ökonomische Leben ihrer Länder sich dienstbar machten, deren Herren die tatsächlichen Herren des Landes waren.

Mit Recht sagt Rogers: »London war ohne Zweifel von den frühesten Zeiten an ganz anders als jede andere englische Stadt, sowohl in bezug auf Größe wie auf Reichtum, wie auf seine besondere Bedeutung, seine militärische Macht und die Energie, mit der es sich von der übergroßen Macht, der Geschlechter (magnates) in seinen Mauern zu befreien suchte.... Während der vielen politischen Kämpfe des Mittelalters war schließlich die Seite siegreich, auf die sich London schlug, und gewöhnlich sehr bald.« (Th. Rogers, a.a.O. S. 106, 108, 109.)

Die größte Macht in London besaßen aber die Kaufleute. London war vor allem Handelsstadt. Dort konzentrierte sich der Handel Englands, der zu Morus' Zeit schon sehr bedeutend war. Im dreizehnten Jahrhundert hatten noch die Hanseaten den größten Teil des englischen Handels vermittelt; in London befand sich eine ihrer blühendsten Faktoreien, der Stahlhof (Steelyard). Aber rasch entwickelte sich die Handelsflotte Englands; englische Schiffe fuhren im fünfzehnten Jahrhundert nach Frankreich und den Niederlanden, nach Portugal und Marokko; sie drangen in die Ostsee ein und bereiteten dort den Hanseaten eine erbitterte Konkurrenz; namentlich war eine Handelsgesellschaft in dieser Richtung tätig, die der Merchant adventurers (über See handelnden Kaufleute) genannt. Die Entwicklung der Fischerei förderte auch die Ausbildung der Handelsflotte. Immer kühner und unternehmender wurden die englischen Seeleute, immer weiter in unwirtliche Meere wagten sie sich. Handel und Walfischfängerei zogen sie nach Island, und im Zeitalter der Entdeckungen sollten sie in dem nordischen Meere Entdeckungen machen, die zwar nicht so profitabel wie die der Spanier und Portugiesen waren, aber ebensoviel Waghalsigkeit und Seemannskenntnis voraussetzten wie diese. Wenige Jahre nach Morus' Tod sollten sie den Weg nach Archangelsk an der Nordküste Rußlands finden, damals der einzigen Hafenstadt »Moskowiens«, und schon 1497 entdeckte John Cabot, von Bristol mit englischen Schiffen ausfahrend, Labrador, und erreichte so den Kontinent Amerikas fast vierzehn Monate vor Kolumbus. (G. Bancroft, Geschichte der Vereinigten Staaten von Nordamerika. Leipzig 1845. 1. Band, S. 9.)

So wichtig diese Entdeckungen und der kühne Unternehmungsgeist, dem sie entstammten, später für die Handelsgröße Englands wurden, zu Morus' Zeit hatten sie bloß symptomatische Bedeutung. Der Haupthandel Englands wurde damals mit viel näheren Ländern geführt; am weitaus wichtigsten war der Wollhandel mit den Niederlanden. Die Wollweberei hatte sich in den Niederlanden früh – vom zehnten Jahrhundert an – entwickelt und ihnen großen Reichtum verschafft. Bis zum siebzehnten Jahrhundert gab es jedoch nur zwei Länder in Europa, die Wolle exportierten: England und Spanien. Die englische Wolle war aber viel besser als die spanische und für die Niederländer viel leichter zu erreichen. England besaß daher tatsächlich das Monopol des Wollhandels mit den Niederlanden, ähnlich wie bis in die sechziger Jahre des vorigen Jahrhunderts die Südstaaten der amerikanischen Union das Monopol hatten,

England mit dem für seine textile Industrie unentbehrlichen Rohmaterial, Baumwolle, zu versorgen. Mit dem Reichtum der Niederlande wuchs daher auch der Reichtum Englands, oder besser gesagt, der Reichtum der Wolle produzierenden Großgrundbesitzer, der Kaufleute und der Monarchen Englands. Das Anwachsen des Reichtums der ersteren war jedoch bis zu Morus' Zeiten eingedämmt worden einesteils durch die Bürgerkriege und die Verwüstungen und Konfiskationen, die sie im Gefolge hatten, andernteils durch das Fehlen eines Proletariats, einer Reservearmee von Arbeitslosen, die Löhne herabzudrücken. Erst zu Morus' Zeit begann man, diesem beklagenswerten Mangel an Elend im Interesse des Volkswohlstandes abzuhelfen. Erst von da an bekamen auch die großen Grundbesitzer ihren gehörigen Anteil an den Profiten des Wollenmonopols. Bis dahin war der Löwenanteil daran den Kaufleuten zuteil geworden und den Monarchen: der Ausfuhrzoll auf Wolle bildete damals die ergiebigste Einnahmequelle der englischen Könige, eine der festesten Stützen des Absolutismus. Je mehr sich der Handel entwickelte, desto stärker wurde die Macht des Königs im Lande, desto mehr wurde aber auch dieser gezwungen, den Interessen des Handels zu dienen. Die Tudors, deren Herrschaft mit Heinrich VII. begann und mit Elisabeth endete, erkannten ganz gut, daß die Interessen des Handels auch die ihren waren, und förderten ihn daher im allgemeinen, wo sie nur konnten. So tyrannisch sie auch regierten, die Londoner Bürger, die entscheidende Macht im Reiche neben dem Königtum, ließen sich ihre Herrschaft gefallen: die Bürgerschaft Londons lebte ja fast völlig vom Handel, die einen direkt, die anderen indirekt. Solange dieser blühte, hatten sie keine Ursache zur Empörung.

So fand die Herrschaft der Tudors kein Hindernis; sie war die unumschränkteste, die je in England bestanden hat.

Aber man glaube nicht, daß das englische Bürgertum deswegen in Sklavensinn versunken war. Es war sich seiner Kraft wohl bewußt und scheute sich nicht, dem Königtum entgegenzutreten, wenn dieses sich in Widerspruch zu seinen Interessen setzte. Und die unumschränkte Herrschaft der Tudors hätte nicht über ein Jahrhundert lang gedauert, wenn sie nicht in ihrer Mehrzahl genau gewußt hätten, wie weit sie gehen durften, und wenn sie nicht jedesmal, so oft sie diese Grenze überschritten, rechtzeitig vor dem Volke wieder den Rückzug angetreten hätten.

Die Widerstandskraft und das freiheitliche Selbstbewußtsein des Volkes, vor allem Londons, war die einzige Schranke der Macht der Tudors. Das Parlament war unter ihnen machtlos. Neben den Vertretern des Adels und der Geistlichkeit wurden seit dem dreizehnten Jahrhundert auch Vertreter der Städte in dasselbe berufen, natürlich nur zu dem Zwecke, um diese zu Geldbewilligungen zu zwingen. Mit der Macht der Städte wuchs indes auch die Macht ihrer Vertreter und ihr Einfluß auf die Gesetzgebung. Eine Eigentümlichkeit des englischen Parlaments war es, daß die Vertreter des niederen Adels sich im vierzehnten Jahrhundert vom hohen Adel trennten, der fortan mit den hohen Würdenträgern der Kirche das Oberhaus bildete, und sich mit den Vertretern der Städte vereinigten und im Unterhaus konstituierten. Die Macht des Parlaments hing natürlich von der Macht der Klassen ab, die hinter ihm standen, und von ihrer Einigkeit. Wo zwei feindliche Parteien sich die Wage hielten, hatten die Könige leichtes Spiel. Stets aber blieb, bis ins siebzehnte Jahrhundert, die Macht des Parlaments der herrschenden Macht gegenüber geringer, als die der Klassen, die es vertrat, da es persönlichen Einflüssen zugänglicher war. Das Bürgertum ließ sich nicht bestechen oder einschüchtern, wohl aber dessen Vertreter: konnte ja der König, wenn er wollte, Parlamentsmitglieder, die ihm nicht gefielen, als Hochverräter hinrichten lassen! Wenn ein König sich vor dem Parlament beugte, so geschah es nicht aus Rücksicht auf dessen Rechte, sondern aus Angst vor der Kraft derjenigen, deren Interessen es vertrat.

Wenn die Tudors mit dem Volke fertig wurden, brauchten sie sich um das Parlament nicht zu kümmern.

Machtlos, persönlichen Einflüssen unterworfen, zum großen Teile aus adeligen und geistlichen Kreaturen des Königs zusammengesetzt, waren die Parlamente der Tudorzeit wohl die servilsten der englischen Geschichte. Sie gaben die Gesetzgebung vollkommen dem Königtum preis und vollzogen willig die Henkerdienste, die es von ihnen verlangte. Nur in einem Punkte waren manchmal auch sie unerbittlich und zwangen die Könige zum Nachgeben, weil sie die Massen hinter sich hatten: in dem Punkte der Geldbewilligung.

Alle die eben erwähnten Verhältnisse förderten einen eigentümlichen anscheinenden Widerspruch zutage: Nirgends in Europa war zur Zeit Morus' die absolute Gewalt des Königtums größer als in England; vielleicht in keinem Lande war das Freiheitsgefühl und Selbstbewußtsein von Bürger und Bauer kräftiger entwickelt als gerade dort.

2. Morus ein Monarchist und Tyrannenhasser

Morus war das Kind der geschilderten Verhältnisse. Der erwähnte Widerspruch spiegelt sich daher in seinen Schriften wider. Infolge seines enthusiastischen Temperaments ist er vielleicht bei niemandem stärker ausgeprägt worden als bei ihm. Gierig nahm er die Lehre der Humanisten auf, daß der Fürst zwar notwendig sei, aber ein Diener der Philosophen sein solle. Er erweiterte sie dahin, daß er ein Diener des Volkes sein solle. Und was bei anderen nur literarische Phrase, das wurde bei ihm feste Überzeugung. Er haßte die Tyrannei, wie nur je ein Engländer sie gehaßt hat, und war doch von der Notwendigkeit des Fürstentums überzeugt. Er hielt es für recht, den König abzusetzen, wenn er dem Volksinteresse zuwiderhandle, aber nur, um einen anderen, besseren König an dessen Stelle zu setzen.

Dies in kurzem sein politischer Standpunkt. Besser als durch alle Auseinandersetzungen wird er dargelegt durch eine kurze Schilderung des politischen Denkens und Wirkens von Morus.

Seine ersten politischen Äußerungen finden sich in seinen Epigrammen. Für uns sind hier nur diejenigen von Interesse, die von den Fürsten handeln. Einige derselben, die uns am charakteristischsten erscheinen, seien hier wiedergegeben. »Der gute und der böse Fürst« heißt das eine:

> *Was ist der gute Fürst? Ein Schäferhund,*
> *Der die Wölfe verscheucht. Und der schlechte Fürst?*
> *Selbst ein Wolf.*
> *»Der Unterschied zwischen einem Tyrannen und einem*
> *Fürsten« ist ein anderes betitelt:*
> *Wodurch unterscheidet sich*
> *Der gesetzliche König vom scheußlichen Tyrannen?*
> *Der Tyrann hält seine Untertanen für seine Sklaven,*
> *Der König hält sie für seine Kinder.*

Diese Unterscheidung erinnert an die Fiktionen der Konstitutionellen, die den König herrschen, aber nicht regieren lassen. Zwischen den konstitutionellen Theoretikern zum Beispiel des Julikönigtums und Morus besteht jedoch ein Unterschied. Jene nahmen ihre Zuflucht zu Fiktionen, um den Widerspruch zu verdecken, daß die Konsequenz ihres theoretischen Standpunktes die Republik war, indes ihre Augenblicksinteressen sie zu einem bestimmten König zogen. Morus bedurfte seiner Fiktion, um seine theoretische Überzeugung von der Notwendigkeit der Monarchie vereinbaren zu können mit dem Hasse, den er gegen die Tyrannei des herrschenden Königs, zur Zeit der Abfassung seiner Epigramme noch Heinrich VII., empfand. Die Fiktion der Konstitutionellen war ein Ausfluß feigen Opportunismus; die Morus' ein Ergebnis trotziger Opposition. Wie wenig Morus sich von dem Schreckensregiment der Despoten seiner Zeit einschüchtern ließ, einem Schreckensregiment, das seiner Unberechenbarkeit wegen die strengste Selbstzensur erzwang, ersieht man zum Beispiel aus dem Epigramm: »Des Volkes Wille verleiht und nimmt die Königswürde«:

> Wer immer an der Spitze vieler Männer steht,
> Er verdankt es denen, an deren Spitze er steht.
> Auf keinen Fall darf er ihnen länger vorstehen,
> Als die wollen, denen er vorsteht.
> Was brüsten sich also machtlose Herrscher?
> Sie besitzen ihr Amt doch nur auf Kündigung (precario).
> Ebenso keck ist folgendes Epigramm über die »Herrschsucht«:
> Unter vielen Königen findet man kaum einen
> – Wenn man einen findet –, dem sein Reich genügt.
> Unter vielen Königen findet man kaum einen
> – Wenn man einen findet –, der sein Reich zu regieren verstünde.

Von welchen Gedanken sein Geist erfüllt war, ersieht man daraus, daß er einen Dialog Lucians, den »Tyrannenmörder«, aus dem Griechischen ins Lateinische übersetzte und eine Antwort darauf schrieb. [Fußnote] Die Fabel des »Tyrannenmörders« ist folgende: Jemand war in der Absicht, den alten Tyrannen zu töten, in dessen Burg gegangen. Er traf statt des Vaters den Sohn und ermordete diesen, ließ aber sein Schwert in der Leiche zurück. Der Tyrann kommt, sieht seinen Sohn tot daliegen, gerät in Verzweiflung und tötet sich selbst mit dem Schwerte des Mörders. Dieser begehrt nun den jedem Tyrannenmörder gebührenden Lohn. Morus führte in seiner Antwort aus, der Mörder habe keinen Anspruch auf eine Belohnung, da er den Tyrannen nicht getötet habe. »Wenn ich dafür eintrete«, sagte er, »daß dir, dem angeblichen Tyrannenmörder, dein Lohn nicht ausbezahlt werde, so tue ich es nicht deswegen, weil ich über den Tod des Tyrannen weine. Hättest du ihn wirklich erschlagen, dann würde ich nicht Klage führen, sondern vielmehr dich preisen, dich bewundern, dir den Lohn zuerkennen. Gerade deswegen trete ich gegen dich auf, weigere dir den Ehrensold und führe Klage gegen dich, weil du den Tyrannen nicht erschlagen hast.«

Die pfäffischen Biographen Morus' suchen natürlich die Beschäftigung Morus' mit einem solchen Thema als bloßem grammatikalischem Interesse entsprungen darzustellen. Der katholische Audin, der einen Kommentar zu der 1849 in Paris erschienenen französischen Übersetzung der Morebiographie des Stapleton schrieb, sieht sich jedoch gezwungen, zu erklären: »Der ›Tyrannenmörder‹ ist ein politisches Glaubensbekenntnis. Morus haßt den Despotismus; er glaubt nicht an das göttliche Recht; er ist bereit, jeden freizusprechen, der sich gegen einen schlechten Fürsten erhebt.« Auch uns scheint die Beschäftigung mit dem »Tyrannenmörder« keine bloße Stilübung zu sein, sondern diese nur der Vorwand, um Dinge sagen zu können, die in anderer Form nicht gesagt werden konnten.

3. Morus der Vertreter des Londoner Bürgertums

Bald hatte Morus Gelegenheit, zu beweisen, daß sein »Männerstolz vor Fürstenthronen« mehr sei als eine deklamatorische Phrase. Sechsundzwanzig Jahre alt, wurde er von einem

Wahlkreis, dessen Name nicht überliefert ist, wahrscheinlich London selbst, ins Parlament gewählt, das Heinrich VII. berief, um einen gesetzlichen Vorwand zur Ausplünderung des Volkes von ihm zu erlangen. Das vorhergehende Parlament von 1496/97 hatte dem König ohne Zögern zwei Fünfzehnte wegen des Krieges bewilligt, der mit Schottland drohte. Der Fünfzehnte war eine Eigentumssteuer von bestimmtem Betrag, den die Grafschaften (Counties), Städte und Flecken, sowie der Klerus aufzubringen hatten. 1500 berechnete der venetianische Gesandte in England den Ertrag eines Fünfzehnten auf 37930 Pfund Sterling. Zu demselben Ergebnis kommt Seebohm. (Oxford Reformers, 2. Auflage, S. 145.)

Mit der Nachgiebigkeit des Parlaments wuchs die Habsucht des Königs. Er verlangte vom Parlament von 1504/05, in dem Morus saß, die Gewährung von drei Fünfzehnten, nach Roper. Es ist jedoch möglich, daß dieser sich irrte. Andere geben eine geringere Forderung an. Die Summe sollte angeblich teils zur Ausstattung seiner Tochter Margarete dienen, die mit dem König von Schottland vermählt wurde, teils ihm gebühren als Beitrag anläßlich des Ritterschlags seines Sohnes Artur. Um die Unverschämtheit dieses Verlangens würdigen zu können, muß man wissen, daß die Verpflichtung, dem König einen Beitrag anläßlich des Ritterschlags eines Sohnes zu geben, aus der Feudalverfassung stammte und längst außer Übung gekommen war; sie wurde das letztemal gewährt in der Mitte des vierzehnten Jahrhunderts, als Eduard III. Sohn, der schwarze Prinz, zum Ritter geschlagen wurde, überdies war aber Artur bereits 1502 in zartem Alter gestorben!

Trotzdem schien das Parlament nicht übel Lust zu haben, die Forderung zu bewilligen. Die Bill hatte schon zwei Lesungen passiert, da, »bei der letzten Debatte, führte Morus solche Argumente und Gründe dagegen vor, daß des Königs Forderung abgelehnt wurde. Einer von des Königs Geheimräten, ein gewisser Tyler, der anwesend war, eilte zum König aus dem Parlament und sagte ihm, ein bartloser Knabe habe alle seine Bestrebungen vereitelt.« So erzählt uns Roper. Leider ist der Vorgang nicht ganz aufgehellt. Gewiß ist, daß die Forderung Heinrichs VII. nicht gänzlich abgelehnt, sondern nur beschnitten wurde, und daß er sich mit 30 000 Pfund Sterling begnügte, »aus überschwenglicher Gnade und zarter Liebe für seine Edlen und Untertanen«.

Heinrich VII. war, wie man sich denken kann, wütend über den jungen Oppositionsmann. Zunächst hielt er sich an den Vater, da der Sohn kein Vermögen besaß, das er hätte konfiszieren können. Er sperrte den alten John Morus in den Tower ein und erpreßte von ihm ein Lösegeld von 100 Pfund Sterling. Aber seine Rache war damit nicht befriedigt. Der junge Politiker mußte sich vom öffentlichen Leben zurückziehen und sich verborgen halten, um dem Zorne des Tyrannen zu entgehen. In diese Zeit darf man wohl seinen Aufenthalt im Kloster und seine Absicht, Mönch zu werden, setzen. Damals trug sich Morus auch mit der Absicht, auszuwandern.

Der König vergaß nach einiger Zeit den »bartlosen Knaben«. Morus mußte sich jedoch hüten, des Königs Aufmerksamkeit neuerdings auf sich zu ziehen, und dem Parlament fernbleiben. Daß er aber in dieser Zeit nicht untätig war, geht daraus hervor, daß er unmittelbar nach dem Tode Heinrichs VII., 1509, Untersheriff in London wurde, eine Beförderung, die beweist, daß er sich als Jurist einen guten Namen erworben hatte. In diesem Amte muß er sich bald das Vertrauen seiner Mitbürger, gleichzeitig aber ein tiefes Verständnis der ökonomischen Situation seines Landes erworben haben, denn bald finden wir ihn als Vertrauensmann der Londoner Kaufleute in wichtigen Missionen tätig. »Wegen seiner Gelehrsamkeit, seiner Weisheit, seiner Kenntnisse und seiner Erfahrung schätzte man ihn so hoch«, erzählt uns Roper, »daß er, ehe er noch in die Dienste König Heinrichs VIII.

trat, auf das dringende Ansuchen der englischen Kaufleute mit des Königs Zustimmung zweimal Gesandter wurde zur Schlichtung gewisser wichtiger Differenzen zwischen ihnen und den Kaufleuten des Steelyard«, das heißt den Hanseaten, wie wir wissen. Der Schluß dieser Stelle beruht auf einer Verwechslung Ropers. Streitigkeiten mit den Hanseaten hatte Morus erst später zu schlichten. Richtig ist es dagegen, daß die englischen Kaufleute es waren, die seine Ernennung zum Gesandten durchsetzten. Die erste dieser Gesandtschaften fiel in das Jahr 1515. Morus erzählt uns davon selbst im Beginn des ersten Buches seiner »Utopia«: »König Heinrich VIII., der siegreiche und ruhmvolle König von England, der mit allen Tugenden eines guten Fürsten geschmückt ist, war vor kurzem in Zwiespalt mit Karl, dem erhabenen König von Kastilien. Zu dessen Beilegung sandte Seine Königliche Majestät mich als Abgesandten nach Flandern, zusammen mit Cuthbert Tunstall, einem unvergleichlichen Manne« usw.

Prinz Karl, der spätere Kaiser Karl V., der Erbe Maximilians, des deutschen Kaisers, und Ferdinands, Königs von Spanien, war schon 1503 als dreijähriger Knabe mit der damals zwei Jahre alten französischen Prinzessin Klaudia verlobt worden. Der Wechsel der diplomatischen Verhältnisse führte bald zum Abbruch dieser Verlobung und zur Verlobung Karls mit Maria, der Schwester des nachmaligen Heinrich VIII. von England, im Jahre 1506; 1514 aber fand es Maximilian vorteilhafter, zur Bekräftigung eines Bündnisses mit Frankreich Karl wieder mit einer französischen Prinzessin, der jüngeren Schwester seiner ersten Braut zu verloben. Der Vater der ersten und dritten Braut, Ludwig XII., heiratete die zweite »verflossene« Braut, die von dem vierzehnjährigen Karl sitzen gelassene englische Prinzessin Maria.

Diese Verlobungsreihe ist charakteristisch für den Absolutismus zur Zeit Mores. Es war die Zeit, in der die zerstreuten Stätlein zu großen Staaten zusammengeheiratet wurden und niemand als ein vollendeter »Staatsmann« gelten konnte, der nicht ein gewandter Heiratsvermittler war.

Heinrich VIII. war natürlich über Maximilians und Karls Untreue sehr erbost. 1515 übernahm der letztere die Regierung der Niederlande und Heinrich hatte nichts Eiligeres zu tun, als ihn, respektive die Niederländer, dadurch zu schädigen, daß er durch das Parlament die Ausfuhr der Wolle nach den Niederlanden verbieten ließ. Bald versöhnte sich jedoch Heinrich wieder mit Karl, auch war das Wollausfuhrverbot für die englischen Kaufleute wohl ebenso unangenehm wie für die Holländer. Daher die Gesandtschaft Mores, um den Handel wieder zu eröffnen. Seine Gesandtschaft war von dem vollsten Erfolge begleitet, und daher wurde er bald zu einem ähnlichen Zweck ausgesandt, 1517 nach Calais, um Streitigkeiten zwischen englischen und französischen Kaufleuten zu schlichten.

Morus erwies sich so verwendbar und sein Ansehen in London, dieser mächtigen Stadt, ward ein so bedeutendes, daß Heinrich alle Ursache hatte, ihn an seinen Hof zu ziehen. Morus jedoch lehnte ab. Selbst eine jährliche Pension, die ihm der König anbot, wies er zurück; er fürchtete, wie er an Erasmus schrieb, dadurch das Vertrauen seiner Mitbürger einzubüßen: »Wenn zwischen den Bürgern und Seiner Hoheit ein Zwist wegen ihrer Vorrechte ausbrechen sollte, wie das mitunter vorkommt, könnten sie mir mißtrauen, da ich dem König durch eine jährliche Zahlung verpflichtet sei.« Er war also entschlossen, wenn es zwischen den Londoner Bürgern und dem König zu einem Kampfe kommen sollte, für die Bürgerfreiheit einzutreten.

In der Tat, er hatte keine Ursache, mit Heinrich VIII. zufrieden zu sein. Heinrich VII. war ein gemeiner, knotenhafter Geizhals gewesen, der gierig Gold auf Gold aufhäufte und das Volk aussog, wo und wie er nur konnte. Sein Sohn war liebenswürdig und freigebig, durch seinen Luxus ein Förderer des Handels und der Künste, ein Freund der neuen Wissenschaften, des Humanismus: kurz, ein liberaler Kronprinz, wie er den Idealen seiner Zeit entsprach. Allgemeiner Jubel begrüßte ihn, als er den Thron bestieg. Auch Morus hoffte, daß jetzt ein Fürst gekommen sei, der sich von den Philosophen leiten lasse, ein Vater des Volkes, nicht ein Sklavenhalter. Er feierte Heinrichs VIII. Krönung mit einem Lobgedicht, in dem allerdings mehr als das Lob des neuen Fürsten die Satire auf den vergangenen hervortritt, und das mit den Worten schließt:

Sei gegrüßt, hocherhabener Fürst,
Und was mehr sagt, Vielgeliebter!

Die ersten Akte der Regierung Heinrichs VIII. waren auch danach angetan, ihn populär zu machen. Vor allem die Hinrichtung zweier Minister seines Vaters, die dessen eifrigste Werkzeuge und Blutsauger des Volkes gewesen waren, Empson und Dudley. Sie konnten sich freilich darauf berufen, daß alles, was sie verübt, nur in Vollziehung der Befehle ihres königlichen Herrn geschehen war.

Bald indessen zeigte sich Heinrichs Politik von einer weniger populären Seite. Er trat der sogenannten »heiligen Ligue« gegen Frankreich bei (1512) und nahm an dem Krieg gegen dieses teil, der bis 1514 dauerte, England sehr viel Geld kostete, sehr wenig Ruhm und gar keine Vorteile einbrachte. Heinrich hatte sich düpieren lassen, für andere Leute die Kastanien aus dem Feuer zu holen, vor allem für Ferdinand den Katholischen von Aragonien, der bei dem »heiligen Krieg« zum Schutze des »heiligen Vaters« die besten Geschäfte machte.

Zu den Kosten des Krieges gesellten sich die eines ausschweifenden Prunkes der Hofhaltung und einer wahnsinnigen Bauwut. Heinrich baute fünfzig Paläste und war so ungeduldig bei deren Herstellung, daß die Arbeiten oft keinen Moment ruhen durften. Er darf wohl den Ruhm in Anspruch nehmen, einer der ersten in England gewesen zu sein, die Nachtarbeit und Sonntagsarbeit in größerem Maßstabe eingeführt haben.

Hatte der Vater das Volk ausgesogen, um Schätze aufzuhäufen, so preßte es der Sohn aus, um seinen ewigen Geldverlegenheiten zu entgehen, und die Geldgier des Verschwenders wurde noch furchtbarer als die des Geizhalses. Die Steuern wuchsen unermeßlich, selbst der ärmste Taglöhner wurde belastet: eines der neuen Steuergesetze bestimmte, daß Arbeiter mit einem Jahreslohn von zwei Pfund einen Schilling, mit einem Lohn von ein bis zwei Pfund sechs Pence und mit einem geringeren Lohn vier Pence Steuer zu zahlen hatten. Außerdem eine Kopfsteuer von einem Schilling pro Kopf!

Dazu kam das beliebte Mittel der Münzverschlechterungen und Münzfälschungen, die natürlich nur vorübergehenden Gewinn abwarfen, sich aber namentlich dann sehr profitabel erwiesen, wenn es galt, Schulden zu bezahlen. Bereits im ersten Jahre seiner Regierung hatte Heinrich den Silbergehalt eines Schillings von 142 auf 118 Gran herabgesetzt.

4. Die politische Kritik der »Utopia«

Ein Fürst wie Heinrich VIII. war nicht der »Schäferhund, der seine Herde gegen die Wölfe schützt«, sondern der Wolf selbst. Morus fühlte sich tief enttäuscht. In dieser Stimmung schrieb er seine »Utopia«[29]. Im zweiten Buche legte er dar, wie glücklich ein Staat sein könnte, wenn er vernünftig re-

---

29   Das Haus, in dem die »Utopia« wahrscheinlich verfaßt wurde, steht heute noch und ist – ein Wirtshaus, eine der Sehenswürdigkeiten von London, die Crosby Hall, in der Bishopsgate Street, gebaut 1466. Wenige Jahre nach Eingehung seiner ersten Ehe, die in das Jahr 1505 fiel, kaufte Morus das Haus, um es 1523 an Antonio Bonvisi, einen Kaufmann von Lucca, mit dem er persönlich befreundet war, wieder zu veräußern. Das Jahr, in dem er es erwarb, steht nicht fest; wahrscheinlich fällt es vor 1515. Vergl. Charles Knight, London. 1. Band, S. 322.

giert und organisiert sei. Im ersten zeigte er, wie schlecht die Staaten in Wirklichkeit regiert würden, an welchen Gebrechen vor allem Heinrichs Regime leide. Dies Buch ist ein wichtiges Dokument für die ökonomische und politische Situation des Anfangs des sechzehnten Jahrhunderts, wichtig für die Kennzeichnung Morus' als Politiker. Wir müssen daher näher darauf eingehen.

Bei der Beurteilung des Buches darf man sich durch die ehrfurchtsvollen Titel, die dem König mitunter erteilt werden, ebensowenig irre machen lassen, als etwa bei der Beurteilung der Materialisten des achtzehnten Jahrhunderts durch die Reverenz, die sie gelegentlich dem Christentum erwiesen. Hier wie dort bestand die Kunst des oppositionellen Kritikers darin, zwischen den Zeilen das Gegenteil von dem lesen zu lassen, was auf ihnen geschrieben stand.

So hat auch Morus in der »Utopia« die Vertretung seines Standpunktes einem anderen, Raphael Hythlodäus, überlassen, indes er sich selbst einführt als teilweiser Gegner seiner Auffassung. Aber nicht das, was Morus, sondern was Raphael sagt, ist bedeutend. Morus erzählt, wie er Raphael in Brügge gelegentlich seiner Gesandtschaft nach Flandern getroffen. Er und sein Freund Peter Giles fordern Raphael auf, in die Dienste eines Königs zu treten. Dieser lehnt es ab und erörtert weitläufig seine Gründe. Die betreffenden Absätze verdienen wörtlich wiedergegeben zu werden:

»In der Tat, Meister Raphael«, sagte Peter, »es wundert mich sehr, daß du nicht an den Hof eines Königs gehst. Denn ich bin überzeugt, daß es keinen König gibt, dem du nicht sehr lieb und wert würdest, da du ihn durch dein tiefes Wissen und deine Kenntnis fremder Länder und Völker nicht nur unterhalten, sondern auch belehren und beraten könntest. So wirst du dir selbst und deinen Freunden und Verwandten nützen können.«

»Meine Freunde und Verwandten machen mir wenig Sorgen«, erwiderte Raphael. »Ich glaube meiner Pflicht ihnen gegenüber völlig genügt zu haben. Denn ich habe in der Vollkraft meiner Jugend unter sie verteilt, was andere ängstlich festhalten, bis sie alt und siech sind, an was sie sich noch anklammern, wenn sie scheiden müssen. Ich denke, sie können mit meiner Freigebigkeit zufrieden sein und dürfen nicht erwarten, daß ich ihretwegen den Knechtsdienst bei einem Könige auf mich nehme.«

»Gemach, mein Freund«, sagte Peter, »du sollst dem König nicht dienen, sondern ihm Dienste erweisen.«

»Dazwischen sehe ich keinen großen Unterschied«, erwiderte der andere.[30]

»Wie immer du die Sache nennen magst«, sagte Peter, »ich glaube, es ist der richtige Weg, nicht nur anderen zu nützen, sondern auch dich selbst glücklich zu machen.«

»Ich sollte glücklicher werden auf einem Wege, vor dem ich zurückschrecke?« rief Raphael. »Ich lebe jetzt, wie es mir gefällt, und ich glaube nicht, daß das für viele Purpurträger gilt. Überdies gibt es genug Leute, die nach der Gunst der Mächtigen streben, und ich glaube nicht, daß es ein großer Verlust ist, wenn ich und vielleicht noch ein paar andere nicht darunter sind.«

»Darauf erwiderte ich (Morus selbst): Ich sehe, mein Raphael, du verlangst weder nach Reichtum noch nach Macht. Und fürwahr, ich achte einen Mann wie dich nicht weniger als irgend einen der Machthaber. Aber es würde deiner Weisheit und deinem hohen Geist wohl anstehen, Wissen und Kraft dem Wohle des Gemeinwesens zu widmen, wenn es auch Unbequemlichkeit und Mißvergnügen bereitet. Du kannst aber dem Gemeinwesen nicht wirksamer nützen, als im Rate eines Fürsten, den du zu gutem und ehrenhaftem Handeln antreibst, woran ich nicht zweifle. Denn die Fürsten

---

30   Es handelt sich im lateinischen Original bei dieser Stelle um ein unübersetzbares Wortspiel zwischen servire und inservire.

sind die Quellen des Guten und des Bösen, das den Völkern zuteil wird. Deine Gelehrsamkeit ist so groß, daß du ohne die geringste Erfahrung, deine Erfahrung so groß, daß du ohne jegliche Gelehrsamkeit einen ausgezeichneten Ratgeber für einen König abgeben würdest.«

»Lieber Morus, du bist in einem doppelten Irrtum befangen, in bezug auf mich und in bezug auf die Verhältnisse. Ich bin weder so begabt, wie du mir einreden willst, und wenn ich's noch so sehr wäre, so würde das Opfer meiner Ruhe dem Gemeinwesen doch nichts nützen. Denn erstens erfreuen sich die meisten Fürsten mehr am Kriegswesen, wovon ich nichts verstehe und auch nichts zu verstehen verlange, als an Werken des Friedens. Und sie streben eifriger danach, neue Reiche durch Recht oder Unrecht zu erwerben, als diejenigen, die sie besitzen, gut zu verwalten. Und von den Ministern der Könige ist jeder entweder so weise, daß er eines Rates nicht bedarf, oder er dünkt sich so weise, daß er keinen hören will; nur einen, der beim Fürsten hoch in Gunst steht, den hören sie zustimmend an, um sich einzuschmeicheln, mag er auch das ungereimteste Zeug schwätzen. Und es ist ja ganz natürlich, daß jeder Mensch seine eigenen Ideen für die besten hält. Auch dem Raben und dem Affen erscheinen ihre Jungen als die schönsten. Wenn unter solchen Leuten, von denen die einen auf jede fremde Idee eifersüchtig sind, die anderen die ihren für die besten halten, jemand etwas empfiehlt, von dem er in der Geschichte gelesen, oder das er anderswo gesehen, da tun die Hörer so, als ob das ganze Ansehen ihrer Weisheit auf dem Spiel stände und sie als Narren gelten würden, wenn sie nicht die Ideen anderer Leute schlecht fänden. Und wenn alle anderen Einwände nicht verfangen, dann bleibt ihnen immer noch einer: Das Bestehende gefiel unseren Vorfahren; wären wir nur so weise wie sie. Und sie setzen sich nieder mit einer Miene, als sei damit die Sache trefflich erledigt. Man könnte glauben, daß nichts gefährlicher wäre, als in irgend einem Punkte weiser zu sein als unsere Väter waren. Freilich lassen wir alles, was sie wirklich gut eingerichtet hatten, in Vergessenheit geraten, sobald es sich aber um eine Verbesserung handelt, dann klammert man sich an sie an.«

Nun folgt die Erzählung einer Episode beim Erzbischof Morton, aus der wir bereits eine Stelle mitgeteilt haben. Dann geht die Unterredung über das Thema weiter fort, indem Morus wieder erklärt: »Trotz alledem beharre ich bei meiner Ansicht, daß du mit deinen guten Ratschlägen das Gemeinwesen fördern wirst, wenn du es über dich bringen kannst, an den Hof eines Fürsten zu gehen. Dem Gemeinwesen zu nützen ist aber deine Pflicht, wie die jedes tüchtigen Mannes. Wenn dein Plato recht hat, daß die Völker nur dann glücklich werden können, wenn die Philosophen Könige oder die Könige Philosophen werden, wie weit sind wir dann vom Glück entfernt, wenn die Philosophen es unter ihrer Würde finden, die Könige zu beraten und aufzuklären!«

»Die Philosophen sind nicht so selbstsüchtig«, erwiderte Raphael, »daß sie das nicht gerne täten, ja, viele haben es bereits getan in Büchern, die sie Herausgaben, in denen Könige und Fürsten genug gute Ratschläge fänden, wenn sie nur die Absicht hätten, ihnen zu folgen. Plato wußte das jedenfalls sehr gut, daß die Könige sich um die Ratschläge der Philosophen nicht kümmern würden, wenn sie nicht selbst zu denken anfingen; werden sie doch von Jugend an von verkehrten Anschauungen angesteckt und verdorben. Wie wahr dies sei, erfuhr Plato selbst beim König Dionysius.

»Wenn ich einem König heilsame Gesetze vorschlagen und mich bemühen würde, aus seinem Herzen die verderblichen Wurzeln des Schlechten auszurotten, glaubst du nicht, daß ich alsbald fortgejagt oder ausgelacht würde?

»Nehmen wir an, ich wäre am Hofe des Königs von Frankreich und säße in seinem Rate. Eine ganz geheime Ratsitzung finde statt, vom König selbst präsidiert: um was handelt es sich da? Man sucht herauszufinden, durch welche Schliche und Ränke der König Mailand behalten, das abtrünnige Neapel wieder an sich ziehen, wie er die Venetianer schlagen und ganz Italien unter seine Oberhoheit bringen könnte; wie Flandern, Brabant und schließlich ganz Burgund zu gewinnen seien, und andere Länder, auf die er schon lange ein Auge geworfen. Der eine rät, ein Bündnis mit den Venetianern einzugehen, das so lange dauern solle, als es vorteilhaft sei, gemeinsame Sache mit ihnen zu machen, und ihnen einen Anteil an der Beute zukommen zu lassen, den man wieder nehmen könne, wenn man mit ihrer Hilfe sein Ziel erreicht habe. Ein zweiter hält es für vorteilhaft, deutsche Landsknechte zu mieten, ein dritter möchte die Schweizer mit Geld gewinnen. Ein anderer wieder rät, die Zuneigung des mächtigen Kaisers mit Gold zu erkaufen. Dann schlägt wieder einer vor, Frieden mit dem König von Aragonien zu machen und ihm als Friedenspfand das Königreich Navarra abzutreten. Schließlich hält es einer für das vorteilhafteste, den König von Kastilien zu angeln, indem man ihm eine Verschwägerung oder Allianz in Aussicht stellt, und einige Große an seinem Hofe durch Aussetzung von Pensionen zu gewinnen. Am meisten macht es ihnen Kopfschmerzen, was in der Zwischenzeit mit England anzufangen. Alle sind darin einig, man müsse mit den Engländern Frieden schließen und die stets schwache Freundschaft mit ihnen durch die stärksten Bande befestigen; man müsse sie Freunde nennen, müsse ihnen aber gleich Feinden mißtrauen. Daher sollten die Schotten bereit gehalten werden, sich auf die Engländer zu werfen, sobald diese sich rühren wollten. Und heimlich – denn öffentlich geht's nicht wegen des Friedensvertrags – müsse man irgend einen verbannten Edelmann von England unterstützen, der Ansprüche auf die Krone dieses Königreichs erheben solle, so daß er eine beständige Gefahr für den König von England bilde und diesen im Zaume halte.

»Wohlan, in einer solchen Versammlung, wo so viele vornehme und gelehrte Männer ihrem König nichts raten als Krieg, welche Wirkung hätte es da, wenn ich Menschlein auftreten würde und erklären, daß das Staatsschiff in einer anderen Richtung zu steuern sei; daß mein Rat dahin gehe, Italien in Ruhe zu lassen und hübsch zu Hause zu bleiben; daß Frankreich bereits fast zu groß sei, um von einem einzigen Manne gut regiert werden zu können, daß der König also nicht danach trachten solle, sein Gebiet zu erweitern; und wenn ich dann etwa ein Verfahren vorschlüge, gleich dem der Achorier[31], die südöstlich von der Insel Utopia wohnen.

»Diese führten einmal Krieg für ihren König, ihm ein anderes Königreich zu erobern, auf das er Erbansprüche infolge einer alten Verbindung hatte. Als sie es schließlich gewonnen hatten, sahen sie, daß ihnen dessen Behauptung ebensoviel Schwierigkeiten bereite wie dessen Eroberung. Bald rebellierten die neuen Untertanen, bald litten sie unter einem Einfall feindlicher Nachbarn, so daß man ununterbrochen unter den Waffen zu stehen hatte, entweder für sie oder gegen sie. Auf diese Weise verarmten sie selbst; ihr Geld ging aus dem Lande, ihre Männer wurden erschlagen, um des Schattens des Ruhmes willen. Hatten sie keinen Krieg, dann einen Frieden, der nicht besser war; hatten doch die vielen Kriege das Volk so verroht, daß es ein Vergnügen an Raub und Diebstahl fand. Die Metzeleien hatten es kühn zu Untaten gemacht und die Gesetze wurden mißachtet, da der König, mit der Verwaltung zweier Königreiche belastet, keines der beiden ordentlich verwalten konnte. Als die Achorier sahen, daß alle diese Übel kein Ende nehmen wollten, taten sie sich zusammen und stellten ihren König in der höflichsten Weise vor

---

31   Das Wort ist gebildet aus dem griechischen chora = das Land, und der verneinenden Partikel a; Achoria bedeutet daher ähnlich wie Utopia: Unland.

die Wahl, welches der beiden Königreiche er behalten wolle; er sei nicht imstande, beide zu behalten, und ihrer wären zu viele, als daß sie von einem halbierten König regiert werden könnten: würde doch niemand in Gemeinschaft mit einem anderen auch nur einen gemeinsamen Eselsknecht halten. So mußte denn der gute Fürst sich mit seinem alten Königtum begnügen und das andere einem seiner Freunde geben, der bald nachher vertrieben wurde.

»Wenn ich solche Beispiele vorfühlte und weiter dem König erklärte, daß diese eifrigen Kriegsvorbereitungen, die so viele Nationen seinetwegen beunruhigen, seine Kassen leeren, seine Schätze vergeuden und sein Volk ruinieren, schließlich doch durch irgend ein Mißgeschick nutzlos sein würden, und daß es für ihn am sichersten sei, sich mit seinem ererbten Reiche zu begnügen, diesem Lande seine Sorgfalt zuzuwenden, es zu bereichern und es so blühend als möglich zu machen, danach zu streben, seine Untertanen zu lieben und von ihnen geliebt zu werden, unter ihnen zu leben, sie milde zu regieren, sich um andere Reiche nicht zu kümmern, da das seine groß genug und fast zu groß für ihn sei; wenn ich solchen Rat erteilte, wie würde der wohl aufgenommen werden, lieber More?«

»Wahrlich, nicht allzu günstig«, erwiderte ich.

»Fahren wir fort«, sagte er. »Nehmen wir an, der König und seine Räte säßen zusammen und strengten ihren Witz an, um herauszufinden, durch welche schlauen Kniffe der König bereichert werden könnte. Einer rät, der König solle den Nennwert des Geldes über seinen wirklichen Wert erhöhen, wenn er etwas zu zahlen habe, und ihn wieder herabsetzen, wenn er etwas zu erhalten habe, so daß er große Summen mit wenig Geld zahlen könne und viel Geld erhalte, wenn kleine Summen ihm geschuldet seien.[32]

---

32   tle="Die ärgsten Finanzschwindeleien Heinrichs VIII. hat Morus nicht mehr erlebt. Heinrich begann sein Regime gleich mit einer Geldverschlechterung.

Ein anderer schlägt vor, viel Geschrei von einer bevorstehenden Kriegsgefahr zu erheben. Habe der König unter diesem Vorwand eine große Summe Geldes eingetrieben, dann könne er mit großer Feierlichkeit den Frieden für gesichert erklären und so dem guten Volke Sand in die Augen streuen, als habe er den Frieden nur herbeigeführt, um als gnädiger und liebevoller Fürst der Vergießung von Menschenblut vorzubeugen.[33] Ein anderer erinnert den König an alte, mottenzerfressene Gesetze, die längst vergessen sind und die jedermann übertritt, da niemand von ihrem Bestand eine Ahnung hat. Er rät dem König, die Geldstrafen einzuziehen, die auf der Übertretung dieser Gesetze stehen, da kein Verfahren so einträglich und gleichzeitig so ehrenvoll sei, als das im Namen der Gerechtigkeit. Ein anderer wieder hält es für vorteilhaft, eine Menge von Handlungen mit schweren Strafen und Geldbußen zu belegen, namentlich solche, die dem Volke schädlich sind, und für Geld allen denen eine Dispens zu erteilen, die durch diese Verbote beeinträchtigt werden. Dadurch erwerbe man die Gunst des Volkes und gewinne

---

Weitere Fälschungen nahm er erst nach Morus' Tode vor. Es fehlt uns leider jeder Anhaltspunkt, um entscheiden zu können, ob und inwieweit Morus das zeitweilige Aufhören der Münzfälschungen beeinflußt hat. Tatsache ist, daß sie sich später um so rascher wiederholten. Der Silbergehalt des Schillings betrug bei Heinrichs Regierungsantritt 142 Gran. Er wurde herabgesetzt 1509 auf 118 Gran, 1543 auf 100 Gran, 1545 auf 60 Gran, 1546 auf 40 Gran »Eine wertlose Legierung«, fügte Anderson zu den beiden letzten Daten hinzu (Origin of commerce, 1. Band, S. LXX).

33 Morus hat mit der Beschreibung dieses Kniffs nicht etwa künftige Ereignisse vorausgeahnt, sondern beschrieben, was er selbst erlebt. 1492 tat Heinrich VII., als sei England von Frankreich bedroht; er begann große Rüstungen und berief ein Parlament ein, von dem er sich eine neue Steuer bewilligen ließ, die den schönen Namen Benevolence (Liebesgabe) führte. Durch seine Rüstungen setzte er Frankreich so in Schrecken, daß dieses den Frieden erkaufte – den Heinrich niemals ernstlich zu stören die Absicht gehabt hatte. So verstand es dieser große »Staatsmann«, durch Kriegsgeschrei und Friedensliebe am rechten Orte Freund und Feind zu schröpfen. Die Stadt London allein hatte als »Benevolence« 9000 Pfund Sterling aufgebracht. Von Frankreich erhielt Heinrich 745 000 Dukaten und eine jährliche Pension von 25 000 Kronen. (Cobbetts Parliamentary History of England from the Norman Conquest in 1066 to the year 1803. London 1806. I. Band, S. 462 ff.)

gleichzeitig Geld auf doppelte Weise: erstens durch die Geldstrafen derjenigen, die in blinder Habgier das Gesetz übertreten, und zweitens durch den Verkauf des Privilegiums, dies Gesetz zu übertreten, wobei der Fürst um so besser dastehe, je teurer er dies Privilegium verkaufe; er bekomme nicht nur mehr, sondern gewinne noch den Anschein, als könne er sich nur schwer entschließen, das Wohl des Volkes irgend jemandem preiszugeben.[34]

»Wieder einer rät dem König, die Richter von sich abhängig zu machen, so daß sie immer für ihn entschieden. Ja, er solle sie an seinen Hof berufen und verlangen, daß sie ihn betreffende Angelegenheiten in seiner Gegenwart verhandeln. Und wenn er noch so offenkundig im Unrecht wäre, es würde sich dann immer einer finden, der entweder aus Widerspruchsgeist oder um sich den Dank seines Fürsten zu verdienen, irgend eine Schlinge entdeckte, in der man die Gegenpartei fangen könnte. Wenn so die Richter sich nicht einigen können und Dinge diskutieren, die klar zutage liegen, und die offenbare Wahrheit bezweifeln, dann geben sie dem König eine gute Gelegenheit, das Gesetz zu seinen Gunsten auszulegen: worauf ihm die anderen Richter aus Scham oder Furcht zustimmen. Die Richter können dann mit kecker Stirn für den König entscheiden: um eine Begründung ihres Urteils brauchen sie nicht verlegen zu sein; entweder können sie sich auf die Billigkeit berufen, oder auf den Buchstaben

---

34   Wir glauben, daß Morus hier namentlich die Gesetzgebung zum Schutze der Bauern vor den Großgrundbesitzern vor Augen hatte, die damals anfingen, das Gemeindeland der Bauern für sich in Beschlag zu nehmen und diese von ihren Gütern zu verjagen. Seit Heinrich VII. wurden strenge Gesetze gegen die Expropriation der Bauern erlassen, welche den König bei diesen populär machten und – die großen Grundbesitzer zwangen, sich die Dispens zur Übertretung des Gesetzes von ihm oder seinen Günstlingen zu erkaufen, das heißt, vom erwarteten Ertrag des Landdiebstahls einen Anteil von vornherein an den Landesvater abzuliefern. Ein großer Teil des Reichtums Wolseys soll auch aus dieser Quelle geflossen sein. Kurz vor der Abfassung der »Utopia« war ein Alt erlassen worden (1514), der die Umwandlung von Ackerland in Weidegründe verbot.

des Gesetzes, oder auf eine gedrehte und gewundene Auslegung desselben oder, was bei gewissenhaften Richtern mehr gilt als alle Gesetze, auf die besonderen Rechte, Prärogative des Königs.

»Alle Räte sind einstimmig der Ansicht des Crassus, daß ein Fürst nie genug Geld haben kann, der eine Armee zu erhalten hat; ferner, daß ein König nie Unrecht tun kann, selbst wenn er wollte, da ja alles, was seine Untertanen besitzen, ja diese selbst sein Eigentum sind, und jeder alles, was er besitzt, der Gnade seines Königs verdankt, der es ihm gelassen. Und daß es des Königs Interesse und Sicherheit ist, daß seine Untertanen wenig oder nichts besitzen, da Wohlstand und Freiheit das Volk trotzig machen, so daß es sich harten und ungerechten Geboten nicht fügt, daß hingegen Not und Elend seine Kraft brechen und es geduldig machen, indem sie den Gedrückten die Kühnheit und das Selbstbewußtsein rauben.«

Auf welchen Erfolg hätte ich mit meinen Grundsätzen unter solchen Räten des Königs zu rechnen? fragt Raphael.

Der ganze Passus ist eine vernichtende Satire auf das Königtum der damaligen Zeit. Er bildet das politische Glaubensbekenntnis Mores, seine Rechtfertigung, warum er sich vom Hofe fernhielt.

5. Morus, der Tyrannenhasser, tritt in des Königs Dienste

Zwei Jahre, nachdem Morus die »Utopia« geschrieben, finden wir ihn am Hofe, am Beginn jener kurzen aber glänzenden Laufbahn, die ihn in nicht viel mehr als einem Jahrzehnt zur höchsten Würde im Reiche nach dem König, der eines Reichskanzlers (Lord Chancellor), führen sollte. Was ist in diesen zwei Jahren geschehen, um in Morus eine solche Sinnesänderung hervorzurufen? Wir sind bloß auf Vermutungen darüber angewiesen. Unseres Erachtens ist der Schlüssel zur Umwandlung Morus' in dem Erfolg zu suchen, den die »Utopia« hatte.

Dieser war ein enormer, nicht nur in der Gelehrtenwelt, sondern auch unter den Staatsmännern. Wir werden im nächsten Abschnitt darauf noch zurückkommen. Daß die »Utopia« Morus' Einfluß in London selbst sehr steigerte, dürfen wir wohl annehmen, wenn wir auch keinen direkten Beweis dafür haben. Sein Kommunismus schreckte niemanden, denn es gab damals noch keine kommunistische Partei; seine Kritik des Absolutismus, seine Forderung, der König habe viel mehr als für den Krieg, für den Wohlstand seiner Untertanen zu sorgen, diese Forderung sprach offen und kühn aus, was das aufstrebende Bürgertum und der Humanismus ersehnten. In der Feudalzeit war der König vor allem Führer im Kriege gewesen; in das ökonomische Getriebe hatte er sich nicht einzumischen, das vollzog sich in der Markgenossenschaft ohne sein Zutun. Der moderne König, der König der Bourgeoisie, sollte vor allem dafür sorgen, daß das Bürgertum sich bereichere. Es war nicht dem Kriege als solchem abgeneigt, wohl aber jedem Kriege, der nicht im Interesse des Handels lag. Und zu solchen Kriegen hatte sich Heinrich aus bloßer Eitelkeit und beeinflußt von feudalen Traditionen herbeigelassen. Da mußten Morus' Ausführungen im Bürgertum ein williges Ohr finden.

Der Kommunismus Morus' war für die Humanisten und das Bürgertum eine anmutige Schwärmerei; seine Kritik der herrschenden politischen Verhältnisse war ihnen aus der Seele gesprochen.

Daraus erklärt sich die große Wirkung der »Utopia« auf ihre Zeitgenossen, eine Wirkung, der sich auch Heinrich VIII. nicht entziehen konnte. Morus hatte mit seiner »Utopia« ein politisches Programm entworfen, das allgemeinen Beifall errang, er war damit in die erste Reihe der englischen

Politiker getreten. Wenn er auch wollte, er konnte jetzt dem Hofe nicht länger fern bleiben, gerade wegen seiner kühnen Kritik des bestehenden Absolutismus. Morus hatte damit aufgehört, ein bloßer Privatmann zu sein; er, der Liebling Londons, der England beherrschenden Stadt, der Liebling der Humanisten, die damals die öffentliche Meinung machten, er war ein politischer Faktor geworden, den man gewinnen oder vernichten mußte. Heinrich hatte schon früher versucht, Morus zu gewinnen; jetzt bot er alles auf, ihn in seine Dienste zu ziehen. Die Ablehnung einer solchen Aufforderung, wenn sie dringend gestellt war, bedeutete damals die Feindschaft des allmächtigen Königs, sie war gleichbedeutend mit Hochverrat, sie zog oft die Hinrichtung nach sich. Der Absolutismus wollte eine private Opposition ebensowenig dulden als eine öffentliche, er verfuhr nach dem Grundsatz: wer nicht für mich ist, ist wider mich.

Wurde also infolge der »Utopia« der Druck, der auf Morus geübt wurde, um seine Abneigung gegen den Hof zu überwinden, ein viel stärkerer als er bis dahin gewesen, so wurde andererseits diese Abneigung selbst eine schwächere. Wir haben allen Grund, anzunehmen, daß der Eindruck, den die »Utopia« machte, so groß war, daß Heinrich sich genötigt sah, Konzessionen zu machen und sein bedrücktes Volk zu entlasten. Sicher ist es, daß Heinrich VIII. wenige Monate nach dem Erscheinen der »Utopia« seine Kriegspolitik aufgab und einen Teil seiner französischen Eroberungen zurückstellte. Im Februar 1518 wurde Tournay an Frankreich zurückgegeben und eine Ehe zwischen dem Dauphin (französischen Kronprinzen) und Heinrichs Tochter Maria verabredet. Die Eroberungskriege Englands in Frankreich, dieses traditionelle Überbleifsel aus der Feudalzeit, hatten damit aufgehört.

Bereits 1516 war auch der Kardinal Wolfey Lordkanzler geworden, ein den Humanisten wohlgewogener Mann;

Seebohm schließt aus verschiedenen Gründen, daß Wolfey zugegeben habe, die Grundsätze der »Utopia« müßten wenigstens insoweit durchgeführt werden, daß man die jährlichen Ausgaben beschränke.

Friedenspolitik, Sparsamkeit, Zuneigung zum Humanismus: diese Aussichten bot damals der Hof Heinrichs VIII. Sie waren trügerisch, aber sie waren da. Sollte unter diesen Umständen Morus in seinem Widerstreben beharren, das ihm den Kopf kosten konnte? Sollte er nicht vielmehr den Versuch wagen, trotz aller seiner Bedenken eine praktische Tätigkeit zu entfalten? Hatte er von seinem Standpunkt aus eine andere Möglichkeit dazu, als am Hofe seines Fürsten? Sollte Heinrich VIII. nicht vielleicht doch vernünftigen Mahnungen zugänglich sein? Und war es nicht besser, den Versuch zu machen, als tatenlos die Faust im Sacke zu ballen und bloße Utopien zu schreiben?

Nur dieser Gedankengang und die Wirkungen der »Utopia« machen unseres Erachtens die Schwenkung Morus' verständlich, die uns sonst ein Rätsel bleibt bei einem Charakter wie dem seinen, der zäh an seinen Überzeugungen hing und nach Ehren und Geld kein Verlangen trug. Wir haben in der Tat auch nicht einmal den Versuch einer anderen Erklärung gefunden. Für Leute, die die »Utopia« als eine Stilübung oder einen Scherz betrachten, wie die meisten von Morus' Biographen, war eine Erklärung auch nicht notwendig.

Erst Seebohm hat nach einer Erklärung des anscheinenden Widerspruchs zwischen Morus' politischen Grundsätzen und Handlungen in der Zeit von 1516 bis 1518 gesucht (1. Auflage, S. 353 ff.): er sah sie im literarischen Erfolg der »Utopia«, welcher es Heinrich rätlich erscheinen ließ, Morus zu gewinnen, und diesen hoffen ließ, seine Ratschläge würden Gehör finden. Wir schließen uns in dieser Beziehung Seebohm an, müssen jedoch bemerken, daß der Einfluß, den Morus als Schriftsteller gewann, uns nicht hinreichend erscheint, zu erklären, warum Heinrich VIII. so hohen Wert auf dessen Gewinnung und später auf dessen Verbleiben in seinem Dienste legte. Man hat unseres Erachtens bisher viel zu wenig in Betracht gezogen, daß Morus der Vertrauensmann und der Vertreter einer der mächtigsten und aufstrebendsten Klassen Englands geworden war. Erst die Bedeutung Morus' für London, Londons für England gibt uns den Schlüssel für die Wirkung der »Utopia« und den Einfluß ihres Verfassers auf den englischen Hof.

6. Morus im Kampfe gegen das Luthertum

Zu der Zeit als Morus an den Hof Heinrichs VIII. kam, begann bereits die Reformationsbewegung sich in England fühlbar zu machen, die im Jahre vorher, 1517, in Deutschland begonnen hatte. Morus mußte natürlich ihr gegenüber Stellung nehmen: gleich der überwiegenden Mehrzahl der anderen Humanisten trat er entschieden gegen sie auf, sobald es klar ward, daß sie die Losreißung der einzelnen Teile der Christenheit vom Papsttum, die Zerstückelung der Christenheit bedeutete.

Wir haben bereits im ersten Abschnitt die Motive beleuchtet, die die Humanisten im allgemeinen gegen die Reformation einnahmen. Diese Motive wirkten auch auf Morus im besonderen. Daß sie nicht kirchlicher Art waren, haben wir im vorhergehenden Kapitel gezeigt. Morus hatte die Mißstände der Kirche klar erkannt und sich nicht gescheut, sie bloßzulegen. Wenn die katholische Kirche ihn trotzdem unter ihre Heiligen versetzen will, weil er auf Luther geschimpft hat, dann kann sie ihm eine gute Gesellschaft geben. Sie kann ihm dann zum Beispiel Rabelais zur Seite stellen, der von der Reformation auch nichts wissen wollte und die Schale seines Hohnes über Calvin ausgoß. In der Vorrede zum zweiten

Buche seines Romans »Gargantua und Pantagruel« erhält Calvin, der Prediger der Lehre von der Prädestination (Vorherbestimmung) des Menschen, die schönen Titel: »prédestinateur, imposteur et séducteur« (Vorherbestimmer, Schwindler und Verführer). Im vierten Buche, Kapitel 5 bis 8, wird der fanatische Calvin, der sich in Genf mit Vorliebe Pastor (Hirt) nennen ließ, als Schafhändler Dindenault (von Dindon, der Puterhahn) verhöhnt. Das Feilschen desselben um den Hammel ist eine Verspottung der protestantischen Dispute über das Abendmahl. Im 32. Kapitel desselben Buches wird der Calvinismus direkt angegriffen. Es heißt da: Die Unnatur (Antiphysie) gebar unter anderem widernatürlichen und ekelhaften Gesindel auch die Duckmäuser, Heuchler, »die besessenen Calvins, die Schwindler von Genf« (les demoniacles Calvins, imposteurs de Genève).

Die Motive, die Morus zu einem Gegner der Reformation machten, sind auf dem politischen und ökonomischen Gebiet zu suchen. In diesem Kapitel haben wir es nur mit denen ersterer Art zu tun.

Als der Verfasser vorliegender Abhandlung daran ging, Morus' Schriften zu studieren, da war er der Ansicht, Morus' Gegnerschaft gegen die Reformation sei, soweit sie politischen Ursprungs, der Gegnerschaft gegen den Absolutismus zuzuschreiben. Diese Ansicht hat sich als unhaltbar erwiesen. Morus war, wie wir gesehen, kein Gegner des Fürstentums, er hielt es im Gegenteil für höchst notwendig, gleich der überwiegenden Mehrzahl der Humanisten. Es gibt kaum eine Klasse des sechzehnten Jahrhunderts, die das Fürstentum für notwendiger hielt, als die der Kaufleute: Morus war aber in praktischer Beziehung der Vertreter ihrer Klasseninteressen, wenn er auch theoretisch über diese hinausragte. Das Kapital hat stets nach »Ordnung« gerufen, nur zeitweise nach »Freiheit«. Die »Ordnung« war sein wichtigstes Lebenselement; Morus, in dem Ideenkreis des

Londoner Bürgertums groß geworden, war daher ein »Ordnungsmann«, der nichts mehr scheute, als eine selbständige Aktion des Volkes. Alles für das Volk, nichts durch das Volk, war seine Losung.

Die deutsche Reformation war aber in ihrem Beginn eine Volksbewegung. Der gemeinsame Ausbeuter aller Klassen der deutschen Nation war das römische Papsttum: sobald eine Klasse sich gegen dieses erhob, riß sie notwendig die anderen Klassen mit sich. Städte, Ritter, Bauern, alles erhob sich gegen die Römlinge mit einem Ungestüm, daß die Fürsten fast erschraken. Erst im Fortgang der Bewegung wurde der Kampf gegen die römische Ausbeutung bei den niederen Klassen ein Kampf gegen die Ausbeutung überhaupt, aus der nationalen Erhebung Deutschlands gegen Rom ein Bürgerkrieg, ein Bauernkrieg. Und erst seitdem in diesem inneren Kampfe die Kraft der niederen Klassen gebrochen worden ist, gestaltete sich die Reformation in Deutschland immer mehr zu einer rein dynastischen Angelegenheit. Die Lutheraner selbst hatten sich anfänglich an alle Klassen der Nation gewandt; erst als sie sahen, daß die Gegensätze innerhalb der Nation nicht überbrückbar seien und daß sie sich für eine bestimmte Klasse entscheiden müßten, schlugen sie sich auf Seite des Fürstentums.

Erst seit dem großen Bauernkrieg, 1525, wurde diese Wandlung des Lutheranismus offenkundig. Es ist demnach erklärlich, wieso Morus dazu kam, die Luthersche Lehre wegen ihrer Gefährlichkeit für das Fürstentum anzugreifen. Er tat dies 1523 in einer lateinischen Schrift »des Thomas Morus Antwort auf die Schmähungen, mit denen Martin Luther König Heinrich VIII. von England überhäuft hat«.[35]

Der Titel nennt uns bereits die Veranlassung dieser Streitschrift. Wir haben schon im vorigen Kapitel das Buch Hein-

---

35 Thomae Mori responsio ad convitia Martini Lutheri congesta in Henricum Regem Angliae ejus nominis Octavum.

richs VIII. gegen Luther über die »sieben Sakramente« erwähnt. Auf diese Schrift aus dem Jahre 1521 antwortete Luther 1522 eben nicht in der höflichsten Weise.[36] Er nannte Heinrich »einen dummen, groben Eselskopf, einen unsinnigen Narren, der nicht weiß, was Glauben ist«, und sagte unter anderem:[37] »Hat der König von England seine unverschämten Lügen ausgespien, so habe ich sie ihm fröhlich wieder in den Hals gestoßen, denn er lästert damit alle meine christliche Lehre und schmiert seinen Dreck an die Krone meines Königs der Ehren, nämlich Christi, des Lehre ich habe; darum soll's ihn nicht wundern, wenn ich den Dreck von meines Herrn Krone auf seine Krone schmiere, und sage vor aller Welt, daß der König von England ein Lügner ist und ein unwissender Mann.«

Wir empfehlen allen frommen Protestanten, denen die »Roheit« der Arbeiterpresse so viel Herzeleid bereitet, sich durch eine fleißige Lektüre ihres Martin Luther dagegen abzuhärten.

Morus antwortete in seiner oben genannten Schrift ebenso grob in lateinischer Sprache. Atterbury meint, Morus habe unter allen Männern seiner Zeit die größte Geschicklichkeit besessen, in gutem Latein zu schimpfen. Die persönlichen Angriffe gegen Luther, der als Trunkenbold und Ignorant hingestellt wird, füllen den größten Teil der »Antwort« aus. Daneben findet sich noch eine Verteidigung des Papsttums und eine Darlegung der Staatsgefährlichkeit der neuen Lehre. So heißt es da unter anderem: »Jederzeit haben sich die Feinde des christlichen Glaubens als Gegner des heiligen Stuhles erwiesen. Werden aber der Menschen Fehler dem Amte aufgebürdet, wie denn das Papsttum von den Lutheranern in der furchtbarsten Weise geschmäht wird, so ist es nicht allein um

---

36 Antwort Dr. Martin Luthers auf Heinrichs, Königs von England, Buch. Auch lateinisch.
37 Wir haben die Orthographie modernisiert.

dieses, sondern auch um das Königtum, überhaupt um alle Staatshäupter geschehen, und das Volk findet sich ordnungs- und gesetzlos. Und doch ist es besser, schlechte Lenker des Gemeinwesens als gar keine zu haben. Klüger ist es darum, das Papsttum zu reformieren, als es abzuschaffen.«

Fünf Jahre später veröffentlichte Morus seinen »Dialog über Ketzereien und Religionsstreitigkeiten«.[38] In diesem läßt er sich schon mehr auf theologische Diskussionen ein. Das wichtigste sind jedoch auch hier die Auseinandersetzungen weltlicher Natur. Besonders charakteristisch für Morus' politische Stellung gegenüber der Reformation erscheint uns folgende Ausführung: »All sein Gift hat Luther mit einem besonderen Ding gewürzt, der Freiheit, die er dem Volke so anpries, indem er sagte, daß es nichts nötig habe als den Glauben. Fasten, Beten und dergleichen stellte er als überflüssige Zeremonien hin und lehrte die Menschen, daß, wenn sie gläubige Christen, sie auch Christi Vettern seien, und in voller Freiheit, ledig aller Herrscher, Sitten und Gesetze, geistlich wie weltlich, ausgenommen die Evangelien. Und obgleich er sagte, es wäre eine Tugend, zu ertragen und zu dulden die Herrschaft von Päpsten, Fürsten und anderen Obrigkeiten, die er Tyrannen nennt, so erklärte er doch, das Volk werde durch den Glauben so frei, daß sie diesen nicht mehr verpflichtet seien, als verpflichtet, Unrecht zu leiden. Dieselbe Lehre predigt Tyndall. Diese Lehre gefiel dem gemeinen Bauernvolk so wohl, daß sie das andere, was Luther sagte, nicht in Erwägung zogen und sich nicht darum bekümmerten, zu welcher Schlußfolgerung er wohl kommen möge. Die weltlichen Herren freuten sich, seine Anschuldigungen gegen den Klerus zu hören, und das Volk freute sich, seine Anschuldigungen gegen den Klerus und die weltlichen Herren zu hören und gegen die Obrigkeiten jeder Stadt und Gemeinde. Und schließlich kam es so weit, daß die Bewegung

---

38 A dialogue concernyng heresies and matters of religion. 1528.

zum offenen Ausbruch von Gewalttätigkeiten führte. Natürlich fingen sie mit den Schwächsten an. Zuerst tat sich ein gewalttätiger Haufen der unglückseligen Sektierer zusammen, um die gottlose Ketzerei zu fördern, und empörte sich gegen einen Abt, dann gegen einen Bischof, was den weltlichen Herren viel Spaß machte. Sie vertuschten die Sache, da sie selbst nach den Kirchengütern lüstern waren, bis es ihnen fast ebenso erging wie dem Hunde in der Äsopschen Fabel, der, um den Schatten des Käses zu erhaschen, den Käse fahren ließ. Denn die lutheranischen Bauern wurden bald so kühn und stark, daß sie sich auch gegen die weltlichen Herren erhoben. Und hätten diese nicht beizeiten zugesehen, so wären sie in Gefahr geraten, ihre eigenen Güter zu verlieren, während sie nach anderer Leute Gut ausblickten. So aber retteten sie sich, indem sie in diesem Teile Deutschlands in einem Sommer 70000 Lutheraner niedermetzelten und den Rest in die elendeste Sklaverei herabdrückten, aber erst, nachdem sie viel Unheil angerichtet. Und doch ist in vielen Teilen Deutschlands und der Schweiz diese gottlose Sekte durch die Nachlässigkeit der Obrigkeiten der großen Städte so erstarkt, daß schließlich das gemeine Volk die Regierenden zwang, ihm zu folgen, die, wenn sie rechtzeitig zugesehen hätten, die Leiter und Führer geblieben wären.«

Wir sehen hier von einem Zeitgenossen der Reformation den Klassenkampf, der ihr zugrunde lag, bis zu einem gewissen Grade deutlich gekennzeichnet. Allerdings, daß der Kampf gegen das Papsttum ein Kampf gegen die Ausbeutung war, das sah Morus nicht. Daran trugen die eigentümlichen ökonomischen Verhältnisse Englands die Schuld, von denen wir im nächsten Abschnitt sprechen werden. Hier handelt es sich nur darum, darzulegen, daß einer der politischen Gründe, die Morus gegen die Reformation einnahmen, ihr populärer Charakter war, ihr Charakter als eine nationale, eine Volksbewegung. Aber ihr nationaler Charakter war ihm noch in anderem Sinne zuwider. Morus war, wie viele der Humanisten, entschieden gleichzeitig international und national gesinnt. In Italien, dem Vaterland des Humanismus, war diese anscheinend widerspruchsvolle Haltung durch die ökonomischen Verhältnisse bedingt, wie wir gezeigt haben: die Einigung der ganzen Christenheit unter dem Papst lag im nationalen Interesse Italiens, oder genauer gesagt, im materiellen Interesse der herrschenden Klassen Italiens. Außerhalb Italiens und namentlich in den nichtromanischen Ländern hatte diese internationale Gesinnung keinen materiellen Rückhalt, war sie eine bloße ideologische Schrulle, ohne Einfluß auf das Volk zu gewinnen. Allerdings findet die internationale Gesinnung Morus' anscheinend eine Erklärung in den tatsächlichen Verhältnissen: Morus war, wie wir wissen, ein Gegner der dynastischen Kriege, und darin Vertreter wirklicher materieller Interessen. Diese erforderten die Einigkeit der Christenheit und deren Frieden; es war jedoch eine ideologische Illusion, zu glauben, daß der Katholizismus noch imstande sei, diese einigende Kraft darzustellen. War doch der Papst selbst ein weltlicher Fürst geworden, der in diplomatischen Intrigen und dynastischen Kriegen mit seinen Herren Kollegen wetteiferte.

7. Morus im Konflikt mit dem Königtum

Die gemeinsame Gegnerschaft gegen den Lutheranismus mußte Heinrich VIII. und Morus einander näher bringen. Indessen wuchs auch die Geschäftskenntnis und Bedeutung des letzteren. Kein Wunder, daß er rasch »Karriere« machte. Einen Monat, nachdem er in des Königs Rat aufgenommen und zum Referenten über einlaufende Gesuche (Master of Requests) gemacht worden war, erfolgte seine Ernennung zum Geheimrat (Privy Councillor). Wenige Jahre nachher

(1521) ernannte ihn Heinrich zum Verwalter der Schatzkammer (Treasurer of the Exchequer), eine Art Finanzminister, und kurz darauf zum Kanzler des Herzogtums Lancaster, in welcher Stellung er bis 1529 verblieb. In diese Zeit dürfte auch seine Erhebung in den Ritterstand (Knight) fallen, die indes auf Morus kaum erhebliche Wirkung ausübte. Seinem Namen wurde von nun an das Wörtchen »Sir« vorgesetzt! Sir Thomas Morus oder Sir Thomas, nie aber Sir Morus. Das Wörtchen »Sir« wird stets in Verbindung mit dem Vornamen gebraucht, dagegen kann der Familiennamen wegfallen.

Durch diese Ehrenstellen ließ sich jedoch Morus ebensowenig bestechen, als er sich durch seinen Gegensatz gegen die Bewegungen des Volkes zur unbedingten Unterwürfigkeit unter das Königtum verleiten ließ. Daß er diesem selbständig gegenüberstand, und daß weder der Hofdienst noch die Reformation seinen prinzipiellen Standpunkt geändert hatten, der die Herrschaft des Königs, des Völkerhirten, für notwendig, die Unterwerfung unter den Tyrannen, den Völkerschinder, für schimpflich erklärte, das hatte er Gelegenheit zu beweisen, als Wolsey ihn 1523 zum Sprecher, das heißt Präsidenten des Parlamentes erwählen ließ.

Dieses Parlament hatte natürlich vor allem Gelder zu bewilligen, was der Beruf der Parlamente seit jeher gewesen ist. Morus' Aufgabe war da keine angenehme; der Sprecher fungierte nicht bloß als Vorsitzender und Leiter der Verhandlungen des Unterhauses, wie heute, er hatte auch das Budget abzufassen und dem Hause vorzulegen, hatte also einige der Funktionen des modernen Finanzministers. (Thorold Rogers, a. a. O. S. 308.) Heinrich meinte natürlich, Morus' Aufgabe sei es, den »Gemeinen« seine Forderungen plausibel zu machen; und das war allerdings sehr nötig, denn das Unterhaus zeigte sich entschieden abgeneigt, die neuen Steuern zu bewilligen. Der Kardinal und Lordkanzler Wolsey, aufgebracht darüber, ging selbst ins Parlament, um dieses einzuschüchtern. Er hoffte, Morus werde ihm dabei behilflich sein. Wie uns Roper erzählt, mußte er jedoch mit zornigem Erstaunen sehen, daß der Mann, den er zu seinem Werkzeug auserlesen hatte, die Rechte des Unterhauses gegenüber dem allmächtigen Minister verteidigte. Außer sich vor Zorn rannte er aus dem Parlament davon. Schließlich erreichte Heinrich freilich seinen Zweck, aber erst, nachdem er das Parlament durch Todesdrohungen eingeschüchtert hatte.

Gegen diese Darstellung Ropers sind schwere Bedenken erhoben worden und die Sache ist noch nicht genügend geklärt. Wir müssen sie auf sich beruhen lassen, ebenso die folgende Darstellung Ropers, daß man sich des unbequemen Mannes entledigen wollte, daß man aber nicht wagte, ihn offen anzugreifen – sein Einfluß bei der Bürgerschaft hatte durch sein mutvolles Eintreten für die Rechte des Unterhauses jedenfalls eher gewonnen als verloren. Man suchte ihn daher unter dem Scheine einer Erhöhung aus dem Lande zu schaffen, indem man ihn als Gesandten nach Spanien schicken wollte. Morus merkte indes die Falle und lehnte die Ehre, die Heinrich ihm zugedacht, aus »Gesundheitsrücksichten« ab.

Wie dem auch sei, jedenfalls sollte Morus bald in einen ernsteren Konflikt mit dem König kommen, der schließlich mit einer Beförderung anderer Art endete.

Heinrich VIII. war mit der Witwe seines als Kind verstorbenen Bruders Artur, Katharina von Spanien, vermählt. Diese Dame wurde ihm jedoch um so langweiliger, je älter sie wurde, und als er Anna Boleyn, eine ihrer Hofdamen, kennen lernte, ein hübsches und witziges Mädchen, das am französischen Hofe alle Künste der Koketterie gelernt und geübt hatte, entbrannte er in solcher leidenschaftlichen Liebe, daß er sich's in den Kopf setzte, Anna zu heiraten und sich von Katharina scheiden zu lassen. Da der Papst die Scheidung nicht bewilligte, riß Heinrich sich von der katholischen Kirche los und setzte die Reformation in England ins Werk.

Dies die Tatsachen, wie sie gewöhnlich erzählt werden, und die in dieser Darstellung fast zu dem Glauben verführen könnten, die Weltgeschichte werde gemacht, wie Zschokke uns in einer netten Novelle erzählt, durch die Launen von Kammerkätzchen und Hoffräulein. Dieser Darstellung zufolge würde England heute noch katholisch sein, wenn Heinrich weniger liebesbrünstig und Anna weniger kokett gewesen wäre.

In Wirklichkeit lagen die Gründe und selbst die Veranlassungen der Kirchenspaltung etwas tiefer, als in einer bloßen Liebelei. Viele katholische Fürsten haben reizlose Frauen und neben diesen reizende Maitressen gehabt, vor, während und nach Heinrich VIII., ohne daß eine Kirchenspaltung daraus erwuchs; und viele Päpste haben vor und nach Heinrich VIII. Ehescheidungen ausgesprochen, wenn sie es für gut hielten. Wir haben uns also zu fragen, woher kommt es, daß gerade Heinrichs Ehescheidung den Anstoß zu so weittragenden Umwälzungen gab?

Die Ehen der absoluten Monarchen, namentlich im sechzehnten Jahrhundert, hatten einen eigentümlichen Charakter. Die Reiche der absoluten Fürsten waren ihre Domänen, über die sie freies Verfügungsrecht hatten, und die sie soviel als möglich zu vergrößern strebten. Noch hatten die Staaten nicht die Festigkeit der modernen Nationalstaaten erlangt, noch waren sie in beständiger Umbildung begriffen: hier wurde ein Stück abgerissen, dort eines hinzugefügt; hier zwei Länder durch Heirat vereinigt, dort das Gebiet durch den Erbvertrag mit einem kleinen Nachbarn »arrondiert«. Wie unter den großen Grundbesitzern, herrschte unter den Fürsten eine rasende Gier nach Land, daher ewige Kriege, diplomatische Intrigen, Allianzen, die ebenso leicht gebrochen wie abgeschlossen wurden usw. Die festeste Form eines diplomatischen Bündnisses war die durch ein Ehebündnis besiegelte: man setzte damit dem »Freunde« in der Gattin einen Spion und Agenten an die Seite. Freilich durfte man auch auf das eheliche Bündnis kein allzu großes Vertrauen setzen, immerhin bot es doch eine bessere Gewähr als ein bloßes Stück Pergament. Und die Erbansprüche, die aus der Verbindung folgten, konnten unter Umständen recht nützlich werden.

Wie es unter diesen Umständen mit der »Heiligkeit der Ehe« aussah, läßt sich denken. Kinder wurden miteinander, alte Weiber mit Knaben, Greise mit Backfischen gepaart.

So war auch, wie wir schon erwähnt, der Anschluß Englands an Spanien unter Heinrich VII. durch die Vermählung Katharinas von Aragonien mit Heinrichs ältestem Sohne Artur bekräftigt worden. Artur war bei seiner Verlobung sechs Jahre alt. Im elften Jahre heiratete er und starb ein Jahr darauf. Sieben Jahre später vermählte sich Arturs jüngerer Bruder, Heinrich VIII., mit Arturs Witwe. Die Ehe hatte sich so lange verzögert, weil Heinrich seinem geliebten Schwiegervater nicht recht traute, der mit der versprochenen Mitgift nicht herausrücken wollte.

Im Laufe der Regierung Heinrichs änderten sich indessen die Beziehungen Englands zu Spanien. Karl V. hatte durch die Vereinigung von Spanien, den Niederlanden und der deutschen Kaiserkrone in seiner Hand eine furchtbare Macht erlangt, der Frankreich nicht gewachsen schien. Dadurch wurde das spanisch-englische Bündnis überflüssig, das sich gegen Frankreichs Übergewicht gerichtet hatte: die Freundschaft Englands zu Spanien geriet ins Schwanken und wurde mehreremal durch ein Bündnis mit Frankreich ersetzt. So war die Ehe mit Katharina zwecklos geworden. Nicht nur Heinrich betrieb die Scheidung von ihr, sondern auch sein Minister, der Kardinal Wolsey. Letzterer allerdings nicht, um Anna Boleyn, sondern um eine französische Prinzessin an ihre Stelle zu setzen.

Dieselben Gründe, die Heinrich und Wolsey bewogen,

die Scheidung zu betreiben, bewogen den Papst, ihr zu widerstreben. Gerade in der Zeit, in der die Scheidungsangelegenheit ihre akuteste Form annahm, von 1527 bis 1533, hing der Papst am vollständigsten von Karl V. ab, dessen Tante Katharina war. Clemens VII. bot alles auf, um Heinrich zu befriedigen; auch die Scheidung hätte er ihm bewilligt, und er wäre ein schlechter Papst gewesen, wenn er nicht einen kanonischen Grund dafür gefunden hätte, aber Karl wollte von einer solchen Konzession nichts wissen. So spitzte sich der Streit dahin zu, ob der Papst ein Werkzeug Englands oder Spaniens sein solle.

Die Lutheraner erklärten, die Scheidung auch nicht billigen zu können, sie rieten aber Heinrich VIII., nach dem Vorbild Abrahams und Jakobs zwei Frauen zu nehmen. Für Könige und Patriarchen habe Gott besondere Ehevorschriften gemacht. Luther erlaubte auch dem Landgrafen von Hessen, in Bigamie zu leben, »wegen der Versoffenheit und Häßlichkeit der Landgräfin«. Heinrich wies jedoch die Luthersche Erlaubnis verächtlich zurück.

Er hatte sich in seinem Größenwahn eingebildet, mit den Mächten konkurrieren zu können, die damals um die Beherrschung und Ausbeutung des Papsttums rangen: mit Franz I. von Frankreich und dem spanisch-deutschen Habsburger Karl. Auch nach der deutschen Kaiserkrone hatte er gestrebt. Und als der Papst Leo X. starb, bewarb sich Wolsey um die Tiara, ebenso 1523, nach dem Tode von dessen Nachfolger. Beidemal mußte Heinrich die Demütigung erleben, daß an Stelle seiner Kreatur Kreaturen Karls gewählt wurden: Hadrian VI. (1522 bis 1523) und Clemens VII. Die Ehescheidungsangelegenheit überzeugte Heinrich vollends, daß an eine Beherrschung des Papsttums durch ihn nicht zu denken sei, daß daher, wollte er diesem nicht unterwürfig werden, wollte er Herr im Lande, Herr der Kirche sein, nichts anderes übrig blieb als Losreißung vom Papsttum.

Zu diesem politischen gesellte sich noch ein ökonomisches Motiv: der große Schatz, den der geizige Heinrich VII. hinterlassen hatte, war längst in Krieg und Prunk verschwendet. Das Parlament von 1523 hatte aber gezeigt, daß, wie gefügig es auch sonst sich erwies, auf große Geldbewilligungen durch dasselbe nicht zu rechnen war. Was lag da näher, als nachzumachen, was die Herren Vettern in Deutschland so schön vorgemacht: die Geldnot durch die Einziehung des Kirchenvermögens zu beenden? Allerdings wurde die Auflösung der Klöster erst nach Morus' Tode ins Werk gesetzt, aber angedroht wurde sie schon vorher, dadurch die Geistlichkeit eingeschüchtert und bewogen, durch große Geldbewilligungen die Gunst des Despoten zu erkaufen. Erst, als es nichts Erhebliches mehr zu erpressen gab, ging man an die Einziehung der Güter.

Nirgends trat die Kirchenspaltung so offen, so schamlos als bloßes Ergebnis der Wollust, des Größenwahns und der Habsucht des Absolutismus auf, wie in England. An den Dogmen, am Ritual wurde nichts geändert, als daß an die Stelle des Papstes der König trat: der Lutheranismus wurde ebenso verpönt wie der Papismus.

Daß Morus sich mit dieser Art Reformation ebensowenig befreunden konnte, als mit den Anfängen des Lutheranismus, ist klar. Von seinem internationalen Standpunkte mußte er jede Bildung einer nationalen Kirche bekämpfen. Ebensowenig konnte er aber einer Vermehrung der fürstlichen Macht zustimmen. Im Gegenteil, er wollte sie beschränken, allerdings nicht so sehr von unten, als von oben. Er fühlte die Notwendigkeit einer Beschränkung, einer Unterordnung des Absolutismus; er glaubte jedoch im Volke nicht die nötigen Elemente hierzu zu finden, und so suchte er seine Zuflucht bei einer doktrinären Illusion, die er mit vielen Humanisten teilte, und die wir schon im ersten Abschnitt berührt haben: die Fürsten sollten vom Papst geleitet werden, dieser aber unter dem Konzil stehen und letzteres wieder mit dem Geiste des Humanismus erfüllt werden. Der alte Schlauch sollte bleiben, der Wein sollte erneuert werden. Und nun kam das Königtum und verwandelte die Kirche aus einer Schranke in ein Werkzeug! Da konnte Morus nicht mithelfen.

Lange hat er seine Einwendungen gegen die »Reformation« Heinrichs verschwiegen. Erst nachdem er in seinem Prozeß schuldig gesprochen worden war, rückte er mit der Sprache heraus und erklärte, daß England, welches nur einen kleinen Teil der ganzen Christenheit bilde, ebensowenig Gesetze erlassen könne, die den allgemeinen Gesetzen der Kirche widersprächen, als die City von London Gesetze gegen einen Parlamentsakt machen könne. Und er sagte weiter: »Wenn vielleicht auch nicht in diesem Königreich, so sind doch in der gesamten Christenheit die Bischöfe, Universitäten und gelehrten Männer in ihrer Mehrheit auf meiner Seite. ... Ich bin daher nicht verpflichtet, meine Überzeugung der Ratsversammlung eines Königreichs anzupassen entgegen der Vertretung (council) der gesamten Christenheit.«

Das ist in der Sprache seiner Zeit deutlich genug gesprochen.

Der Standpunkt Morus' war ebenso kühn, als er haltlos war. Wir haben schon im ersten Abschnitt auf die Haltlosigkeit des deutschen und englischen Humanismus hingewiesen und daraus sein rasches Verschwinden erklärt. Die Mehrzahl der Humanisten waren jedoch bloße Theoretiker, Professoren und Literaten, die sich duckten und zurückzogen, als der Sturm der Reformation losbrach. Ein Feuergeist wie Morus tat das nicht. Und wenn er es gewollt hätte, er hätte es nicht gekonnt. Sein politischer Einfluß war zu groß, als daß man ihn hätte unbeachtet verschwinden lassen: er mußte entweder dem König dienen oder untergehen. Mit dieser Alternative war sein Schicksal angesichts seines Charakters besiegelt.

Sein Untergang ging jedoch nur zögernd, Schritt vor Schritt, vor sich; er bereitete sich schon vor, indes Morus immer höher stieg und zur höchsten Würde im Reich nach dem König erhoben wurde. Allerdings hatte er von Anfang an sich gegen dessen Ehescheidung ausgesprochen und geweigert, für sie einzutreten. Heinrich hoffte jedoch bis zum letzten Moment, ihn zu gewinnen, und er hatte um so mehr Ursache, dies anzustreben, da Morus' Popularität damals womöglich im Steigen war. 1529 wurde dieser mit Cuthbert Tunstall und John Haclet nach Cambray abgesandt, um bei den Friedensverhandlungen zwischen England und Frankreich auf der einen und Spanien auf der anderen Seite England zu vertreten. Der Friede war namentlich für die englischen Kaufleute sehr wichtig, da der Handel mit den Niederlanden durch den Krieg sehr gelitten hatte. Morus und seine Genossen führten die Verhandlungen mit großer Geschicklichkeit[39] und erlangten einen über alles Erwarten günstigen Vertrag,

---

39 Rabelais läßt in seinem »Gargantua und Pantagruel«, 2. Buch, 18. bis 20. Kapitel, einen großen englischen Kanzler (un grand clerc d'Angleterre) Thaumaste auftreten, der Pantagruel in Paris aufsucht und mit ihm eine höchst komische Unterredung durch bloße Zeichen führt. Mit diesem Thaumaste soll unser Morus (Thomas) gemeint sein, und die für jedermann unverständliche Zeichensprache soll die diplomatischen Finessen der Friedensverhandlungen von Cambray persiflieren. Inwieweit das letztere richtig ist, vermögen wir nicht zu entscheiden. Dagegen halten wir es für zweifellos, daß mit Thaumaste Morus gemeint ist, nach der eingehenden Untersuchung von Esmangard (Oeuvres de Rabelais, edition variorum, augmentee.... d'un nouveau commentaire historique et plilologique par Esmangard et Eloi Johanneau. Paris 1823. 3. Band S. 437 bis 444). Manche französische Humanisten scheinen auf Morus nicht sonderlich günstig zu sprechen gewesen zu sein, seit seinem Streit mit Germain de Brie (Germanus Brixius), einem Zeitgenossen und guten Bekannten Rabelais'. Brixius schrieb 1513 ein Gedicht Herveus, sive Chordigerae navis conflagratio, in dem er ein Seegefecht zwischen einem englischen und französischen Schiff besang und die Franzosen auf Unkosten der Engländer herausstrich. Morus, darüber erbost, antwortete mit einem beißenden Epigramm gegen Brixius: »In Brixium Germanum false scribentem etc.«, welches dieser mit einem Kampfgedicht von 400 Versen erwiderte, dem »Antimorus«. Welch großes Aufsehen der Streit erregte und welches Ansehen Morus bei den Humanisten genoß, ersieht man daraus, daß der »Antimorus« drei Auflagen erlebte. Wir haben die Pariser Ausgabe von 1519 benutzt. Von den beiden anderen haben wir nur durch

mit dem die Engländer und namentlich die Kaufleute höchlich zufrieden waren. Einen so brauchbaren und beliebten Mann mußte man womöglich zu gewinnen suchen.

Als Wolsey den Intrigen der Anna Boleyn erlegen war, wurde daher Morus an dessen Stelle zum Lordkanzler von England ernannt (1529), der erste Laie in dieser Stellung, der nicht aus dem hohen Adel stammte. Wider Willen übernahm er die Stellung, aber ihm blieb keine Wahl. Seine Antrittsrede läßt uns seine Gemütsstimmung ahnen. Die Herzöge von Norfolk und Suffolk geleiteten ihn in öffentlichem Aufzuge in die Westminsterhalle, wo Morus sein Amt vor versammeltem Volke antrat. Der Herzog von Norfolk hielt eine schmeichelhafte Rede, in der er die Verdienste des neuen Lordkanzlers pries. Darauf antwortete Morus, daß er sich über seine Beförderung nicht so erfreut fühle, als andere Leute glaubten, wenn er seines weisen und mächtigen Vorgängers und dessen Falls gedenke. »Ich besteige diesen Sitz als einen Platz voll von Mühen und Gefahren und ohne jegliche wahre Ehre. Je höher die Ehrenstellung, desto tiefer der Fall, wie das Beispiel meines Vorgängers beweist. Wäre nicht des Königs Gnade, so würde mir dieser Sitz nicht angenehmer sein, als dem Damokles sein Schwert, das über ihm hing.«

Seine düsteren Ahnungen sollten sich nur zu bald erfüllen. Er versuchte es, neutral zu bleiben, aber es ging nicht. Er wurde bald vor das Verlangen gestellt, seinen Namen zu Handlungen herzugeben, die er aufs tiefste verabscheute. Heinrich zwang ihn, im Unterhaus die Gutachten der Universitäten von Paris, Orleans, Angers, Bourges, Toulouse, Bologna, Padua, die erkauft, und die von Oxford und Cambridge, die erpreßt waren, vorzulesen: diese Gutachten erklärten die Ehescheidung Heinrichs für eine kanonisch gültige. Da erkannte Morus, daß ein weiteres Bleiben im Amte mit seiner

---

Esmangard Kunde erhalten. Erasmus schlichtete den Streit und bewog Morus, von einer weiteren Antwort gegen Brixius abzustehen.

Überzeugung unverträglich sei, und er legte seine Stellung nieder (1532).

8. Morus' Untergang

Mit seinem Rücktritt war Morus' Schicksal entschieden. Er hatte sich gegen den Tyrannen erklärt in einem Moment, wo dieser aller seiner Diener bedurfte, in einem Moment, als er einen Kampf gegen eine Klasse von Bürgern des eigenen Reiches unternommen. Unter solchen Umständen zurücktreten, hieß in den Augen des Königs Rebellion und Hochverrat begünstigen. Jene Sorte von Historikern, die man als die Staatsanwälte der Vergangenheit bezeichnen kann, haben denn auch nicht ermangelt, so oft sie auf die Gerichtskomödie zu sprechen kamen, die zu Morus' Verurteilung aufgeführt wurde, sich mit dem Nachweis abzumühen, daß Morus wirklich ein Rebell und Hochverräter gewesen sei. So sagt der von uns schon einmal gekennzeichnete Froude: Der Hauptpunkt, um den sich der Kampf drehte, war der, ob der König das Haupt der Kirche sein solle oder nicht. Die Behauptung, er solle es nicht sein, war gleichbedeutend damit, daß die Exkommunikation gültig, daß Heinrich nicht mehr König sei(!). Die Leugnung, daß Heinrich das Haupt der Kirche sei, war also Hochverrat (Froude, History of England, 2. Band, S. 220, 221). Die bewußte Verlogenheit dieser geschraubten Logik kann man daraus ersehen, daß die Exkommunikation in Wirklichkeit nicht die Ursache, sondern die Folge der Hinrichtungen Morus' und der anderen »Märtyrer« war. Die Bannbulle wurde erst nach diesen Hinrichtungen abgefaßt und erst 1538 veröffentlicht, drei Jahre nach Morus' Tode.[40]

40   Einer der hervorragendsten Kenner des Zeitalters Heinrichs VIII., F. J. Furnivall, sagt von Herrn Froude, dem jetzigen bürgerlichen Modehistoriker Eng-

Wäre Morus wirklich Rebell gewesen, so würde uns das nicht mit Entrüstung erfüllen. Wenn wir diese Behauptung zurückweisen, so geschieht es also nicht, um Morus »reinzuwaschen«, sondern allein im Interesse der historischen Wahrheit. Die Fälschung der Herren Froude und Konsorten gibt nicht bloß dem Despotismus Heinrichs VIII., sondern auch Morus einen von seinem wirklichen ganz verschiedenen Charakter.

Morus zog sich vom öffentlichen Leben völlig zurück, ohne sich einen Augenblick darüber zu täuschen, was ihn erwartete. Aber der Schlag ließ länger auf sich warten, als er dachte. Morus' Einfluß und Ansehen war zu groß, als daß Heinrich nicht alles versucht hätte, ihn zu gewinnen, ehe er ihn vernichtete. Durch Belohnungen und Ehrenstellen ließ derselbe sich nicht verlocken. Vielleicht ließ er sich aber durch Drohungen beugen, durch die Not zwingen.

Ein System von Schikanen und Quälereien begann. Morus' Güter, die ohnehin nicht sehr ausgedehnt waren, wurden vom König konfisziert. An Bargeld besaß Morus nicht viel, er hatte seine Laufbahn bei Hofe ärmer beschlossen, als er sie begonnen. In großer Dürftigkeit lebte er nun in Chelsea bei London.

1533 wurde eine Anklage wegen Hochverrats gegen eine

---

lands: Die englischen Volkslieder »bieten eine sehr nützliche Berichtigung zu dem überschwenglichen Bild, das Herr Froude in seiner Geschichte von dem Zustand Englands in den Anfängen Heinrichs VIII. entwirft – einem Bild, welches eine ganz einseitige und falsche Darstellung der wirklichen Verhältnisse liefert«. (Vorrede zu »Ballads from Manuscripts. I. Ballads on the condition of England in Henry VIII. and Edward VI. reigns.« Edited by Frederick Furnivall. London 1868 bis 1872.) Die Volkslieder einer Zeit sind ein wichtiger Beitrag zu ihrer Erkenntnis. Die geschriebenen Quellen enthalten meist nur die Darstellungen der herrschenden Klassen; im Volkslied lernen wir den Standpunkt der Beherrschten kennen. Speziell die Volkslieder aus Heinrichs VIII. und seiner nächsten Nachfolger Zeit sind für uns deswegen bedeutsam, weil sie zeigen, wie unpopulär die Heinrichsche Reformation war und wie tief die »Utopia« ins Volk drang. Mehrfach finden sich Hindeutungen auf sie in den Balladen; namentlich ist das Wort von den Schafen, die Menschen fressen (vergl. nächsten Abschnitt), eine beliebte Wendung.

Nonne von Canterbury, Elisabeth Barton, erhoben, genannt die heilige Jungfrau von Kent, eine Betrügerin, die Visionen und dergleichen Zeug simulierte. Sie hatte prophezeit, der König werde keinen Monat nach Eingehung seiner Ehe mit Anna Boleyn am Leben bleiben. Morus wurde in den Prozeß verwickelt, weil er einmal zufälligerweise mit der Nonne zusammengetroffen war, der gegenüber er sich jedoch sehr reserviert verhielt, da er sie von vornherein als Betrügerin erkannte. Die Anklage war so unbegründet und Morus' Ansehen so groß, daß die Lords sich weigerten, die Bill (Gesetzvorschlag) anzunehmen, durch welche die Nonne von Kent und Genossen des Hochverrats schuldig erklärt werden sollten, wenn nicht Morus' Name von ihr gestrichen werde. Heinrich mußte sich dazu verstehen. Die Nonne wurde mit sechs anderen hingerichtet, Morus kam für diesmal mit heiler Haut davon. Als seine Tochter Margarete ihre Freude darüber aussprach, meinte er: »Aufgeschoben ist nicht aufgehoben.«

Der Herzog von Norfolk redete ihm zu, sich dem König zu beugen: »Es ist gefährlich, mit Fürsten zu kämpfen, und ich wünschte daher, Ihr würdet dem Wunsche des Königs nachkommen. Denn, bei Gott, des Fürsten Zorn bedeutet Tod.« »Ist das alles, Mylord?« erwiderte Morus. »Das macht zwischen mir und Euch nur den Unterschied, daß ich heute sterbe und Ihr morgen.«

Im November 1533 nahm das Parlament die Suprementsakte an, durch welche der König zum obersten Haupte der englischen Kirche gemacht wurde. Außerdem verordnete das Parlament, daß Heinrichs erste Ehe ungültig, seine zweite gültig sei; es schloß Katharinas Tochter Maria von der Nachfolge aus und erklärte Annas Tochter Elisabeth als die rechtmäßige Nachfolgerin Heinrichs. Ein Eid wurde aufgesetzt, in dem man die Anerkennung dieser Sätze beschwor, und allen Priestern von London und Westminster, daneben auch

Morus, vorgelegt. Er weigerte sich, den vollen Eid abzulegen, erklärte sich jedoch bereit, denjenigen Teil zu beschwören, der auf die Nachfolge Bezug habe. Infolge dieser Weigerung wurde er verhaftet und in den Tower als Gefangener gesetzt. Länger als ein Jahr blieb er dort, elend gehalten, bald auch seiner Bücher beraubt: umsonst, seine physische Kraft ließ sich brechen, seine moralische nicht, er verweigerte immer noch entschieden die Ablegung des Eides.

Da wurde ihm endlich der Prozeß gemacht.

Das Parlament hatte keine Strafen für Verweigerung des Eides festgesetzt. Um das gut zu machen, bestimmte es später, es sei Hochverrat, wenn jemand »böswillig (maliciously) wünsche, wolle oder erwarte, in Wort oder Schrift, daß des Königs Person, die Königin oder ihre Erben ihrer Würden und Titel verlustig gehen.«

Morus hatte seine Gründe der Eidverweigerung beharrlich verschwiegen. Schweigen war aber kein Hochverrat. In der Verlegenheit nahm man zu einem eigenartigen Zeugen seine Zuflucht, dem Staatsanwalt Rich, der erklärte, Morus habe sich ihm gegenüber ausgesprochen, das Parlament habe nicht das Recht, den König zum Haupte der Kirche zu machen.

Vergebens wies Morus darauf hin, wie unsinnig es sei, anzunehmen, daß er einem Menschen, den er seit langem als Lumpen kenne, ein Geständnis machen würde, das er niemand anderen gemacht habe. Vergebens erklärten andere Zeugen, die der Unterredung Richs mit Morus im Tower beigewohnt, daß sie nichts gehört hätten. Die Geschworenen waren des Zeugen würdig. Sie erklärten Morus ohne weiteres für schuldig, ohne auch nur die Anklageschrift gelesen zu haben. Das Urteil lautete: »Er soll zurückgebracht werden in den Tower mit Hilfe des Sheriffs William Bingston, und von da durch die City von London nach Tyburn geschleift, dort aufgehängt werden, bis er halbtot ist, dann abgeschnitten, solange er noch lebendig, seine Geschlechtsteile abgeschnitten, sein Bauch aufgeschlitzt, seine Gedärme ausgerissen und verbrannt werden. Dann soll man ihn vierteilen und auf jedem der vier Tore der City einen der vier Teile, den Kopf aber auf der Londoner Brücke aufstecken.«

Der König begnadigte Morus zur Enthauptung. Als Morus davon erfuhr, rief er aus: »Gott bewahre meine Freunde vor solcher Gnade!«

Der Humor ging Morus überhaupt nicht aus. Seine letzten Worte waren Witzworte.

Am 6. Juli 1535 wurde er im Tower hingerichtet. Das Schafott war schlecht zusammengefügt, es schwankte, als er es bestieg. Er sagte daher heiter zum Leutnant des Towers, der ihn geleitete: »Ich bitte, helft mir hinauf. Für das Herunterkommen will ich allein sorgen.« Er versuchte darauf zum Volke zu sprechen, wurde aber daran gehindert. »So wendete er sich nach einem Gebet«, berichtet Roper, »zum Scharfrichter und sagte ihm mit heiterer Miene: ›Nur Mut, Mann, fürchte dich nicht vor deinem Amte. Mein Hals ist kurz, ziele also gut, damit du keine Schande einlegst.‹«

So starb der erste der großen kommunistischen Utopisten.

Dritter Abschnitt

»Die Utopia«

Erstes Kapitel

Morus als Ökonom und Sozialist

1. Die Wurzeln von Morus' Sozialismus

Als Humanist, als Politiker stand Morus in erster Reihe unter seinen Zeitgenossen, als Sozialist war er ihnen allen weit voraus. Seine politischen, religiösen, humanistischen Schriften werden heute nur noch von einer sehr geringen Zahl von Historikern gelesen. Hätte er seine »Utopia« nicht geschrieben, sein Name wäre heute kaum bekannter als etwa der seines Freundes und Schicksalsgenossen, des Bischofs Fisher von Rochester. Sein Sozialismus hat ihn unsterblich gemacht.

Woher stammt dieser Sozialismus?

Wir glauben nicht, wie die Historiker der idealistischen Schule, an einen heiligen Geist, der die Köpfe erleuchtet und mit Ideen erfüllt, denen sich die politische und ökonomische Entwicklung anzupassen hat. Wir gehen vielmehr von der Ansicht aus, daß die Widersprüche und Gegensätze, welche die ökonomische Entwicklung in der Gesellschaft erzeugt, besonders glücklich veranlagte und situierte Menschen zum Denken anregen und zum Forschen bewegen, um die vor ihren Augen vor sich gehende Entwicklung zu verstehen und die Leiden, die sie mit sich bringt, zu beseitigen. Auf diese Weise entstehen die politischen und sozialen Ideen, die um so mehr auf ihre Zeitgenossen oder mindestens bestimmte

Klassen derselben wirken, je mehr sie den tatsächlichen augenblicklichen Verhältnissen entsprechen, je mehr sie im Interesse der aufstrebenden Klassen liegen, je richtiger sie sind. Daher kommt es, daß bestimmte Ideen nur unter bestimmten Verhältnissen wirken, daß Ideen, die zu einer gewissen Zeit auf Gleichgültigkeit, ja Hohn stoßen, einige Jahrzehnte später mit Enthusiasmus, oft ohne tiefere Prüfung als selbstverständlich aufgenommen werden. Die idealistischen Geschichtschreiber sind nicht imstande, zu erklären, wieso das kommt; sie müssen also, wie alle idealistischen Philosophen, in letzter Linie zum lieben Gott ihre Zuflucht nehmen, zu einem Mysterium: es ist der »Zeitgeist«, der entscheidet, ob eine Idee in der Gesellschaft Geltung erlangen soll oder nicht. Dieser Zeitgeist ist, wenn auch von Freidenkern und Atheisten akzeptiert, nichts als eine Neuauflage des heiligen Geistes.

Nur die materialistische Geschichtsauffassung erklärt die jeweilige Wirkung bestimmter Ideen. Es fällt ihr nicht ein, zu leugnen, daß jede Epoche ihre besonderen Ideen hat, die sie bestimmen, daß diese Ideen die Lokomotiven der gesellschaftlichen Entwicklung bilden. Sie bleibt aber dabei nicht stehen, sondern forscht nach der Triebkraft, welche diese Lokomotiven in Bewegung setzt, und findet sie in den materiellen Verhältnissen.

Es ist klar, daß sich Ideen einige Zeit vorher bilden müssen, ehe sie auf die Massen eine Wirkung ausüben können. Man wirft den Volksmassen gern vor, daß sie zu neuerungssüchtig seien. Sie hängen im Gegenteil ungemein zäh am Alten. Der Gegensatz der neuen ökonomischen Verhältnisse zu den überlieferten und den diesen entsprechenden Ideen muß schon ein ziemlich hochgradiger geworden sein, ehe sich die Masse seiner bewußt wird. Wo der Scharfblick des forschenden Denkers bereits unüberbrückbare Gegensätze der Klassen sieht, da bemerkt der Durchschnittsmensch nur zufällige persönliche Zwistigkeiten; wo der Forscher soziale Übel sieht, die nur durch soziale Umwälzungen beseitigt werden können, da tröstet sich der Durchschnittsmensch noch immer mit der Hoffnung, die Zeiten seien nur vorübergehend schlecht, sie werden bald wieder besser werden. Wir reden da gar nicht von den Mitgliedern verkommener Klassen, die in ihrer Mehrzahl nicht sehen wollen, sondern haben die aufstrebenden Klassen im Auge, deren Interesse es ist, zu sehen, die aber nicht sehen können, ehe sie nicht mit der Nase auf die neuen Verhältnisse gestoßen werden.

So kommt es, daß es so oft hochbegabte Denker gegeben hat, die ihrer Zeit voraus waren, das heißt ihren Zeitgenossen. Auch sie konnten nicht bestimmte Ideen entwickeln, ehe die denselben entsprechenden materiellen Verhältnisse vorhanden waren. Auch ihre Ideen wurden durch neu sich bildende materielle Verhältnisse bedingt, aber diese waren noch nicht scharf genug ausgeprägt, um die aufstrebenden Klassen für jene Ideen empfänglich zu machen.

Ein Denker kann aber, auf den materiellen Verhältnissen fußend, seiner Zeit noch um eine ganze Epoche weiter voraus sein, wenn er eine neuauftauchende Produktionsweise und ihre sozialen Konsequenzen nicht nur früher erkennt als die Mehrzahl seiner Zeitgenossen, sondern, davon ausgehend, durch einen dialektischen Prozeß im Kopfe bereits zu einer Ahnung der Produktionsweise gelangt, die ihr Gegenteil bildet, die sich aus ihr entwickeln wird.

Thomas Morus ist einer der wenigen, denen dieser kühne Gedankensprung gelungen ist: zu einer Zeit, wo die kapitalistische Produktionsweise noch in ihren ersten Anfängen war, gelang es ihm bereits, in deren Wesen so weit einzudringen, daß die gegensätzliche Produktionsweise, die er in seinem Kopfe ausmalte und jener entgegenstellte, um ihre Schäden zu beseitigen, schon mehrere der wesentlichsten Grundzüge des modernen Sozialismus enthält. Seine Zeitgenossen haben die Tragweite seiner Darlegungen natürlich nicht begriffen. Er selbst gelangte nicht zum vollen Bewußtsein derselben. Erst heute können wir sie voll ermessen: trotz der kolossalen ökonomischen und technischen Umwälzungen der letzten drei Jahrhunderte finden wir in der »Utopia« eine Reihe von Tendenzen, die heute noch in der sozialistischen Bewegung wirksam sind.

Da wir, wie gesagt, nicht zu den Historikern gehören, die die Ideen vom heiligen Geiste ableiten, so ist die erste Frage, die sich uns bei einer so außergewöhnlichen Erscheinung aufdrängt, die nach ihren Ursachen. Wollen wir nicht auf Spiritismus und Hellseherei verfallen, dann muß es eine eigentümliche Verkettung von Umständen gewesen sein, die den einzigen Morus zu seiner Zeit geneigt und befähigt zu sozialistischen Theorien machte – der Sozialismus Münzers war ganz anderer Natur als der Morus' und kann daher hier nicht in Betracht kommen.

Trotzdem keiner der Biographen Morus' sich bisher – aus naheliegenden Gründen – mit dieser Frage befaßt hat und Morus selbst uns darüber nur wenig Aufschlüsse gibt, glauben wir wenigstens einige dieser Ursachen, teils persönlicher, teils lokaler Natur, aufzeigen zu können, die im Zusammenhang mit der allgemeinen Situation, die wir im ersten Abschnitt schilderten, es verständlich machen, daß der Sozialismus früher als der Kapitalismus, sein Vater, einen theoretischen Ausdruck gefunden hat.

Diese Umstände sind, kurz zusammengefaßt, Morus' persönlicher Charakter, seine philosophische Schulung, seine ökonomische Tätigkeit und die ökonomische Situation Englands.

Morus' persönlicher Charakter darf wohl als eine der Ursachen seines Sozialismus betrachtet werden. Wir haben von Erasmus gehört, wie liebenswürdig, hilfsbereit, voll Mitleid für die Armen und Unterdrückten Morus war: er nennt ihn den Schutzpatron aller Armen.

Nur in den nordischen Ländern des Abendlandes waren im sechzehnten Jahrhundert die materiellen Verhältnisse der Bildung so uneigennütziger Charaktere günstig. Je näher nach Italien, desto ungünstiger wurden diese Bedingungen, desto mehr waltete in den Städten der eigensüchtige und eifersüchtige Kaufmannsgeist vor. In den Kaufmannsrepubliken Italiens wie an den Höfen der romanischen Monarchien herrschte die Selbstsucht unumschränkt, der große Charakterzug der neuen Produktionsweise; sie herrschte damals noch offen, kühn, voll herausfordernden revolutionären Trotzes. Es war eine großartige Selbstsucht, gänzlich verschieden von der feigen, verlogenen, niederträchtigen Selbstsucht von heute, die sich selbst als gemein betrachtet und hinter konventioneller Heuchelei verbirgt.

Ganz andere ökonomische Zustände als in den Städten Italiens und, in abgeschwächtem Maße, Frankreichs und Spaniens herrschten im ganzen und großen in denen Deutschlands und Englands. Noch war vielfach die Landwirtschaft und damit die Marktverfassung, also der urwüchsige Kommunismus, die Grundlage auch der städtischen Produktionsweise; die Trennung von Stadt und Land war noch nirgends in voller Schärfe vollzogen. »Noch im Jahre 1589 erkannte der Herzog von Bayern selbst an, daß die Bürgerschaft Münchens ohne gemeine Weide gar nicht bestehen könne. Der Ackerbau muß demnach damals noch ein Hauptnahrungszweig der Bürger gewesen sein.« (G. L. v. Maurer, Geschichte der Städteverfassung, 1. Bd., S. 273.) Im Beginn des sechzehnten Jahrhunderts bestand noch der urwüchsige Agrarkommunismus in England, der sich unter der Decke des Feudalismus erhalten hatte und erst damals anfing, einem anderen System der Landwirtschaft Platz zu machen. Noch herrschten damals, namentlich in der niederen Bevölkerung, die Charakterzüge vor, die dem urwüchsigen Kommunismus entsprachen, und wir finden sie bei Morus vollständig vor, nur wenig versteckt durch den modernen humanistischen und Höflingsanzug und die Selbstzensur, die ihm die Verhältnisse auferlegten. In seiner Heiterkeit, Zähigkeit, Unbeugsamkeit, Uneigennützigkeit und Hilfsbereitschaft sehen wir alle Charaktereigenschaften des kommunistischen »merry old England« ausgeprägt.

Aber das Mitleid mit den Armen macht noch nicht den Sozialisten. Allerdings, ohne Interesse für das Proletariat wird man kein Sozialist, am allerwenigsten dann, wenn man selbst kein Proletarier ist. Aber damit aus diesem Interesse sozialistische Gesinnungen und Ideen erwachsen, dazu gehört einmal eine eigenartige ökonomische Situation, das Vorhandensein eines arbeitenden Proletariats als dauernder Massenerscheinung und andererseits eine tiefgehende ökonomische Erkenntnis.

Das Bestehen eines bloßen Lumpenproletariats erzeugt die Mildtätigkeit, das Almosen, nicht einen modernen Sozialismus. Ohne ökonomische Erkenntnis gelangt man zu sentimentalen Phrasen und sozialen Schönheitspflästerchen, nicht zum Sozialismus.

In bezug auf die ökonomische Entwicklung war nun England zu Morus' Zeit sehr begünstigt, viel mehr, als zum Beispiel Deutschland. In bezug auf die Gelegenheit zu ihrer Erkenntnis war aber Morus' Stellung in den nordischen Ländern überhaupt fast einzig. Die einzigen Leute, die damals gelernt hatten, wissenschaftlich, methodisch zu denken, zu generalisieren, von denen also ein theoretischer Sozialismus ausgehen konnte, waren die Humanisten. Der Humanismus war aber im nordischen Europa ein exotisches Gewächs, an dem keine Klasse ein besonderes Interesse hatte. Während die Humanisten in Italien mitten im praktischen Leben standen und daher den ökonomischen und politischen Tendenzen ihrer Zeit und ihres Landes Ausdruck gaben, waren die deutschen Humanisten in ihrer überwiegenden Mehrzahl bloße Schulmeister, die vom praktischen Leben keine Ahnung hatten, die nicht aus der Vergangenheit ihre Waffen holten für die Kämpfe der Gegenwart, sondern sich vor diesen Kämpfen scheu in ihre Studierstuben zurückzogen, um ganz in der Vergangenheit zu leben.

Die Entwicklung Deutschlands trug nicht dazu bei, die Kluft zwischen der Wissenschaft und dem Leben zu schließen. Im Gegenteil, die Roheit, die Barbarei, die Verbauerung, der Deutschland vom sechzehnten Jahrhundert an in immer steigendem Maße verfiel, um sich erst am Ende des achtzehnten Jahrhunderts aus seiner Verkommenheit wieder zu erheben, machte die Erhaltung der Wissenschaft in Deutschland nur möglich dadurch, daß sie sich völlig vom wirklichen Leben abschloß.

Die Grundursache dieses Verkommens Deutschlands lag in der Veränderung der Handelswege seit dem Ende des fünfzehnten Jahrhunderts, welche in Deutschland die ökonomische Entwicklung nicht nur hinderte, sondern für einige Zeit geradezu in einen ökonomischen Rückgang verwandelte.

Die Entdeckungen der Portugiesen in der zweiten Hälfte des fünfzehnten Jahrhunderts eröffneten einen Seeweg nach Indien. Gleichzeitig wurden die alten Verbindungen mit dem Orient über Kleinasien und Ägypten durch das Vordringen der Türken unterbrochen, nachdem früher schon die Karawanenstraßen von Zentralasien durch Umwälzungen der dortigen Bevölkerungen verschlossen worden waren. Damit wurde nicht nur der Handel der Länder im Mittelmeerbecken lahmgelegt, sondern auch der der Städte an den großen deutschen Wasserstraßen, die nicht bloß den Handel zwischen Italien und dem Norden vermittelt, sondern zum Teil auch auf anderen Wegen mit dem Orient gehandelt hatten – über Trapezunt und das Schwarze Meer sowie auf dem Landweg über Rußland. Den deutschen Städten, vor allem den Hansastädten an der Ostsee und den Städten im südlichen

Deutschland, Nürnberg, Augsburg usw., waren damit die Lebensadern unterbunden. Weniger litten die Städte am Rhein und an den Flußmündungen der Nordsee, aber der Handel, den sie vermittelten, war ein unbedeutender und seine Richtung hatte gewechselt. Er ging nicht von Ost nach West, von Süd nach Nord, sondern umgekehrt. Antwerpen wurde für das sechzehnte Jahrhundert, was Konstantinopel im vierzehnten Jahrhundert gewesen und London im achtzehnten Jahrhundert werden sollte, das Zentrum des Welthandels, der Vereinigungspunkt der Schätze des Orients, zu denen sich nun auch die Amerikas gesellten, die sich von dort aus über ganz Europa ergossen.

Die Nähe Antwerpens mußte auf den Handel Englands, vor allem Londons, die anregendste Wirkung üben. Und bereits zur Zeit Morus' versuchte England selbständig überseeische Besitzungen zu erwerben, allerdings anfänglich noch ohne großen Erfolg. In demselben Maße, in dem der Handel Deutschlands sank, hob sich der Englands.

Und schon begannen sich aus dem Kaufmannskapital die Anfänge des industriellen Kapitals zu entwickeln: die Engländer begannen Wollmanufakturen nach flämischem Muster im eigenen Lande anzulegen, und bereits in der Zeit Heinrichs VIII. beginnen die Klagen über den Verfall des selbständigen Handwerkes in der Wollweberei. Italienische Kaufleute in England werden schon zu Richards III. Zeit in einem Parlamentsakt (an Act touching the merchants of italy) angeklagt, daß sie große Mengen Wolle aufkaufen und bei den Webern verarbeiten lassen. Bei dieser Gelegenheit eine kleine Bemerkung: Herr Professor Philippson erzählt uns in seinem »Westeuropa im Zeitalter von Philipp II., Elisabeth und Heinrich IV.«, Berlin 1882, S. 49, daß unter Heinrich VIII. »der kleine Handwerker aufgesogen, ja vernichtet« wurde durch – »die Großindustrie«! Von einer solchen war damals natürlich noch nicht die entfernteste Spur vorhanden, es sei denn, daß man jede von Kapitalisten ausgebeutete Industrie, auch die Hausindustrie, Großindustrie nennen wollte.

Viel mehr aber als diese Keime des industriellen Kapitals machten sich in England zu Morus' Zeit die Anfänge der kapitalistischen Produktionsweise in der Landwirtschaft bemerkbar. Es ist eine der merkwürdigsten Eigentümlichkeiten Englands, daß sich der Kapitalismus dort früher in der Landwirtschaft als in der Industrie entwickelte.

Die Ursache davon haben wir schon erwähnt: sie ist in der Güte der englischen Wolle zu suchen, welche sie zu einem weit und breit gesuchten Rohmaterial für die Wollmanufakturen machte. Neben der Wolle waren wichtige landwirtschaftliche Waren in England Bau- und Brennholz – wohl infolge des Anwachsens der Städte – und Gerste für die flämischen Bierbrauereien. Die Nachfrage nach der Wolle wuchs in dem Maße, in dem sich einerseits die Manufakturen, andererseits die Transportmittel entwickelten. Zunächst fand die englische Wolle vornehmlich ihren Markt in den Niederlanden; am Ende des fünfzehnten Jahrhunderts ging sie aber bereits bis nach Italien einerseits, Schweden andererseits. Man ersieht dies deutlich unter anderem aus zwei Handelsverträgen, die Heinrich VII. 1490 mit Dänemark und Florenz abschloß. (Geo. J. Craik, The history of british commerce. 1. Band, S. 203, 204.)

Mit dem Markte wuchs auch das Streben der Kaufleute und großen Grundbesitzer Englands nach Ausdehnung der Wollproduktion. Das einfachste Mittel hierzu war, daß die letzteren die Gemeindeweiden, auf deren Benutzung die Bauern ein Anrecht hatten, in immer steigendem Maße für sich allein in Anspruch nahmen. Damit verlor der Bauer immer mehr die Möglichkeit, Vieh zu halten, der nötige Dünger ging ihm verloren, sein ganzer Betrieb geriet in Unordnung, die Bauern eilten dem finanziellen Ruin entgegen. Aber die

Gier der großen Grundbesitzer nach Land wuchs rascher als die »Befreiung« der Bauern von Grund und Boden vor sich ging. Mit allen möglichen Mitteln wurde nachgeholfen. Nicht bloß einzelne Bauern, nein, mitunter die Bewohnerschaft ganzer Dörfer und selbst kleiner Landstädte wurde verjagt, um den Produzenten der wertvollen Ware, den Schafen, Platz zu machen.

Solange die Grundherren selbst ihre Güter bewirtschafteten, oder, was eine kurze Zeitlang vorkam, Teile derselben durch Pächter bewirtschaften ließen, denen sie das nötige Betriebsmaterial, Ackerbaugeräte, Vieh usw. vorschossen, hatte die Ausdehnung ihrer Güter immer noch eine gewisse Grenze an der Beschränktheit des Betriebsmaterials, das der Grundherr besaß. Eine Erweiterung des Gutes war zwecklos, wenn er nicht die Mittel hatte, gleichzeitig sein Betriebsmaterial zu vermehren. Diese Grenze fiel weg und der Landhunger der großen Grundbesitzer wurde ein maßloser, als der kapitalistische Pächter erstand, der den gepachteten Grund und Boden mit eigenem Kapital durch Lohnarbeiter bewirtschaftete. Diese Klasse tritt in England auf im letzten Drittel des fünfzehnten Jahrhunderts. Sie wächst rasch an im sechzehnten Jahrhundert infolge der unerhörten Profite, die sie damals machte, und die nicht nur die Akkumulation ihres Kapitals beschleunigten, sondern auch Kapitalisten aus den Städten anzogen.

Das Steigen der Profite ist namentlich der Entwertung von Gold und Silber zuzuschreiben, die durch die massenhafte Einfuhr von Edelmetallen aus Amerika nach Europa, zunächst nach Spanien, veranlaßt wurde: die Wirkung dieser Geldentwertung mag durch die Geldfälschungen der Fürsten wohl gefördert worden sein.[41]

Die Geldentwertung hatte im Laufe des sechzehnten

---

41 Rogers (Six Centuries etc., S. 345 ff.) legt den Geldfälschungen unseres Erachtens zu große Bedeutung in diesem Zusammenhang bei.

Jahrhunderts ein Steigen der Preise der Produkte der Landwirtschaft um das Zweieinhalb- bis Dreifache zur Folge. Die Grundrenten stiegen dagegen oft lange Zeit gar nicht, da die Pachtkontrakte für lange Termine liefen, sie wuchsen längst nicht in dem Maße wie die Preise der landwirtschaftlichen Produkte, sie sanken also, wenn nicht nominell, so doch tatsächlich. Der Profit der Pächter wuchs auf Kosten der Grundrente. Das vermehrte nicht nur die Kapitalien und die Zahl der Pächter, sondern es bildete auch einen neuen Sporn für die großen Grundbesitzer, nach Ausdehnung ihrer Güter zu streben, um auf diese Weise ihre Verluste wettzumachen.

Die Folge war eine rasche Proletarisierung der kleinen Bauern. Dazu kam gleichzeitig noch die Auflösung der feudalen Gefolgschaften, auf die wir hier nicht näher einzugehen brauchen, da wir sie schon im ersten Abschnitt behandelt haben und sie in England keine besonderen Eigentümlichkeiten aufweist. Die Gefolgschaften waren auf jeden Fall eine Last für das arbeitende Volk: dort, wo sie blieben, für die tributpflichtigen Bauern, von denen sie zu ernähren waren; dort, wo sie aufgelöst wurden, für die Lohnarbeiter, indem sie die Zahl der Arbeitslosen schwellten.

Das vierzehnte und fünfzehnte Jahrhundert bildeten das goldene Zeitalter für die Bauern und Lohnarbeiter Englands. Am Ende dieses Abschnitts stürzten beide plötzlich und unvermittelt in das tiefste Elend. Die Zahl der Arbeitslosen wuchs zu entsetzlicher Größe an. Die scheußlichsten Strafen waren natürlich weder imstande, ihre Zahl zu vermindern, noch auch sie von Verbrechen abzuhalten: die Strafe des Verbrechens war unsicher; sicher dagegen die Strafe der Enthaltung vom Verbrechen: der Hungertod.

Nicht viel besser als die Lage der Arbeitslosen war die Zahl der besitzlosen Arbeiter, die damals anfingen, in der Landwirtschaft eine zahlreiche Klasse zu bilden. Was die Gesetze der Parlamente in den vorhergehenden zwei Jahrhunderten nur unvollkommen erreicht hatten, das wurde vom sechzehnten Jahrhundert an leicht erreicht durch das erdrückende Gewicht der Reservearmee der Arbeitslosen. Die Reallöhne verringerten sich, die Arbeitszeit wuchs. Die Preise der Lebensmittel stiegen um 300 Prozent, die Löhne nur um 150 Prozent. Von Morus' Zeit an begann das stetige Herabsinken der englischen Arbeiter in Stadt und Land, deren Lage im letzten Viertel des achtzehnten und dem ersten des neunzehnten Jahrhunderts ihren tiefsten Stand erreichte, um sich von da an wenigstens für gewisse Schichten zu verbessern infolge der strammen Organisationen der Arbeiter, die sich seitdem bildeten, und der Konzessionen, die sie den herrschenden Klassen abrangen. Die günstige Lage, die ihre Brüder im vierzehnten und fünfzehnten Jahrhundert einnahmen, haben jedoch die englischen Arbeiter bisher nicht erreicht, über ein gewisses Maß können sie unter der kapitalistischen Produktionsweise nicht hinaus.

Die Löhne sanken ebenso wie die Grundrenten, die Profite wuchsen und damit der Kapitalismus.

Wenn sich der Kapitalismus zuerst der Industrie bemächtigt und dann erst der Landwirtschaft, so tritt er anfangs anscheinend wohltätig auf. Er muß auf beständige Erweiterung des Marktes, der Produktion hinarbeiten, indes die Zufuhr von Arbeitskräften nur langsam vor sich geht. Die stete Klage einer solchen Industrie am Anfang ist der Arbeitermangel. Die Kapitalisten müssen Handwerker und Bauern überbieten, um ihnen die Gesellen und Knechte wegzulocken; die Löhne steigen.

In dieser Art hat der Kapitalismus in manchen Ländern begonnen, er wurde als ein Segen begrüßt. Anders in England, wo er sich zuerst auf die Landwirtschaft warf und dieselbe revolutionierte, um ihre extensivste Form, die Weidewirtschaft, auszubreiten. Hand in Hand damit ging Überflüssigmachung von Arbeitern durch Verbesserung der Kulturmethoden. Der Kapitalismus in der Landwirtschaft bedeutet stets absolute, direkte Freisetzung von Arbeitern. In England ging diese Freisetzung in ihren schärfsten Formen vor sich, und das zu einer Zeit, wo sich die Industrie nur langsam entwickelte und nur wenig zuschüssige Arbeitskräfte verlangte – und am wenigsten die ungelernter Landarbeiter. Und Hand in Hand mit der Trennung der Arbeiter auf dem Lande von ihrem Produktionsmittel, dem Boden, ging die rasche Konzentration des Grundbesitzes in wenigen Händen.

Nirgends in ganz Europa lagen daher die der Arbeiterklasse ungünstigen Tendenzen der kapitalistischen Produktionsweise gleich in ihren ersten Anfängen so klar zutage, wie in England; nirgends schrien sie dringender nach Abhilfe.

Daß eine solche ökonomische Situation einen Mann von dem Charakter Morus' zum Nachdenken veranlaßte und ihn Mittel suchen hieß, den unerträglichen Zuständen abzuhelfen, ist einleuchtend. Morus war nicht der einzige, der solche Hilfsmittel suchte und vorschlug. Aus zahlreichen Schriften jener Zeit, aus zahlreichen Parlamentsakten ersehen wir, welch tiefen Eindruck die ökonomische Revolution machte, die damals vor sich ging, wie allgemein die schmutzigen Praktiken der Landlords und ihrer Pächter verurteilt wurden.

Aber keiner von denen, die Vorschläge zur Abhilfe machten, hatte einen weiteren Horizont, keiner von ihnen kam zur Überzeugung, daß den Leiden der neuen Produktionsweise nur ein Ende gemacht werden könne durch den Übergang zu einer anderen, höheren Produktionsweise, keiner von ihnen war ein Sozialist, außer Morus.

Nur im Bereich des Humanismus konnte, wie schon erwähnt, ein theoretischer Sozialismus erstehen. Als Humanist lernte Morus methodisch denken, generalisieren. Als Humanist erhielt er einen weiteren Gesichtskreis über den Horizont seiner Zeit und seines Landes hinaus: er lernte in den Schriften des klassischen Altertums Gesellschaftszustände kennen, die von denen seiner Zeit verschieden waren. Platos Ideal eines aristokratisch-kommunistischen Gemeinwesens mußte ihm Veranlassung geben, gesellschaftliche Zustände zu ersinnen, die, weil das Gegenteil der bestehenden, von ihrem Elend frei wären. Platos Autorität mußte ihm den Mut geben, ein solches Gemeinwesen für mehr als ein bloßes Hirngespinst zu halten, es der Menschheit als ein erstrebenswertes Ziel hinzustellen.

Insofern war der Humanismus der Entwicklung Morus' günstig. Aber die Situation in England war in wissenschaftlicher Beziehung eine ähnliche wie in Deutschland: der Humanismus blieb auch in England ein importiertes exotisches Gewächs, ohne Wurzeln im nationalen Leben, eine bloße Schulmeisterangelegenheit. Wäre Morus bloßer Humanist gewesen, dann wäre er wohl kaum zum Sozialismus vorgedrungen. Wir wissen jedoch, daß Morus' Vater, sehr zum Leidwesen des Erasmus und seiner anderen humanistischen Freunde, ihn den Studien bald entriß, um ihn zunächst an die juristische Schulbank, dann aber mitten in das praktische Leben zu versetzen. Wir wissen, in wie enger Verbindung Morus mit der Kaufmannschaft Londons stand, wie er ihr Vertrauensmann ward, der bei jeder wichtigen Gelegenheit ausgesandt wurde, ihre Interessen zu vertreten. Die Mehrzahl der Ämter, die Morus bekleidete, zwangen ihn zur Beschäftigung mit ökonomischen Fragen; die Übertragung dieser Ämter auf ihn beweist aber auch, daß er als ein der Ökonomie kundiger Mann galt.

Wir wissen, daß er ein beliebter Advokat war, daß er seiner Popularität wegen 1509 zum Untersheriff gemacht wurde, in welcher Stellung er genugsam Gelegenheit hatte, Einblick in das ökonomische Leben des Volkes zu gewinnen. Wir haben auch mehrere Gesandtschaften erwähnt, denen er beigesellt wurde, um die kommerziellen Verhandlungen zu führen. Die erste 1515 nach Brügge. In demselben Jahre ernannte ihn das

Parlament zu einem der Kommissare der Kanäle (commissioner of sewers), »eine Anerkennung seines praktischen Geschicks«, wie Seebohm sagt (Oxford Reformers, 2. Auflage, S. 337). Seine zweite Gesandtschaft ging 1517 nach Calais, Streitigkeiten zwischen englischen und französischen Kaufleuten beizulegen. 1520 sehen wir ihn als Gesandten in Brügge, um Streitigkeiten zwischen englischen Kaufleuten und den Hanseaten auszugleichen. Dann wird er Schatzkanzler, 1523 Sprecher im Unterhaus, beides Ämter, welche Erfahrung im Finanzwesen voraussetzen, und kurz darauf Kanzler des Herzogtums Lancaster, das heißt oberster Verwalter einer königlichen Domäne: wahrlich, wenn jemand Gelegenheit hatte, das ökonomische Leben seiner Zeit kennen zu lernen, so war es Morus. Und er lernte es kennen von dem modernsten damaligen Standpunkt aus, von dem des englischen Kaufmanns, vor dem sich eben der Welthandel erschloß. Diese innige Verbindung Morus' mit dem Handelskapital kann unseres Erachtens nicht scharf genug hervorgehoben werden. Ihr schreiben wir es zu, daß Morus modern dachte, daß sein Sozialismus ein moderner ward.

Wir glauben damit die wesentlichsten Wurzeln des Sozialismus Morus' bloßgelegt zu haben: sein liebenswürdiger, dem urwüchsigen Kommunismus entsprechender Charakter; die ökonomische Situation Englands, welche die der Arbeiterklasse nachteiligen Folgen des Kapitalismus besonders scharf erkennen ließ; die glückliche Verbindung klassischer Philosophie mit praktischer ökonomischer Tätigkeit – alle diese Umstände vereint mußten in einem so scharfen, so unerschrockenen, so wahrhaften Geiste, wie dem Mores, ein Ideal erstehen lassen, das als eine Vorahnung des modernen Sozialismus gelten darf.

2. Die ökonomische Kritik der »Utopia«

Morus hat keine ökonomischen Theorien aufgestellt; dazu war die Zeit noch nicht gekommen. Wie scharf er aber die ökonomischen Verhältnisse seiner Zeit beobachtete und wie klar er bereits den großen Grundsatz erkannte, der eine der Grundlagen des modernen Sozialismus bildet, daß der Mensch ein Produkt der materiellen Verhältnisse ist, in denen er lebt, und daß eine Menschenklasse nur gehoben werden kann durch eine entsprechende Änderung der ökonomischen Verhältnisse, das hat er in seiner »Utopia« bewiesen, deren kritischer Teil in manchen Punkten heute noch den vollen Reiz der Aktualität besitzt.

Wir können Morus' ökonomischen Scharfblick, seine Kühnheit und gleichzeitig seine Liebenswürdigkeit nicht besser zeichnen, als wenn wir ihn selbst sprechen lassen.

Wir wollen eine Stelle des ersten Buches der »Utopia« wiedergeben, die eine lebendige Schilderung des ökonomischen Zustandes Englands enthält. Die Stelle bildet eine Episode der Szene beim Kardinal Morton, aus der wir schon im dritten Kapitel des vorigen Abschnitts (S. 137 ff.) einige für Morus' kirchlichen Standpunkt charakteristische Ausführungen wiedergegeben haben.

Es ist Raphael Hythlodäus, der uns erzählt, was ihm passierte, als er nach England zum Kardinal Morton gekommen. »Eines Tages, als ich an seiner Tafel saß, war auch ein weltlicher Rechtsgelehrter an derselben, wohlbewandert in den Gesetzen deines (Mores) Landes. Dieser begann, ich weiß nicht, aus welcher Veranlassung, jene strenge Justiz zu loben, welche dort damals gegen Diebe geübt wurde; er erzählte, daß mitunter zwanzig an einem Galgen aufgeknüpft wurden, und es sei um so mehr zu verwundern, meinte er, da so wenige der Strafe entrönnen, welches widrige Geschick es verursache, daß trotzdem noch überall so viele herumstrolchten.

»Darin liegt nichts Wunderbares, erwiderte ich (Raphael), denn ich nahm mir heraus, vor dem Kardinal ungescheut meine Meinung zu sagen, da diese Bestrafung der Diebe ungerecht und dem Gemeinwesen nicht nützlich ist: denn sie ist zu grausam als Bestrafung des Diebstahls und ungenügend zur Abschreckung. Einfacher Diebstahl ist kein so großes Verbrechen, daß es den Tod verdiente. Und es gibt keine Strafe, die schrecklich genug wäre, diejenigen vom Stehlen abzuhalten, denen nur das eine Mittel übrig bleibt, um nicht Hungers zu sterben. In dieser Beziehung gleicht nicht bloß ihr, sondern der größte Teil der Menschen schlechten Lehrern, die ihre Schüler lieber prügeln als belehren. Statt über die Diebe große und entsetzliche Strafen zu verhängen, wäre es besser, Vorkehrungen zu treffen, daß sie ihren Lebensunterhalt finden könnten, so daß kein Mensch gezwungen wäre, zuerst zu stehlen und dann dafür zu sterben.

»Dafür ist völlig ausreichend gesorgt, erwiderte er, sie könnten im Handwerk und in der Landwirtschaft ihr Brot verdienen, wenn sie nicht vorsätzlich nichtsnutzig wären.

»Damit sollst du mir nicht entschlüpfen, erwiderte ich. Ich will nicht von denen reden, die verstümmelt und verkrüppelt aus den Kriegen heimkehren: so vor nicht langer Zeit aus der Schlacht gegen die Leute von Cornwall[42] und vordem noch aus den Kriegen gegen Frankreich. Von diesen, die ihr Leben für das Gemeinwesen oder den König eingesetzt haben und nun zu schwach oder verkrüppelt sind, um ihr früheres Handwerk fortzubetreiben, und zu alt, um ein neues zu lernen, von denen will ich nicht reden, da Kriege sich nur von Zeit zu Zeit ereignen. Aber betrachten wir die Dinge, die täglich vorkommen. »Da ist zuerst die große Menge von Edelleuten, die müßig, gleich Drohnen, von der

---

42   1497 empörten sich die Bewohner von Cornwall gegen Heinrich VII. und marschierten auf London, wurden aber in der Schlacht von Blackheath geschlagen.

Arbeit anderer leben, nämlich von der Arbeit ihrer Bauern (colonis), die sie bis aufs Blut aussaugen, indem sie ihre Abgaben erhöhen. Einzig diesen gegenüber sind sie geizig, sonst von einer Verschwendungssucht, die nicht einmal die Aussicht auf den Bettelstab zügelt. Aber sie begnügen sich nicht damit, selbst müßig zu leben, sie halten auch ungeheure Scharen von müßigen Gefolgen (stipatorum), um sich, die niemals eine Kunst gelernt haben, durch die sie ihr Brot verdienen könnten. Stirbt ihr Herr oder werden sie selbst krank, dann weist man ihnen ohne weiteres die Tür, denn die Edelleute ernähren lieber Faulenzer als Kranke, und oft ist der Erbe des Verstorbenen nicht imstande, ein so großes Haus zu führen wie dieser und so viele Leute zu halten. Die so auf die Straße Geworfenen haben nur die Wahl, entweder ruhig zu verhungern oder zu stehlen und zu rauben. Was könnten sie denn sonst tun? Sind sie so lange herumgewandert, bis ihre Kleider schäbig geworden sind und ihre Gesundheit gelitten hat, dann nimmt sie kein Edelmann mehr in seinen Dienst. Die Bauern aber wagen es nicht, ihnen Arbeit zu geben, da sie sehr wohl wissen, daß solche Leute nicht das Zeug dazu haben, einem armen Manne mit Karst und Spaten für geringen Lohn und schmale Kost ehrlich zu dienen, die aufgewachsen sind in Müßiggang und Lustbarkeiten, gewohnt, mit Schwert und Schild durch die Straßen zu stolzieren und herausfordernd um sich zu blicken, zu hochmütig, um sich zu einem gewöhnlichen Menschen zu gesellen.

»Gerade diese Menschenklasse müssen wir hochhalten, erwiderte der Rechtsgelehrte. Denn in ihnen als Männern mit kraftvollerem Herzen,[43] kühnerem Geiste und männli-

---

43   In der englischen Übersetzung ist nicht vom Herzen, sondern vom Magen die Rede, aus dem die realistischen Engländer gern die Gemütsbewegungen und Temperamente ableiten. So wie hier von »stowter stomackes« und etwas später von »bolde stomackes« die Rede, so heißt es auch in der englischen Bibelübersetzung im 101. Psalm, 5: »whoso hath a proud look and high stomach«; in der Lutherschen Bibel lautet die Stelle: »der stolze Gebärden und hohen Mut hat«.

cherem Mute, als wir bei Handwerkern und Bauern finden, beruht die Kraft und Stärke unserer Armee, wenn es zum Kriege kommt.

»Ebensogut könntest du sagen, erwiderte ich, daß man um des Krieges willen Räuber züchten soll. Denn daran wird es euch nie fehlen, solange diese Klasse besteht. Und in der Tat, Räuber sind nicht die schlechtesten Soldaten, und Soldaten nicht die furchtsamsten Räuber; so gut passen beide Beschäftigungen zusammen. übrigens ist dies Übel nicht auf England beschränkt, sondern fast allen Nationen gemein. Frankreich leidet an einer noch verheerenderen Pest. Das ganze Land ist da selbst in Friedenszeiten (wenn man das Frieden nennen kann) von Söldnern erfüllt und belagert, die unter demselben Vorwand zusammengebracht werden, unter dem ihr die müßigen Gefolgschaften erhaltet. Die verrückten Staatsweisen (morosophi) glauben, das Staatswohl erfordere es, eine starke und zuverlässige Besatzung ständig unter den Waffen zu halten, besonders aus Veteranen bestehend, denn zu Rekruten haben sie kein großes Zutrauen. So daß es den Anschein hat, als wenn sie Kriege anzettelten, um geübte Soldaten zu bekommen und gewandte Totschläger, damit nicht, wie Sallust gut sagt, ihre Hände oder ihre Herzen in der Ruhe des Friedens erschlaffen. Aber wie gefährlich und verderblich es ist, solche wilde Tiere zu halten, haben die Franzosen auf ihre Unkosten kennen gelernt, und die Beispiele der Römer, Karthager, Syrier und vieler anderer Völker sprechen laut genug. Bei diesen wurde nicht nur die Staatsgewalt, nein, auch das Landvolk, ja oft sogar die Städte von den eigenen Armeen unversehens angefallen und geplündert. Wie überflüssig ein stehendes Heer ist, kann man daraus ersehen, daß die französischen Söldner, die von den Kindesbeinen in den Waffen geübt werden, sich nicht rühmen, über eure (die englischen) ungeübten, rasch zusammengebrachten Kriegsleute oft den Sieg davongetragen zu haben. Doch darüber will ich kein Wort weiter verlieren, sonst könnte man glauben, ich wollte euch schmeicheln. Aber eure Handwerker der Städte und eure rauhen Ackersknechte scheinen auch keine Furcht vor den Gefolgschaften eurer Edelleute zu besitzen, ausgenommen einige Schwächlinge und vom Elend Gebrochene. Es ist also nicht zu befürchten, daß diese Gefolgen entnervt und kriegsuntüchtig würden, wenn man sie dazu erzöge, durch Handwerk und Landarbeit ihren Lebensunterhalt zu verdienen und ihre Arme zu kräftigen. Eher werden diese kraftvollen Leute (denn die Edelleute wollen nur auserlesene Männer in ihren Diensten zugrunde richten) heute durch ihren Müßiggang entnervt oder durch weibische Beschäftigungen verweichlicht. Auf keinen Fall scheint es mir von irgend welchem Nutzen für das Gemeinwesen, um des Krieges willen, den ihr nie habt, außer wenn ihr ihn wollt, unzählige Scharen dieser Menschensorte zu halten, die eine solche Plage in Friedenszeiten sind; und auf den Frieden solltet ihr doch tausendmal mehr bedacht sein als auf den Krieg. Aber das ist nicht die einzige Ursache des Stehlens. Es gibt eine andere, die euch Engländern ausschließlich eigentümlich ist.

»Welche ist das? fragte der Kardinal.

»Das sind eure Schafe, erwiderte ich, die sonst so sanft und genügsam waren, und nun, wie ich höre, so gierige reißende Bestien geworden sind, daß sie selbst Menschen verschlingen und ganze Felder, Häuser und Gemeinden verzehren und entvölkern. In den Landesteilen, in denen die feinste und kostbarste Wolle wächst, da bleiben Barone und Ritter und hochwürdige Prälaten nicht zufrieden mit den jährlichen Einnahmen, die ihren Vorfahren und Vorgängern aus dem Lande erwuchsen, nicht zufrieden damit, daß sie ein müheloses und lustiges Leben führen können, dem Gemeinwesen nicht zum Vorteil, sondern eher zur Last: sie verwandeln den Ackerboden in Viehweide, hegen die Weiden ein, reißen Häuser nieder und ganze Städte und lassen nichts stehen als die Kirchen, die sie in Schafställe verwandeln. Und obwohl wenig Grund und Boden bei euch durch Anlegung von Wildgehegen und Parks nutzlos gemacht worden ist, haben diese braven Leute alle bewohnten Plätze, alles Ackerland in Einöden verwandelt.

»So geschieht's,[44] daß ein gieriger und unersättlicher Vielfraß, die wahre Pest seines Geburtslandes, Tausende von Acres Land zusammenpacken und innerhalb eines Pfahles oder einer Hecke einzäunen, oder durch Gewalt und Unbill ihre Eigner so abhetzen kann, daß sie gezwungen sind, alles zu verkaufen. Durch ein Mittel oder das andere, es mag biegen oder brechen, werden sie genötigt, fortzutrollen, arme, einfältige, elende Seelen! Männer, Weiber, Gatten, Frauen, vaterlose Kinder, Witwen, jammernde Mütter mit ihren Säuglingen, und der ganze Haushalt, gering an Mitteln und zahlreich an Köpfen, da der Ackerbau vieler Hände bedurfte. Wegschleppen sie sich, sage ich, aus der bekannten und gewohnten Heimstätte, ohne einen Ruheplatz zu finden; der Verkauf von all ihrem Hausgerät, obgleich von keinem großen Wert, würde unter anderen Umständen einen gewissen Erlös geben; aber plötzlich an die Luft gesetzt, müssen sie ihn zu Spottpreisen losschlagen. Und wenn sie umhergeirrt, bis der letzte Heller verzehrt ist, was anders können sie tun, außer stehlen, um dann, bei Gott, in aller Form Rechtens gehangen zu werden, oder auf den Bettel ausgehen? Und auch dann werden sie ins Gefängnis geschmissen als Vagabunden, weil sie sich herumtreiben und nicht arbeiten; sie, die kein Mensch an die Arbeit setzen will, sie mögen sich noch so eifrig dazu erbieten. Denn die Arbeit des Ackerbaues, die sie verstehen, wird nicht betrieben, wo nicht gesäet wird. Ein einziger Schäfer genügt, um das weidende Vieh auf einem Landstrich zu überwachen, zu dessen Bestellung ehedem

---

44   Dieser Absatz ist in der Verdeutschung von Marx (»Kapital« 1. Band, S. 761) wiedergegeben.

zahlreiche Hände erforderlich waren. »Infolge des Rückganges des Ackerbaues werden aber auch in vielen Gegenden die Lebensmittel teurer. Ja, nicht nur das, auch der Preis der Wolle ist gestiegen, so daß die armen Leute, die sonst die Tücher zu weben pflegten, sie nicht mehr kaufen können und ohne Arbeit sind. Denn nachdem man so viel Land in Weidegrund verwandelt hatte, ging eine Menge Schafe an einer Seuche zugrunde; als wenn Gott so sehr über die unersättliche Habsucht sich erzürnt hätte, daß er die Viehseuche unter die Schafe sandte, die besser die Schafsbesitzer selbst befallen hätte. Und wie schnell sich auch die Schafe vermehren, der Preis der Wolle fällt doch nicht. Denn haben die Verkäufer auch kein Monopol, da es mehrere sind, so doch ein Oligopol.[45] Sind doch die Schafe fast alle in den Händen einiger weniger und zwar sehr reicher Leute, die es nicht notwendig haben, zu verkaufen, wenn es ihnen nicht beliebt, und denen es nicht beliebt, ehe nicht die Preise hoch sind.

»Wegen der Zunahme der Schafe ist auch ein Mangel an anderen Viehsorten eingetreten, da nach Beseitigung der Bauernhöfe niemand mehr sich mit der Aufzucht von Jungvieh abgibt. Denn die reichen Leute züchten nur Schafe. Das Großvieh aber kaufen sie auswärts um ein Billiges, mästen es und verkaufen es dann ungemein teuer wieder. Daher werden meines Erachtens die schlimmen Folgen der jetzigen Zustände noch nicht voll empfunden. Denn die Teuerung macht sich bis jetzt nur dort bemerkbar, wo sie ihr Vieh verkaufen. Aber wenn sie von dort, wo sie ihr Vieh kaufen, mehr fortziehen, als nachwachsen kann, dann wird auch in diesen Gegenden Mangel an Vieh und Teuerung entstehen.

»So hat die blinde Habgier einiger weniger gerade das, worauf das Wohlergehen eures Landes vornehmlich beruhte (die Schafzucht), in die Ursache eures Ruins verwandelt.

---

45   Oligos = wenig (griechisch). Poleo = ich handle. Monos = einzeln, einzig.

Denn die Teuerung der Lebensmittel zwingt zur Einschränkung, zur Verminderung des Gesindes, zur Auflösung der Gefolgschaften. Was bleibt den Gefolgen übrig, als zu betteln, oder, wozu edles Blut eher neigt, zu rauben?

»Die Sache wird nicht besser dadurch, daß neben dem Elend und der Not unzeitige Üppigkeit einreißt. Und nicht nur die Gefolgen der Edelleute, nein, selbst die Handwerker und beinahe die Landleute, alle Stände gewöhnen sich an auffallende Kleidermoden und an zu reichliche Mahlzeiten. Und Delikatessen, Kupplerinnen, Bordelle, Weinstuben, Bierstuben, Spielhöllen mit so vielen nichtsnutzigen Spielen, Würfel, Karten, Brettspiele, Kugel- und Ballspiele: werden dadurch nicht alle, die sich damit einlassen, direkt stehlen gesandt, sobald ihr Geld beim Teufel ist?

»Vernichtet alle diese Scheußlichkeiten, erlaßt Gesetze, welche diejenigen zwingen, die Häuser und Dörfer niedergerissen haben, sie wieder aufzubauen oder die Ländereien solchen zu übergeben, die sie wieder bebauen wollen. Duldet nicht, daß die reichen Leute alles aufkaufen und mit ihren Monopolen den Markt beherrschen. Laßt nicht so viele müßig gehen, erweckt den Ackerbau wieder, erneuert die Tuchweberei, so daß die Arbeitslosen ehrlichen Erwerb finden, die bisher aus Armut Diebe wurden oder Landstreicher, oder die müßige Gefolgen wurden und bald Räuber sein werden. Solange ihr für alle diese Übel keine Heilung findet, ist es umsonst, mit strenger Justiz gegen Raub und Diebstahl vorzugehen, einer Justiz, die mehr dem Schein dient als der Gerechtigkeit oder dem Gemeinwohl. Ihr laßt die Menschen in Nichtsnutzigkeit aufwachsen und sie vom zartesten Alter an von Lastern anstecken. Dann straft ihr sie, wenn sie herangewachsen sind und das tun, wozu ihnen von Jugend auf die Neigung eingeflößt worden ist. Ich bitte euch, was tut ihr anderes, als zuerst Diebe züchten und nachher aufhängen?«

Nachdem Morus durch seinen Helden Raphael Hythlodäus diese scharfe Kritik der ökonomischen Mißstände seiner Zeit gegeben, geht er über zur Untersuchung des besten Strafsystems. Im Gegensatz zu der scheußlichen Blutgesetzgebung seiner Zeit schlug er als Bestrafung des Diebstahls nicht den Galgen, nicht einmal das Gefängnis vor, sondern die Zwangsarbeit. Für seine Zeit eine unerhörte Milde.

Auf diese Ausführungen folgt dann die Kritik der politischen Zustände, von der wir einen bedeutenden Teil schon im letzten Kapitel des zweiten Abschnitts gegeben haben.

Wie nun all diesem Elend, diesen Mißständen abhelfen?

»Es scheint mir zweifellos, lieber Morus,« erklärte Raphael, »um offen, ohne Hinterhalt zu sprechen, daß, wo das Privateigentum herrscht, wo Geld der Maßstab aller für alles, es schwer, ja fast unmöglich ist, daß das Gemeinwesen gerecht verwaltet werde und gedeihe. Es sei denn, daß man es für Gerechtigkeit hielte, wenn alles Gute den Schlechtesten zufällt, oder für Gedeihen, wenn einigen wenigen alles gehört, welche wenige sich aber auch nicht behaglich fühlen, indes der Rest ein wahrhaft elendes Dasein führt.

»Wie viel weiser und erhabener erscheinen mir dagegen die Einrichtungen der Utopier, bei denen mit wenigen Gesetzen alles so wohl verwaltet ist, daß das Verdienst gebührend geehrt wird, und wo jeder Mensch im Überfluß lebt, trotzdem keiner mehr hat als der andere. Man vergleiche damit andere Nationen, die ununterbrochen neue Gesetze fabrizieren und doch nie gute Gesetze haben, wo jeder Mensch sich einbildet, zu eigen zu besitzen, was er erworben hat, und wo doch die unzähligen Gesetze, die tagaus tagein erlassen werden, nicht imstande sind, jedermann sicherzustellen, daß er sein Eigentum erwerbe oder erhalte, oder genau von dem des anderen unterscheide, wie man deutlich aus den vielen Prozessen ersieht, von denen täglich neue entstehen und keiner endet. Wenn ich alles das überlege, dann muß ich Plato Recht widerfahren lassen und wundere mich nicht darüber, daß er für Völker keine Gesetze machen wollte, welche die Gütergemeinschaft zurückwiesen. Dieser Weise erkannte, daß der einzige Weg zum Heil des Gemeinwesens in der wirtschaftlichen Gleichheit aller bestehe, was meines Erachtens nicht möglich ist, wo jeder seine Güter als Privateigentum besitzt. Denn wo jeder unter gewissen Vorwänden und Rechtstiteln so viel zusammenscharren darf, als er kann, da fällt der ganze Reichtum einigen wenigen anheim, und der Masse der übrigen bleiben Not und Entbehrungen. Und das Schicksal jener wie dieser ist meist gleich unverdient, da die Reichen in der Regel habgierig, betrügerisch und nichtsnutzig sind, die Armen dagegen bescheiden, schlicht und durch ihre Arbeit nützlicher für das Gemeinwesen als für sich selbst.

»Ich bin daher fest überzeugt, daß weder eine gleiche und gerechte Verteilung der Güter noch Wohlstand für alle möglich sind, ehe nicht das Privateigentum verbannt ist. Solange es besteht, werden die Lasten und die Kümmernisse der Armut das Los der meisten und der besten Menschen sein. Ich gebe zu, daß es andere Mittel als das Gemeineigentum gibt, diesen Zustand zu lindern, nicht aber ihn zu beseitigen. Man kann durch Gesetze bestimmen, daß kein Mensch mehr als ein gewisses Maß von Grundeigentum und Geld besitzen soll, daß weder der König eine zu große Macht haben, noch das Volk zu übermütig sein soll, daß Ämter nicht auf Schleichwegen oder durch Bestechungen und Kauf erlangt werden und kein Prunk mit ihrer Bekleidung verbunden sei: da alles das entweder Ursache wird, das verausgabte Geld wieder aus dem Volke herauszuschinden, oder die Ämter den Reichsten zufallen läßt, anstatt den Fähigsten. Durch dergleichen Gesetze können die Übel in Staat und Gesellschaft etwas gelindert werden, etwa wie ein unheilbarer Kranker durch sorgfältige Pflege noch eine Zeitlang aufrecht erhalten werden kann. Aber an eine völlige Gesundheit und Kräftigung ist nicht zu denken, solange jeder Herr seines Eigentums ist.

Ja, gerade indem ihr durch solche Gesetze einen Teil des Gesellschaftskörpers bessert, verschlimmert ihr das Geschwür an einem anderen Teil; indem ihr dem einen helft, schädigt ihr dadurch einen anderen, denn ihr könnt dem einen nur geben, was ihr einem anderen genommen habt.«

»Ich bin der gegenteiligen Meinung,« erwidert Morus, das heißt der Morus der »Utopia«, denn Thomas Morus' wirkliche Ansichten werden von Raphael ausgesprochen. »Ich glaube, die Menschen werden unter der Gütergemeinschaft sich niemals wohl befinden. Wie kann ein Überfluß von Gütern herrschen, wenn jeder suchen wird, sich der Arbeit zu entziehen? Niemand wird durch die Aussicht auf Gewinn zur Arbeit angespornt werden, und die Möglichkeit, sich auf die Arbeit anderer zu verlassen, muß Trägheit erzeugen. Und wenn nun Mangel unter ihnen einreißt und niemand durch das Gesetz in dem Besitz dessen geschützt wird, was er erworben hat, muß da nicht beständig Aufruhr und Blutvergießen unter ihnen wüten? Jede Achtung vor den Behörden muß ja schwinden, und ich kann mir überhaupt nicht vorstellen, welche Rolle sie spielen werden, wenn alle Menschen gleich sind.«

»Ich wundere mich nicht über diese Ansichten,« erwiderte Raphael, »denn du stellst dir ein solches Gemeinwesen entweder gar nicht oder falsch vor. Wärst du mit mir in Utopien gewesen und hättest du die dortigen Sitten und Gesetze kennen gelernt, wie ich tat, der ich dort über fünf Jahre lebte und das Land nie verlassen hätte, wäre ich nicht vom Wunsche getrieben worden, es hier bekannt zu machen: du würdest zugeben, daß du nie eine besser eingerichtete Gesellschaft gesehen hast.«

Damit ist der Anknüpfungspunkt gegeben, um zur Darstellung der Moreschen Idealgesellschaft überzugehen.

3. Die ökonomischen Tendenzen der Reformation in England

Ehe wir unserem Kommunisten in sein Utopien folgen, müssen wir noch auf eine Frage eingehen, ohne deren Beantwortung unsere jetzige Untersuchung unvollständig wäre: Wie reimt sich Morus' Abscheu vor jeder Ausbeutung mit seiner Verteidigung des Katholizismus, der Ausbeutung durch Klöster und den Papst?

Die Antwort darauf ist einfach folgende: Die Ausbeutung des Volkes durch den Katholizismus war in England zur Zeit Morus' eine geringe geworden. Viel mehr als diese trat dort die andere Seite des Katholizismus hervor, ein Hindernis der Proletarisierung der Volksmassen zu sein. Gerade als Gegner dieser Proletarisierung durfte also Morus für den Katholizismus eintreten, ganz abgesehen von den von uns bereits erörterten politischen und humanistischen Motiven, die ihn dazu bewogen.

England war eines der Länder gewesen, die am frühesten und stärksten der päpstlichen Ausbeutung verfallen waren. Seit dem vierzehnten Jahrhundert schwand aber immer mehr die Abhängigkeit Englands vom Papsttum, wie bereits im vierten Kapitel des zweiten Abschnitts ausgeführt, und damit verringerte sich auch zusehends die Ausbeutung Englands durch den römischen Stuhl. Es lag völlig im Belieben der Könige, wie weit sie diese duldeten. Die Päpste konnten nur dadurch Geld aus England herausbekommen, daß sie die Beute mit den Königen teilten. Der »Heilige Vater« und der »Verteidiger des wahren Glaubens« feilschten miteinander wie polnische Juden um den Anteil an dem Ertrag der päpstlichen Spekulationen auf die Dummheit. Als es sich um den Ablaßverkauf handelte, der den Anstoß zur Reformationsbewegung geben sollte, da bot der Papst Heinrich VIII. ein Viertel des Geldes, welches für die Ablässe in England gelöst werde, wenn dieser die Erlaubnis zum Verkauf gebe.

Heinrich aber erklärte, mit weniger als einem Drittel könne er sich nicht zufrieden geben. Die Ablässe wurden so eine Einkommensquelle der Könige, eine neue Steuer, welche die Päpste für sie eintrieben, um dafür, gegen einen Anteil, das volle Odium der Ausbeutung auf sich zu nehmen. Die Päpste waren in England Steuersammler der Könige geworden.

Und nicht nur die weltliche Macht, auch der Klerus war vom Papsttum fast völlig unabhängig geworden und verweigerte die Zahlung der kirchlichen Abgaben nach Rom, wenn es ihm oder dem Königtum nicht paßte. Derselbe Klerus, der Heinrich VIII. sechs Zehnte zahlte, lehnte es ab (1515, ein Jahr vor der Veröffentlichung der »Utopia«), dem Papst auch nur einen Zehnten zu bewilligen. Ja selbst, als dieser seine Forderung auf die Hälfte reduzierte, drang er nicht mit ihr durch.

Eine Losreißung vom Papsttum war also in England keineswegs, wie in Deutschland, das einzige Mittel, der Ausbeutung durch Rom ein Ende zu machen. Wir müssen aber die Stellung Morus' gegenüber der deutschen Reformation nach den englischen, nicht nach den deutschen Verhältnissen beurteilen. Morus erkannte von vornherein, daß die Reformation nicht eine ausschließlich deutsche Angelegenheit bleiben werde, und der Lutheranismus machte sich bald in England bemerkbar. Was sich aber der Lutheranismus in England vor allem zum Ziele setzte, das war nicht so sehr die Losreißung vom Papsttum, als die Konfiskation der Klöster und frommen Stiftungen, die in zahlreichen Flugschriften verlangt wurde. Sie ist später auch in der Tat das mächtigste ökonomische Motiv der Heinrichschen Kirchenreformation geworden. Heinrich wurde zu dieser getrieben aus einem politischen Grunde: seiner Niederlage im Kampfe mit Spanien um den Papst, und aus einem ökonomischen: seiner wachsenden Geldnot, die ihn nach dem Kirchenvermögen greifen ließ, als es untunlich und gefährlich geworden war, den Steuerdruck zu erhöhen. Seine Umgebung ermunterte ihn dazu: Großgrundbesitzer und Landspekulanten, die gierig auf den Augenblick lauerten, der das kirchliche Grundeigentum der »freien Konkurrenz«, das heißt den Landräubern, preisgäbe.

Das Grundeigentum der Kirche war in England ein bedeutendes. Eine Reihe von Zeugnissen gibt es auf ein Drittel des gesamten Grund und Bodens an, ähnlich wie in Deutschland und Frankreich (vergleiche 1. Abschnitt, S.43). Die höchste Schätzung, die wir gefunden, ist bei Wade, History of the middle and working classes, London 1835, S. 38ff., der angibt, der Grundbesitz der Kirche habe in England sieben Zehntel des gesamten Grund und Bodens ausgemacht, eine ungeheuerliche Angabe, für die uns leider nicht einmal die Spur einer Begründung geliefert wird. Wir wissen nicht, woher Wade diese von allen anderen so abweichende Angabe genommen hat. Vielleicht beruht sie auf einem bloßen Mißverständnis.

Auf diesem riesigen Grundbesitz erhielt sich die überlieferte Produktionsweise länger als auf den anderen Gütern Englands. Der Feudalismus war die ökonomische Grundlage, auf der die Macht und das Ansehen der Klöster beruhte. Sie hielten an ihr fest solange als möglich. Natürlich mußten auch sie der neu auftauchenden Produktionsweise Konzessionen machen, aber sie taten es widerwillig. In diesen festgefügten Korporationen erhielten sich die Traditionen des Feudalismus viel lebendiger als in dem neugebackenen Adel, der dem alten von den Rosenkriegen verschlungenen Adel gefolgt war. Während der junge Adel sich kopfüber in die kapitalistische Strömung seiner Zeit stürzte und die Gier nach Profit zu seiner vornehmsten Leidenschaft machte, sahen die Klöster in bezug auf ihr Grundeigentum immer noch die Grundlage ihrer Macht in der Verfügung nicht nur über Land, sondern auch über Leute. Sie fuhren vielfach fort, wie sie im Mittelalter getan, einen Teil ihres Grund und Bodens mit zahlreichen halbfeudalen Arbeitskräften selbst zu bewirtschaften. Sie suchten die Hörigen an sich zu fesseln, indem sie sie gut behandelten, und wenn sie deren Verwandlung in Pächter nicht länger hindern konnten, suchten sie sich ihrer dadurch zu versichern, daß sie ungemein lange Pachtverträge mit ihnen abschlossen. Die Klöster trugen daher zur Proletarisierung des Landvolkes nur wenig bei, ihre Güter waren am dichtesten mit Bauern besetzt.

Man kann sich denken, wie es wirken mußte, wenn alle diese Güter mit einem Schlage der kapitalistischen Ausbeutung preisgegeben wurden. Nicht nur die zahlreichen Bewohner der Klöster wurden ins Proletariat geschleudert, sondern auch der größte Teil ihrer Pächter und Hintersassen. Die Zahl der arbeitslosen Proletarier mußte plötzlich ungemein vermehrt werden. Mit den Klöstern fiel aber gleichzeitig auch die große mittelalterliche Organisation der Armenunterstützung; wir haben diese Rolle der Kirche schon im ersten Abschnitt auseinandergesetzt. England bietet in diesem Punkte keine besonderen Eigentümlichkeiten, wir brauchen ihn also nicht weiter zu berühren. Genug: die Einziehung der Klöster hieß Vermehrung der Zahl der Armen und gleichzeitige Vernichtung ihrer letzten Zuflucht.

Morus sah, wie in Deutschland die erste Wirkung der Reformation die war, daß Fürsten und Adel das Kircheneigentum an sich zogen; er sah, daß die Lutheraner in England ebenfalls am ungestümsten nach der Konfiskation der Kirchengüter schrien: gerade als Gegner der Proletarisierung und Ausbeutung des Landvolkes mußte er sich also, angesichts der eigentümlichen ökonomischen Situation Englands, gegen die Reformation erklären.

Und die Lutheraner blieben mit ihren Forderungen nicht bei den Klöstern stehen. Sie forderten auch die Einziehung des Gildenvermögens. Das großenteils in Grundeigentum angelegte Gildenvermögen, meist aus Stiftungen bestehend, diente zur Erhaltung von Hospitälern, Schulen und Versorgungshäusern, zur Unterstützung verarmter Zunftgenossen, zu Heiratsausstattungen, Witwen- und Waisenversorgungen und dergleichen. Welch mächtiger Hemmschuh der Proletarisierung, namentlich des Handwerkes, diese Stiftungen waren, ist leicht einzusehen. Zum Teil trugen sie einen kirchlichen Charakter, der Zeit gemäß, in der sie entstanden; sie waren mit Bestimmungen wegen Abhaltung von Seelenmessen, Erhaltung von Kapellen und dergleichen verbunden. Diese Bestimmungen bildeten den Punkt, an den die englischen Lutheraner anknüpften, um ihrer Gier nach dem Gildenvermögen einen religiösen Anstrich zu geben und dessen Konfiskation zu verlangen zur Unterdrückung der »abergläubischen Gebräuche«, die damit verknüpft waren.

So wie die Vertreter der Konfiskation des Kirchen- und Gildenvermögens nicht so sehr mit ökonomischen als religiösen Motiven ihre Forderung begründeten, so auch ihre Gegner deren Zurückweisung. Auch Morus folgte seinen Widersachern auf dies Gebiet und verteidigte das Kirchenvermögen und die frommen Stiftungen durch eine Verteidigung der Seelenmessen (in seiner supplication of souls, 1529).

Der Kampf um das Kirchengut wurde erst entschieden, nachdem dessen energischster und fähigster Verfechter auf dem Schafott gefallen war. Ein Jahr nach Morus' Hinrichtung wurden die kleineren Klöster eingezogen, 1540 die großen Klöster und Abteien. Da diese Konfiskationen infolge der liederlichen Wirtschaft Heinrichs VIII. und der schamlosen Betrügereien seiner Kreaturen der Ebbe im Staatsschatz kein Ende machten und auch die verzweifeltsten Geldfälschungen nichts mehr halfen, schritt man endlich zu dem gewagten Schritt der Vernichtung der Gilden und der Einziehung ihres Vermögens. Im vorletzten Jahre Heinrichs VIII. wurde ein dahin zielendes Gesetz erlassen, aber erst unter Heinrichs Sohn, Eduard VI., kam es zur Ausführung. Auch da wagte man sich an die mächtigen Gilden Londons nicht heran. Diese blieben verschont. (Vergleiche Thorold Rogers, Six Centuries, S. 110, 346 ff.)

Die englische Reformation unter Heinrich VIII. war eine der frechsten Handhaben, die Ausbeutung des Volkes zu steigern und einige charakterlose Kreaturen des Königs zu bereichern. Sie hatte demnach auch keine Wurzeln im Volke, sondern erregte vielmehr in steigendem Maße dessen Abneigung. Und als das, was Morus vorausgesehen und bekämpft hatte, zur vollendeten Tatsache geworden war, als das Volk den vollen Druck des begangenen Raubes empfand, da kamen die Tendenzen siegreich zum Durchbruch, für die Morus gestorben: das Volk empörte sich unter Heinrichs Sohne, Eduard VI., 1549 in furchtbarem Aufstand gegen die protestantische Kamarilla. Wohl wurde es niedergeschlagen, aber nach Eduards Tode (1553) gelang es den Volksmassen, die katholische Maria, Heinrichs Tochter von seiner ersten Gattin, der spanischen Katharina, auf den Thron zu erheben.

Wenn Morus gegen die Reformation auftrat, handelte er also nicht im Widerspruch zu den Interessen des ausgebeuteten Volkes. Sein Verhängnis bestand darin, daß er weiter blickte als die Masse, daß er die Folgen der Reformation voraussah, indes sie dem größten Teile des Volkes erst später zum Bewußtsein kamen, und daß es ihn drängte, sein Leben für seine Überzeugung einzusetzen, in einem Zeitpunkt, als diese noch nicht von einer mächtigen Strömung im Volke getragen wurde.

Die Reformation Heinrichs VIII. war nicht ein Kampf gegen Ausbeutung, sie kam keinem Bedürfnis im Volke entgegen. Erst unter Maria der Blutigen, die auf Eduard VI. folgte, entwickelte sich ein ökonomischer Gegensatz zwischen dem englischen Volke und dem Katholizismus, erst damals erhielt die Reformation des Absolutismus ein ökonomisches Interesse für große Volksklassen, erst damals bereitete sich jener Protestantismus vor, durch dessen Durchführung die Nachfolgerin der Maria, Heinrichs VIII. Tochter von Anna Boleyn, Elisabeth, so populär geworden ist.

Der Gegensatz, der der Reformation in England breitere Volksschichten gewann, war nicht der zwischen England und Rom, sondern der zwischen England und Spanien. Die Ausbeutung Englands durch den Papst war, wie wir wissen, schon vor der Reformation Heinrichs unbedeutend geworden, der Papst deshalb auch in England nicht so verhaßt wie in Deutschland. Aber in dem Maße, in dem England als Handelsstaat in den Vordergrund trat, in dem Maße wurden seine Interessen denen Spaniens feindlicher, der großen Handelsmacht des sechzehnten Jahrhunderts, die das westliche Becken des Mittelmeers beherrschte und nach der Alleinherrschaft auf dem Ozean strebte. Fast überall, wo der englische Handel sich zu entwickeln suchte, fand er den Weg durch Spanien versperrt oder doch eingeschränkt. Er erstarkte in stetem Kampfe gegen den Handel Spaniens, gegen den er mitten im Frieden einen erbitterten Guerillakrieg führte, er erstarkte durch systematische Seeräuberei. Von den Küsten der Pyrenäenhalbinsel bis in die Nordsee lungerten stets englische Kaperschiffe, auf die spanischen Silberschiffe von Amerika lauernd oder auf die reichen Kauffahrer, welche die Schätze Indiens von Lissabon nach Antwerpen führten. (Von 1580 bis 1640 war Portugal eine spanische Provinz.) Neben dem Sklavenhandel ward der Seeraub eine der Grundlagen von Englands Handelsblüte; beide wurden offiziell gefördert. Elisabeth sandte selbst Sklavenschiffe aus, die Schiffe ihrer Kriegsflotte nahmen am Seeraub teil, und Sklavenhändler und Seeräuber, wie der bekannte Weltumsegler Francis Drake, waren ihre Günstlinge. Vergebens suchte die Inquisition Spaniens, der die Hafenpolizei in diesem Lande unterstand, die Seeräuber abzuschrecken, indem sie jeden derselben, dessen sie habhaft wurde, verbrennen ließ. Die Engländer antworteten mit gleichen Grausamkeiten. Schließlich riß Philipp die Geduld und er rüstete die große Armada aus, den Herd der Seeräuberei zu vernichten; aber sie scheiterte bekanntlich in der kläglichsten Weise – ein beliebter Anlaß für liberale Historiker, um auf Kosten des spanischen »Fanatismus« und zugunsten der bürgerlichen Piraterie »freisinnig« zu tun.

Das Ergebnis des steten Kampfes um die Seeherrschaft waren grenzenlose Wut und glühender Haß zwischen den beiden Nationen.

Der Spanier ward im sechzehnten Jahrhundert der »Erbfeind« Englands, der Ausbund aller Scheußlichkeit für einen Briten. Der Papst aber war das Werkzeug Spaniens. Katholisch sein, hieß spanisch sein, hieß dem Erbfeind dienen, hieß Verrat am Vaterland, das heißt an seinen Handelsinteressen.

Aus diesem Gegensatz erwuchs der populäre Protestantismus der Elisabeth; erst durch ihn wurde die Reformation eine nationale Tat, die unter Heinrich VIII. vom ökonomischen Standpunkt aus ein bloßer Diebstahl eines verschuldeten Fürsten und einiger ebenfalls verschuldeten Wüstlinge und habgierigen Spekulanten gewesen war.

Die Reformation des Absolutismus war jedoch nicht die einzige reformatorische Bewegung Englands. Schon lange vor ihr hatte sich eine Sekte gebildet, die nicht nur die Ausbeutung durch die Kirche, sondern auch die Ausbeutung durch den König und die weltlichen Grundherren bekämpfte, die also dem fürstlichen Protestantismus ebenso feindlich war wie dem Katholizismus. Diese Sekte wurzelte fest in den niederen Volksschichten, gerade denen, für die Morus eintrat, unter den Bauern und den städtischen kleinen Handwerkern und Proletariern. Es waren die von uns schon erwähnten Lollharden, die an die Lehre Wiklifs anknüpften, bis sie im Calvinismus eine ihnen zusagendere Lehre entdeckten, worauf sie im Puritanismus aufgingen. Die Lollharden hatten eine Art Sozialismus entwickelt; aber derselbe war von dem Morus' total verschieden. Dieser zeigte sich noch ganz erfüllt, teils vom frischen Geiste des feudalen, urwüchsigen Katholizismus, teils dem genußfrohen Geiste der aufstrebenden Bourgeoisie, heiter und feingebildet. Der Sozialismus der Lollharden war der Ausdruck gequälter, verzweifelnder Klassen, die man so tief als möglich herabgedrückt hatte. Er war finster, trübselig, aszetisch, barbarisch.

Nimmt man zu diesem Gegensatz noch Morus' Abneigung vor jeder Volksbewegung, dann wird man begreifen, daß er sich mit den Lollharden nicht befreunden konnte.

Von seinem englischen Standpunkt aus beurteilte er aber auch die deutschen Wiedertäufer, die ihm halb als Lutheraner, halb als Lollharden erschienen. Sein Urteil über sie war nichts weniger als günstig. So schrieb er an Johann Cochläus: »Deutschland bringt jetzt täglich mehr Ungeheuer hervor, als Afrika jemals tat. Was kann ungeheuerlicher sein als die Wiedertäufer? Und doch, wie hat diese Pest seit einigen Jahren um sich gegriffen!« Und in seiner »Confutacion of Tyndalls answere« aus dem Jahre 1532 schreibt er: »Und so mögt ihr sehen, daß Tyndall nicht bloß diese scheußlichen Ketzereien behauptet, die er vorher schon lehrte, sondern die der Wiedertäufer seitdem dazu gesellt hat. Und er erklärt, daß die wahre Kirche bei ihm sei, und daß diejenigen mit der heiligen Schrift und dem Worte Gottes übereinstimmen, die da sagen, daß die Taufe der Kinder ungültig sei, daß keine Herrscher in der Christenheit bestehen sollen, weder geistliche noch weltliche, und daß niemand etwas sein eigen nennen solle, da alles Land und alle Güter nach Gottes Wort allen Menschen gemeinsam sein müßten, und auch alle Weiber gemeinsam allen Männern, sowohl den nächsten Verwandten wie den Fremdesten, und jeder Mann Gatte jeden Weibes und jedes Weib Gattin jeden Mannes, und schließlich, daß unser heiliger Erlöser Jesus Christus ein bloßer Mensch war und gar kein Gott.«

Die Verdammung des Kommunismus als einer »scheußlichen Ketzerei« durch den Kommunisten Morus scheint eine seltsame Inkonsequenz. Und doch ist sie keine zufällige persönliche Erscheinung, sondern tief im Wesen der Anfänge des Sozialismus begründet. Der Gegensatz zwischen Morus und Münzer enthält den Keim des großen Gegensatzes, der sich durch die ganze Geschichte des Sozialismus zieht, und der erst durch das Kommunistische Manifest überwunden worden ist, des Gegensatzes zwischen dem Utopismus und der Arbeiterbewegung. Der Gegensatz zwischen Morus und Münzer, dem Theoretiker und dem Agitator, ist im wesentlichen derselbe wie der zwischen Owenismus und Chartismus, zwischen dem Fourierismus und dem Gleichheitskommunismus in Frankreich.

So sehnsüchtig auch Morus wünschte, seinen Idealstaat verwirklicht zu sehen, so scheu bebte er vor jedem Versuch zurück, der Ausbeutung von unten her ein Ende zu machen. Der Kommunismus konnte sich daher von seinem Standpunkt aus nicht im Klassenkampf durch die Logik der Tatsachen entwickeln, er mußte im Kopfe fertig sein, ehe man daran denken konnte, einen der Mächtigen für ihn zu gewinnen, der ihn der Menschheit von oben herab aufoktroyieren sollte. Das war eine Illusion. Aber gerade ihr verdankte Morus seinen höchsten Triumph, ihr verdanken wir den ersten Versuch, eine Produktionsweise zu malen, die den Gegensatz zur kapitalistischen bildet, gleichzeitig aber an den Errungenschaften festhält, die die kapitalistische Zivilisation über die vorherigen Entwicklungsstufen hinaus gemacht hat, eine Produktionsweise, deren Gegensatz zur kapitalistischen nicht in der Reaktion besteht.

Zweites Kapitel

Die Ausgaben und Übersetzungen der »Utopia«. Ihre Komposition

Als Sozialist war Morus seinen Zeitgenossen weit voraus. Sie verstanden ihn nicht. Man darf jedoch nicht glauben, daß die »Utopia« deshalb zu denjenigen Schriften gehörte, die erst nach dem Tode ihres Verfassers Leser und Verständnis finden. Ihre volle Bedeutung könnte erst in unserem Jahrhundert klar werden, nachdem die Tendenzen des Sozialismus aufgehört haben, ein bloßer Traum zu sein und der Inhalt sehr realer Klassenkämpfe geworden sind. Aber die »Utopia« wurzelte so sehr in den Verhältnissen ihrer Zeit, verlieh dem allgemeinen Unbehagen dieser Übergangsperiode so kräftigen und entschiedenen Ausdruck und kam ihrem Bedürfen so sehr entgegen, daß sie, wenn auch weit entfernt davon, völlig verstanden zu werden, doch instinktmäßig als erhebender Trost im Elend mit Jubel begrüßt wurde. Das Buch fand reißenden Absatz. Die lateinischen Ausgaben folgten einander rasch. Die erste Ausgabe der »Utopia« erschien zu Löwen zu Ende des Jahres 1516. Bereits 1517 war eine zweite nötig. Es erschienen gleich zwei auf einmal, die eine in Paris, die andere, von Morus selbst besorgt, wurde in Basel von dem berühmten Buchdrucker Froben hergestellt. Der Titel ist ein nicht allzu bescheidener. Die Heuchelei war noch nicht so groß wie heutzutage, und jeder pries sein Buch selbst an, während man das Geschäft heute den guten Freunden überläßt, die es als »objektive Kritiker« besorgen.

Der Titel lautet: »Ein wahrhaft goldenes Büchlein vom besten Zustand des Gemeinwesens und von der neuen Insel Utopia, nicht minder heilsam als ergötzlich, verfaßt vom vortrefflichen und hochberedten Thomas Morus, Bürger und Untersheriff der weltbekannten Stadt London.[46]

Außer diesen beiden Ausgaben haben wir noch (an lateinischen) gefunden: eine aus Paris 1520,[47] aus Löwen 1548, Köln 1555, Hannover 1613, Köln 1629, Amsterdam 1631, Oxford 1663, Glasgow 1750. Vortrefflich ist die neueste Ausgabe, veranstaltet von V. Michels und Theobald Ziegler, Berlin 1895, als 11. Bändchen der »Lateinischen Literaturdenkmäler des fünfzehnten und sechzehnten Jahrhunderts«.

Man sieht aus der raschen Folge der Auflagen, welches Aufsehen das Buch erregte.

Aber es blieb auf das Lateinisch sprechende Publikum nicht beschränkt, bald wurde es in alle Sprachen der zivilisierten Welt übersetzt.

Die erste englische Übersetzung, von der wir wissen, kam 1551 heraus; bereits 1556 erlebte diese eine zweite Auflage, eine dritte erschien 1597, eine vierte 1624. Sie rührte von Raphe Robynson her[48] und ist eine gewissenhafte, treffliche Arbeit. Der Übersetzer stand Morus der Zeit und dem Orte nach so nahe, daß er den Geist des Originals besser wiedergeben konnte als die meisten nach ihm. Mit Recht ist diese

---

46 De optimo reipublicae statu, deque nova insula Utopia, libellus vere aureus, nec minus salutaris quam festivus, clarissimi disertissimique viri Thomae Mori inclytae civitatis Londinensis civis et vice comitis. Am Schlusse heißt es: Basileae apud Johannem Frobenium Mense Novembri MDXVIII.

47 1520 wird als das wahrscheinliche Datum des Erscheinens dieses Buches angegeben, das bei G. de Gourmont in Paris gedruckt wurde. Das Exemplar, das wir im britischen Museum gefunden, hat kein Titelblatt. Es beginnt mit einer Ansprache an den Leser: »Ad lectorem. Habes candide lector opusculum illud vere aureum Thomae Mori etc.«

48 A frutefull pleasaunt and wittie worke of the beste state of a publique weale, and of the new yle, called Utopia: written in Latine by the right worthie and famous Syr Thomas Morus Knyght, and translated into Englishe by Raphe Robynson etc.

Übersetzung neuerdings, sogar in mehreren Ausgaben, wieder veröffentlicht worden. Besonders brauchbar ist unter diesen die der Pitt Press Series, die bereits die zweite Auflage erlebt hat; sie enthält auch Ropers »Life of Sir Thos. More«, sowie mitunter recht nützliche Noten und ein Glossar mit Erklärung altenglischer, nicht mehr gebräuchlicher Ausdrücke.

1684 erschien eine Übersetzung von G. Burnet, die unzählige Auflagen erlebte.

Es sind auch moderne englische Übersetzungen der »Utopia« vorhanden, die leichter zu verstehen sind,[49] als die von Robynson, aber keinen Wert haben – soweit wir sie kennen.

Eine italienische Übersetzung erschien bereits 1548 in Venedig, eine spanische 1636 in Cordova. Die erste französische Übersetzung stammt aus dem Jahre 1550 von J. Le Blond. Ihr folgten zahlreiche andere (1643, 1650, 1715, 1730, 1789, 1842 usw.). Ein Auszug aus der »Utopia« war in Brissots de Warville »Bibliothèque philosophique«, 9. Band, 1782, enthalten, desselben Brissot, der das Wort aufbrachte: das Eigentum ist Diebstahl, und der in der französischen Revolution eine hervorragende Rolle spielte.

Eine niederdeutsche Übersetzung erschien 1562 zu Antwerpen.[50]

Die erste Übersetzung der »Utopia« (ihres zweiten Buches) war aber eine deutsche. Sie erschien ein Jahr vor dem großen Bauernkrieg, besorgt von Claudius Cantiuncula. Ein Spiel des Zufalls will, daß der Drucker dieses ersten sozialistischen Werkes, das in deutscher Sprache erschienen ist, Bebel hieß.[51]

---

49 Am leichtesten zugänglich wohl die von H. Morley, »Ideal commonwealths«, 23. Bändchen von Morley's Universal library. 1887 erschien die dritte Auflage des Bändchens.

50 De Utopie ...nu eerst overgesett in need Duytsche. Thantwerpen.

51 Der Titel des Buches lautet: »Von der wunderbarlichen Innsul Utopia genannt, das andre Buch, durch den wolgebornen, hochgelerten Herren Thomam

Von weiteren deutschen Übersetzungen sind uns noch bekannt die von Leipzig 1612 und zwei von Frankfurt aus den Jahren 1704 und 1753 (»Des Englischen Canzlers Thomas Morus Utopien, in einer neuen und freyen Übersetzung von J. B. K.« Sehr frei und sehr naiv). Daneben ist noch zu nennen, die billigste von allen, die zuerst 1846 bei Reclam erschien und dann in dessen »Universalbibliothek« wieder abgedruckt wurde. Sie kostet nur 40 Pfennig, ist aber keinen Schuß Pulver wert. Immerhin ist es besser, man liest die »Utopia« in dieser Ausgabe, als gar nicht. So jämmerlich auch der Übersetzer, Herr Hermann Kothe, unseren Morus zugerichtet hat, dieser ist nicht zum Umbringen, und seine Größe selbst in der Verhunzung noch erkennbar.

Herr Kothe scheint keine Idee davon gehabt zu haben, in welcher Sprache die »Utopia« verfaßt worden, denn er übersetzte sie unzweifelhaft aus – dem Französischen![52] Al-

---

Morum Fryherrn und des durchlüchtigsten großmechtigsten Künigs zu Engelland Schatzmeister, erstlich zu Latin gar kürtzlich beschrieben und ußgelegt. In der löblichen Statt Basel vollendet.« Am Schlusse des Buches steht: »Gedruckt zu Basel durch Joannem Bebelium. Im MDXXIIII. Jar, am sechzehnten Tag des Brach-Mons.« Die Vorrede ist unterzeichnet Claudius Cantiuncula aus Metz. Sie ist gewidmet »denn Edlen, Strengen, Frommen, Besten, Fürsichtigen, Ersamen Wysenherrn, Adelberg Meyer, Burgermeister und dem Rat der loblichen Statt Basel minen gnedigen und günstigen Herren.« Den Zweck seiner Übersetzung legt er in folgenden Worten dar: »Diewyl nun dise policy der Innsel Utopia, wie oben angezeigt die bastgeordnete älteste und bestendlichste yewelten gewesen und noch seyn soll, so von den mennschen ye angesehn worden, hab' ich darumb die histori sollicher Innsel Edlen, Strengen, Ersamen Wysenherrn als waren liebhabern aller recht uffgesetzten policyen und burgerlichen Regiments, zu einem pfand (der Dankbarkeit), wie obanzeygt, uß der latinischen in die tütsche sprach, so ich in diser loblichen Statt Basel gelernet, transferieren wöllen.«

52 Wir haben allen Grund, anzunehmen, daß der Franzose sich auch nicht an das lateinische Original hielt, sondern an die englische Übersetzung von Burnet (von 1684). Morus berichtet (nach Amerigo Vespucci) von einem Kastell (castellum), in dem einige von Amerigos Gefährten an der Küste von Brasilien zurückblieben. Burnet übersetzt dies Kastell mit Neukastilien, und genau denselben sonderbaren Bock finden wir bei Kothe wieder. Sollte das nur Zufall sein? Oder sollte uns die Reclamsche Ausgabe nicht vielmehr die Übersetzung der Übersetzung einer Übersetzung der »Utopia« gegeben haben?

lem Anschein nach hat er diese Übersetzung, die sehr frei gewesen ist, so viel als möglich wörtlich übertragen und dadurch den Charakter der Utopia völlig verändert. Die Übersetzung des Herrn Kothe erscheint uns mitunter ebenso ungeheuerlich, als wenn jemand Shakespeare auf dem Umweg übers Französische ins Deutsche übersetzt hätte. Was bei dem Franzosen eine ganz natürliche Ausdrucksweise sein mag, erhält durch die wörtliche Wiedergabe im Deutschen den Charakter mitunter der Gelecktheit, mitunter des theatralischen Pathos, der dem einfachen Charakter des Originals völlig zuwider ist. Dabei hat sich's Herr Kothe so bequem gemacht, eine Menge französischer Ausdrücke in seine »Übersetzung« einfach hinüberzunehmen, Ausdrücke, die sich erst seit dem achtzehnten Jahrhundert in die deutsche Sprache eingeschlichen haben und zur »Utopia« passen wie ein Frack zu einem eisernen Harnisch. Wir hören da von der Malice der Mönche (S. 32), den Conseils der Fürsten (47); bei den Diners und Soupers der Utopier, die in den Hotels der Syphogranten stattfinden, wird nach der Lektüre eines moralischen Buches serviert (78) usw. Von einer Wiedergabe des Geistes des Originals ist bei einer so gedankenlosen Übersetzung aus zweiter oder dritter Hand nicht die Rede. Aber nicht einmal der Sinn wird immer richtig wiedergegeben, sondern dank einer gründlichen Ignoranz des Übersetzers oft in Unsinn verwandelt. Den Sou macht er zu einer englischen Münze (S. 31), an Stelle von Äbten läßt er Abbés auftreten; die Gefolgen (stipatores) drückt er zu Bedienten herab (S. 15), wobei es ihn gar nicht geniert, daß später von ihrem »Mut und Sinn für Großes« die Rede und daß sie den Kern der englischen Armee bilden. Sonderbare Bedientenseelen! Im lateinischen Original kommt Raphael Hythlodäus – der natürlich zu einem Hythlodée umgetauft worden ist – nach Kalikut, einer indischen Stadt, die zu Morus' Zeit den Haupthandel Indiens mit Europa vermittelte. Da Herr Kothe von dieser Stadt nie etwas gehört hat, verwandelt er sie ohne Besinnen in Kalkutta, obgleich die Handelsstadt Kalkutta erst seit dem achtzehnten Jahrhundert besteht, erst ein Vierteljahrtausend nach der Abfassung der »Utopia« erstand.

Auf Seite 5 heißt es von Hythlodäus: »Das Studium der Philosophie, der er sich ausschließlich gewidmet, hat ihn veranlaßt, sich die Sprache von Athen vorzugsweise vor derjenigen Roms zu eigen zu machen. Daher wird er Ihnen über die geringfügigsten Gegenstände nur Stellen aus dem Cicero oder Seneca zitieren.« Als Herr Kothe diesen Satz niederschrieb, hat er sich entweder gar nichts gedacht, oder er hat angenommen, Cicero und Seneca seien Griechen gewesen. Morus hat solchen Unsinn natürlich nicht geschrieben. In Wirklichkeit ist der Inhalt der Stelle folgender: »Auf das Griechische verwendete er viel mehr Fleiß als auf das Lateinische, da er sich ganz der Philosophie ergeben hat. Auf diesem Gebiet ist aber in lateinischer Sprache nichts Bedeutendes vorhanden, mit Ausnahme der Schriften von Seneca und Cicero.« (Qua in re [philosophia] nihil quod alicujus momenti sit, praeter Senecae ac Ciceronis, exstare Latine cognovit.)

Eine wie unsinnige Darstellung der Moresche Kommunismus in einer solchen Übersetzung an manchen Stellen erfährt, kann man sich denken. So spricht Kothe zum Beispiel (S. 71) von einer Schätzung des Preises der Leinwand nach ihrer Weiße auf der kommunistischen Insel Utopia, während der Zusammenhang ergibt, daß pretium hier die Schätzung des Gebrauchswertes bedeutet. Oder kann uns Herr Kothe vielleicht darüber aufklären, wie die Preise in einer Gesellschaft aussehen, die kein Geld kennt?

Wir haben aus der Unzahl solcher Böcke nur einige aufs Geratewohl herausgenommen. Sie werden genügen, erkennen zu lassen, in welcher Weise man die »Utopia« dem deutschen Volke und namentlich den deutschen Arbeitern zugänglich gemacht hat, für welche andere Übersetzungen lange Zeit nicht existierten. Es gehört jedenfalls sehr viel Mut dazu, wie Herr Öttinger in seiner Vorrede zur Kotheschen Übersetzung (in der Ausgabe von 1846) getan, diese herauszustreichen und gleichzeitig den strengen literarischen Sittenrichter zu spielen. Öttinger jammert: »Unser Zeitalter ist ein rein papierenes. Alle Welt schreibt, und mancher, der nicht selber schreiben kann, übersetzt das, was andere geschrieben haben. ... Zum Glück aber ist der größte Teil dieser Übersetzungen ephemerer Schund.« Sollen wir die Übersetzung des Herrn Kothe zum unsterblichen Schund rechnen?

Erst 1896 erschien in der »Sammlung gesellschaftswissenschaftlicher Aufsätze«, herausgegeben von E. Fuchs, eine von Dr. J. E. Wessely besorgte Übersetzung der »Utopia«, welche die Kothesche weit übertrifft und allen zu empfehlen ist, die das Werk, deutsch lesen wollen. Freilich ist auch diese Übersetzung nur korrekter als die Kothesche, keineswegs schon gänzlich fehlerfrei. Und die Eleganz des Originals gibt sie nicht wieder. Der Übersetzer war kein Meister der deutschen Sprache, seine Sätze sind mitunter recht holperig, ja stellenweise geradezu unverständlich. Immerhin läßt sie den Charakter der »Utopia« besser erkennen als die Kothesche Ausgabe, auch hat sie vor dieser den Vorzug größerer Vollständigkeit voraus. Sie enthält eine Reihe von Gedichten und Briefen, die Morus der »Utopia« beigegeben hat und die in der Kotheschen Übersetzung einfach weggeblieben sind, darunter die Vorrede, in Gestalt eines Briefes an Morus' Freund Peter Giles in Antwerpen. Diese ist sehr wichtig, da sie uns zeigt, unter welchen Umstanden die »Utopia« zustande kam. Sie war nicht das Werk eines in seiner Studierstube vergrabenen Gelehrten, sondern eines Mannes, der mitten im gesellschaftlichen Leben und Treiben stand.

Er fingiert, als hätte er in der »Utopia« nicht die Frucht eigenen Nachdenkens niedergelegt, sondern nur aufgezeichnet, was ihm Raphael Hythlodäus erzählte. Eine solche Fiktion war zur Humanistenzeit nichts Ungewöhnliches. Die Griechen und Römer lieferten Vorbilder derselben – so legte zum Beispiel Plato in seinen Dialogen seine eigenen Ideen dem Sokrates in den Mund. Einen anderen für sich reden zu lassen, war aber im sechzehnten Jahrhundert mehr als die bloße Aufwärmung einer klassischen Form. Es war auch eine Vorsichtsmaßregel gegenüber dem argwöhnischen Despotismus.

Nachdem Morus auseinandergesetzt, daß er nur niedergeschrieben habe, was er von einem anderen gehört, fährt er fort: »Aber selbst zur Vollendung dieser geringen Arbeit ließen mir meine anderen Sorgen und Geschäfte fast keine Zeit. Jeden Tag nehmen mich meine Gerichtsgeschäfte in Anspruch: in der einen Sache muß ich reden, in der anderen hören, diese als Schiedsrichter erledigen, jene durch mein Urteil entscheiden. Jetzt erscheint dieser in Amtsangelegenheiten, dann jener in Privatgeschäften. Widme ich so bei Gericht fast den ganzen Tag Fremden, so gehört der Rest meiner Familie. Da bleibt mir für mich, das heißt für meine Studien, keine Zeit. Denn wenn ich heimkomme, habe ich mit meinem Weibe zu plaudern, mit meinen Kindern zu scherzen, mit meinem Gesinde zu sprechen. Alles das rechne ich zu meinen Pflichten, die erfüllt werden müssen. Und sie müssen erfüllt werden, wenn ich nicht im eigenen Hause ein Fremder sein will. Ein Mann muß sich Mühe geben, heiter und liebenswürdig mit denen zu sein, die die Natur oder Zufall oder eigene Wahl zu seinen Lebensgefährten gemacht hat, ohne sie durch zu großes Entgegenkommen zu verziehen oder seine Diener durch übergroße Nachsicht zu seinen Herren zu machen. Unter allen diesen Beschäftigungen vergehen die Tage, die Monate, die Jahre. Wann soll ich schreiben? Und da habe ich noch des Schlafens nicht gedacht, und des Essens, das bei vielen nicht weniger Zeit beansprucht als das Schlafen, welches doch fast die Hälfte des Menschenlebens einnimmt. Ich gewinne daher nur die Zeit für mich, die ich dem Essen oder Schlafen abstehlen kann.«

Nachdem er auf diese Weise entschuldigt, warum die »Utopia« nicht eher fertig geworden, ersucht er seinen Freund, das Manuskript, das er ihm sendet, durchzulesen und einzufügen, was er, Morus, etwa vergessen habe.

Durch diesen Brief wird der Leser sehr geschickt gleich in der Vorrede mit den Personen bekannt gemacht und für sie interessiert, deren Gespräche den Inhalt der »Utopia« bilden.

Morus tritt als der Erzählende auf. Er berichtet: Er sei von seinem König als Gesandter nach Flandern geschickt worden, um mit den Gesandten Karls von Kastilien zu verhandeln. (Vergl. 2. Abschnitt, S. 168.) Die Verhandlungen zogen sich in die Länge, und die Gesandten Karls reisten schließlich nach Brüssel, um neue Instruktionen zu holen. Diese Pause benutzte Morus, nach Antwerpen zu gehen, wo er viel mit Peter Giles verkehrte (demselben, an den die Vorrede gerichtet ist). Eines Tages begegnete er diesem auf der Straße mit einem Fremden, der einem Seemann glich. Es war Raphael Hythlodäus, ein Portugiese, der aus Abenteuerlust den Amerigo Vespucci bei seinen Fahrten nach Amerika begleitet hatte, »deren Beschreibung jetzt gedruckt in jedermanns Hand ist«. Auch dessen vierte Fahrt machte er mit und erlangte es, daß er einer der Vierundzwanzig war, die Amerigo in einem Kastell[53] in der neuen Welt zurückließ. Raphael blieb aber nicht dort. Er erwarb die Freundschaft der Eingeborenen und gelangte mit ihrer Hilfe in bis dahin unbekannte Gegenden, darunter hochzivilisierte, mit außerordentlich guten Einrichtungen, wie die der Utopier, bei denen er fünf Jahre zubrachte. Er verließ sie, um Europa ihr Beispiel vorzuführen, kam nach

---

53 Dieses ist das Kastell, das Kothe frei nach Burnet in Neukastilien verwandelt, die Heimat Don Quixotes!

Indien, fand in Kalikut portugiesische Schiffe und kehrte auf einem derselben heim.

Morus interessiert sich ungemein für den weitgereisten Mann und lädt ihn mit Peter zu sich ein. In Morus' Haus wird das Gespräch fortgesetzt. Peter Giles wundert sich sehr, daß Raphael seine ausgezeichneten Kenntnisse nicht im Dienste eines Fürsten verwerte. Das gibt den Anlaß zu jener Kritik der politischen und ökonomischen Zustände der damaligen Zeit, die wir in den vorhergehenden Kapiteln bereits kennen gelernt haben, einer Kritik, die mit dem Lobe des Kommunismus der Utopier abschließt, womit die Veranlassung gegeben ist, zu dessen Schilderung überzugehen.

Diese Exposition ist von einem bewunderungswürdigen Geschick. Die »Utopia« fiel in das Zeitalter der Entdeckungen. Der Horizont der europäischen Menschheit ward urplötzlich erweitert, neue, märchenhafte Welten taten sich vor ihren Blicken auf, die die Phantasie ebenso reizten wie die Habsucht. Jede Beschreibung einer neuen Entdeckung wurde gierig gelesen, jede fand Glauben. Erst kurz vor der »Utopia« waren die Briefe von Amerigo Vespucci bekannt geworden, in denen dieser seine Entdeckungen ankündigte. 1507 erschien die Darstellung seiner ersten vier Fahrten nach dem neuentdeckten Weltteil (seine quatuor navigationes) und machten dessen Dasein weiteren Kreisen bekannt, als es durch Kolumbus geschehen war. Welches Aufsehen diese Publikationen Amerigos erregten, kann man daraus ersehen, daß die neue Welt nach ihm benannt wurde. Auf seiner vierten Reise nach Amerika (1503 bis 1504) ließ Amerigo unter dem 18. Grad südlicher Breite in Brasilien 24 Mann zurück, die sich dort niederzulassen gedachten. (Sophus Ruge, Geschichte des Zeitalters der Entdeckungen, S. 335.)

Und nun ließ Morus einen dieser Vierundzwanzig auftreten und seine Reiseabenteuer erzählen. Es gab keine wirksamere Methode, um das allgemeine Interesse auf die »Utopia« zu lenken.

Außerdem hat Morus das Erfundene so geschickt an die wirklichen Tatsachen angeknüpft, daß in manchen Kreisen die Insel Utopia als ein wirklich bestehendes Land betrachtet wurde, keineswegs als ein undurchführbarer Traum – eine Utopie. Von verschiedenen Seiten wurde an den Papst das Ansuchen gestellt, Priester nach Utopien zu senden, um ihnen »unseren heiligen Glauben als Gegengabe für die herrlichen Ideen der Gesetzgebung zu bringen, die wir ihnen verdanken«. Daß man die »Utopia« mehrfach für eine tatsächlich bestehende Insel hielt, erfahren wir auch aus einem Briefe, den Beatus Rhenanus 1518 von Basel aus an Wilibald Pirkheimer, den bekannten Nürnberger Patrizier, richtete. Wir teilen eine größere Stelle aus dem Briefe mit, da er charakteristisch für das Ansehen ist, das Morus unter deutschen und französischen Humanisten genoß: »Wie sehr auch seine Scherze (die Epigramme) Morus' Geist und Bildung dartun, sein ungemein treffendes Urteil über die Verhältnisse hat er am vollendetsten (cumulatissime) in der ›Utopia‹ bewiesen. Ich habe nicht viel darüber zu sagen, da der so gründliche Budäus, dieser unvergleichliche Meister einer höheren Bildung, diese einzige Zierde Frankreichs, sie in einer stattlichen Vorrede gebührend gelobt hat. Jenes Geschlecht (die Utopier) besitzt Gesetze, wie sie weder bei Plato, noch bei Aristoteles, noch selbst in den Pandekten Eures Justinian zu finden sind. Und sind der Utopier Lehren vielleicht weniger philosophisch als jene, so um so mehr christlich. Dennoch (höre um der Musen willen jenes Histörchen), als hier jüngst in einer Gesellschaft gewiegter Männer die ‚Utopia' erwähnt wurde und ich sie lobte, erklärte ein feister Philister (quidam pinguis), das Verdienst Morus' sei nicht größer als das eines Kanzleischreibers, der bei Gericht die Aussagen anderer zu Protokoll nimmt und stumm den

Verhandlungen beiwohnt, ohne eine eigene Meinung zu äußern. Alles sei ja von Hythlodäus mitgeteilt und von Morus bloß niedergeschrieben worden. Das ganze Verdienst Morus' bestehe also in der trefflichen Wiedergabe des Gehörten. Und mehrere der Anwesenden zollten ihm Beifall.«

Auch unser Cantiuncula glaubte an die Existenz der Insel Utopia und versuchte in seiner Vorrede jeden Zweifel daran zu zerstreuen.

Seitdem ist der Philister bekanntlich sehr pfiffig geworden. Im sechzehnten Jahrhundert hielt er die Utopie für eine Wirklichkeit. Heute erklärt er die Wirklichkeit – nämlich die gesellschaftliche Produktion – für eine Utopie.

Man stellt, namentlich in Professorenkreisen, die »Utopia« vielfach als eine humanistische Spielerei hin, eine Wiederaufwärmung des Platonischen Kommunismus. Aber schon das erste Buch, die Einleitung mit dem kritischen Teile, zeigt, wie verschieden die »Utopia« von der Republik Platos ist, wie völlig modern. Der Anlaß, von dem die Untersuchung Platos ausgeht, ist eine einfache Disputation zwischen Sokrates und dem Sophisten Thrasymachos. Morus geht dagegen von einem jener Ereignisse aus, die zu den mächtigsten Hebeln gehörten, die feudale Gesellschaft aus ihren Angeln zu heben, von einer überseeischen Entdeckungsreise. Plato findet seinen Kommunismus bei der Darlegung des Begriffs der Gerechtigkeit. Der Kommunismus Morus' wird dagegen begründet mit einer Kritik der bestehenden politischen und ökonomischen Zustände.

Damit stellt er sich auf den Boden des modernen Sozialismus, der wesentlich verschieden ist von antiken Erscheinungen äußerlich ähnlicher Art. Und wie in seinen Ausgangspunkten, so ist auch in seinen Forderungen und Zielen der Kommunismus Morus' von dem Platos grundverschieden. Mehrere Äußerlichkeiten sind ihnen freilich gemein, aber nur oberflächliche Beschauer können sich dadurch täuschen lassen. Den Kommunismus Morus' dem Platos gleichzustellen, ist ungefähr ebenso vernünftig, als einen Ziegel und eine Rose für Wesen gleicher Art zu erklären, weil beide rot sind.

Drittes Kapitel

Die Produktionsweise der Utopier

1. Darstellung

In dem zweiten Buche der »Utopia« teilt Raphael Hythlodäus die Einrichtungen und Gebräuche mit, die auf der Insel Utopia herrschen und die ihn so entzückten. Hören wir zunächst, was er über Produktionsweise erzählt. Ihre häuslichen, ehelichen, politischen, religiösen und anderen Einrichtungen sind von dieser abhängig und ergeben sich aus ihr. »Die Insel Utopia«, berichtet Raphael, »zählt vierundzwanzig große und prächtige Städte, alle in Sprache, Sitten, Einrichtungen und Gesetzen einander gleich. Sie sind alle in derselben Weise angelegt und gebaut, soweit dies die Verschiedenheit der Örtlichkeiten zuläßt.

»Diese Städte sind jede von der anderen zum mindesten 24000 Schritte entfernt, aber keine so abgelegen, daß sie nicht von der nächsten in einer Tagreise zu Fuß erreicht werden könnte. ... Jeder Stadt ist ihr Ackerland so entsprechend angewiesen, daß ihr Gebiet nach keiner Richtung hin sich weniger als 20000 Schritte weit erstreckt, nach manchen Richtungen viel weiter, wo die Städte ferner auseinanderliegen. Keine dieser Städte strebt danach, ihre Grenzen auszudehnen, denn sie betrachten sich mehr als die Bebauer denn als die Herren des Landes.

»Auf dem flachen Lande haben sie allenthalben gut gelegene, mit Ackerbaugerätschaften wohl versehene Häuser. Diese werden von den Bürgern bewohnt, die abwechselnd aufs Land ziehen. Keine landwirtschaftliche Familie zählt weniger als 40 Mitglieder – Männer und Frauen – und zwei zum Hofe gehörige (ascripticii) Knechte.[54] Die Vorsteher der Familie sind ein Hausvater und eine Hausmutter, gewiegte und erfahrene Menschen, und an der Spitze von je dreißig Familien steht ein Phylarch.

»Aus jeder dieser Familien kehren jährlich 20 Personen in die Stadt zurück, nachdem sie zwei Jahre auf dem Lande zugebracht haben, und werden durch zwanzig andere aus der Stadt ersetzt, die von denen im Landbau unterrichtet werden, die bereits ein Jahr auf dem Lande gewohnt haben und daher die Landwirtschaft verstehen. Die Neugekommenen haben das nächste Jahr andere zu belehren. Diese Einrichtung hat man getroffen, weil man fürchtete, es könnte einmal Mangel an Lebensmitteln eintreten, wenn alle Landbebauer gleichzeitig unerfahrene Neulinge wären. Der Wechsel der Bebauer wurde eingeführt, damit niemand gegen seinen Willen gezwungen sei, allzulange die mühselige und harte Landarbeit zu verrichten. Aber gar manche finden am Landleben solches Gefallen, daß sie sich einen längeren Aufenthalt auf dem Lande erwirken.

»Die Landbewohner bestellen die Felder, besorgen das Vieh und hauen Holz, das sie nach der Stadt zu Land oder zu Wasser führen, wie es am gelegensten ist.« Sie brüten die Hühnereier künstlich mit Brutapparaten aus usw.

»Obgleich sie genau erforscht haben, wie viele Lebensmittel die Stadt samt ihrem Gebiet erheischt, so säen sie doch

---

54 Wir glauben, »servus« besser mit »Knecht« zu übersetzen als mit »Sklave«. Robynson übersetzt servi mit »bondmen«, Cantiuncula mit »eygen Lüte« oder »eygen Knecht«.

mehr Korn und ziehen mehr Vieh, als sie bedürfen, und teilen den Überschuß ihren Nachbarn mit.

»Was immer die Landbewohner brauchen, was man in Feld und Wald nicht findet, das holen sie sich aus der Stadt, wo es ihnen die Obrigkeiten gern und ohne Gegengabe ausfolgen; denn jeden Monat, an einem Feiertag, gehen viele von ihnen in die Stadt. Naht die Erntezeit, dann zeigen die Phylarchen der Ackerbaufamilien den städtischen Obrigkeiten an, wie vieler Arbeiter aus der Stadt sie bedürfen. Diese Schar zieht am festgesetzten Tage aufs Land, und mit ihrer Hilfe wird fast die ganze Ernte an einem einzigen Tage eingebracht, wenn das Wetter günstig ist.«

So viel vom Landbau. Begeben wir uns nun in die Stadt.

»Die Straßen sind sehr geschickt so angelegt, daß sie den Verkehr von Wagen ermöglichen und doch gegen den Wind schützen. Die Häuser sind schöne, große Gebäude, die ohne Zwischenraum in ununterbrochenen Reihen stehen. Der Weg zwischen den Häusern ist zwanzig Fuß breit.[55]

»An der Rückseite der Häuser zieht sich ein Garten durch die ganze Länge der Straße, ringsum von Häusern begrenzt. Jedes Haus hat ein Tor auf die Straße und eine Tür in den Garten. Die Tore sind mit doppelten Flügeln, die sich vor dem leisesten Druck der Hand öffnen und von selbst wieder schließen. Jeder darf eintreten, der will, so daß bei ihnen nichts besonders zu eigen ist. Und selbst die Häuser wechseln sie jedes zehnte Jahr nach dem Los.

»Auf ihre Gärten halten sie große Stücke. Sie ziehen darin Weinstöcke, Früchte, Kräuter und Blumen, so reizend und sauber, daß ich nie fruchtbarere oder zierlichere Gärten gesehen habe. Der Eifer, den sie darauf verwenden, stammt nicht allein aus dem Vergnügen an der Gärtnerschaft, sondern auch aus dem Wetteifer zwischen den einzelnen Straßen, den schönsten Garten zu haben. Und nicht leicht wird

---

55 So breit waren zu Morus' Zeit die idealen Straßen!

man etwas finden, was für die Bürger nützlicher und vergnüglicher wäre. ...«

»Ackerbau ist die Beschäftigung, der sich alle Utopier hingeben, Männer und Weiber, und die sie alle verstehen. Von Jugend auf werden sie darin unterrichtet. Teilweise in den Schulen durch Unterricht, teilweise durch Übung auf den Feldern in der Nähe der Stadt, wo ihnen die Landarbeit wie ein Spiel beigebracht wird; sie werden dadurch nicht nur der Arbeit kundig, sondern auch körperlich gekräftigt.

»Neben der Landwirtschaft, die, wie gesagt, von ihnen allen betrieben wird, erlernt jeder von ihnen noch ein Handwerk als eine besondere Beschäftigung. Das ist meist entweder Verarbeitung von Wolle oder Flachs oder Maurerei, die Kunst des Schmiedes oder des Zimmermanns. Die anderen Beschäftigungen sind nicht der Rede wert.

»Denn die Kleider sind auf der ganzen Insel nach demselben Schnitt, abgesehen davon, daß die Kleidung der Männer verschieden ist von der der Frauen, die der Verheirateten von der der Unverheirateten. Und dieser Schnitt bleibt stets derselbe, passend und angenehm für das Auge, den Bewegungen und Wendungen des Körpers nicht hinderlich, gleich geeignet für die Kälte wie für die Hitze. Diese Kleider verfertigt jede Familie für sich selbst. Aber von den anderen obenerwähnten Gewerben hat jeder eines zu erlernen, und zwar nicht nur die Männer, sondern auch die Frauen. Letztere, als die schwächeren, werden zu leichteren Arbeiten verwendet, meist zur Verarbeitung von Wolle und Flachs. Die mühsameren Gewerbe liegen den Männern ob.

»Meist wird jeder im Handwerk seines Vaters unterrichtet, denn dazu ist man in der Regel von Natur aus geneigt. Zieht aber jemand ein anderes Gewerbe vor, dann wird er in eine Familie aufgenommen, die dasselbe betreibt. Nicht nur der Vater, sondern auch die Obrigkeit sorgt dafür, daß er zu einem braven und rechtschaffenen Hausvater kommt.

»Hat jemand bereits ein Handwerk erlernt, so darf er sich trotzdem auch später noch zu einem anderen wenden, wenn er danach verlangt. Versteht er beide, dann mag er betreiben, welches er will, es sei denn, daß die Stadt des einen mehr bedarf als des anderen.

»Die vornehmste und fast einzige Aufgabe der Syphogranten (Phylarchen) besteht darin, darauf zu achten, daß niemand müßig geht und jeder sein Handwerk mit gebührendem Eifer betreibt. Damit ist aber nicht gemeint, daß die Utopier von früh morgens bis spät abends in unaufhörlicher Arbeit sich zu schinden haben, gleich Lasttieren. Denn das ist schlechter als die elendeste Sklaverei. Und doch ist es fast überall das Los der Arbeiter, ausgenommen in Utopien. Dort aber werden Tag und Nacht in 24 Stunden geteilt, und nur 6 davon sind zur Arbeit bestimmt: drei vormittags, worauf sie speisen gehen; und nach der Mahlzeit haben sie eine Rast von 2 Stunden, worauf sie wieder 3 Stunden arbeiten und sich dann zum Abendbrot begeben. Ungefähr um 8 Uhr abends gehen sie zu Bett (indem sie mit 1 Uhr die erste Stunde nach Mittag bezeichnen) und widmen dem Schlaf 8 Stunden. Alle die Zeit, die nicht von Arbeiten, Schlafen und Essen in Anspruch genommen ist, verwendet jeder nach seinem Belieben. ... Um sich aber keine falschen Vorstellungen zu machen, muß man eines ins Auge fassen – denn wenn man hört, daß sie bloß 6 Stunden auf die Arbeit verwenden, könnte man vielleicht zur Ansicht kommen, daß Mangel an notwendigen Dingen die Folge davon sein wird. Aber im Gegenteil. Diese kurze Arbeitszeit ist nicht nur genügend, sondern mehr als genug, um einen Überfluß an allen Sachen zu erzeugen, die des Lebens Notdurft oder Annehmlichkeit erfordert.

»Das wirst du einsehen, wenn du bedenkst, ein wie großer Teil des Volkes in anderen Ländern müßig geht. Da sind zuerst die Weiber, also die ganze Hälfte des Volkes, und wo die

Weiber eine Beschäftigung haben, da schnarchen dafür die Männer desto mehr. Und wie zahlreich und wie müßig daneben die Schar der Priester und frommen Männer, wie man sie nennt! Man füge dazu die Zahl aller Reichen, namentlich die Grundbesitzer (praediorum dominos), die man gewöhnlich die Gentry (generosos) und die Lords (nobiles) nennt. Zu diesen zähle ihr ganzes Gefolge, jenen zusammengelaufenen Haufen von Raufbolden und Windbeuteln. Endlich vergesse man nicht die arbeitsfähigen, vollkommen gesunden Bettler, die irgend ein Gebrechen heucheln. Viel geringer als du glaubst, wirst du die Zahl jener finden, deren Arbeit alles schafft, dessen die Sterblichen bedürfen. Und nun erwäge ferner, wie wenige wieder von diesen mit notwendigen Arbeiten beschäftigt sind. Denn wo alles mit Geld gemessen wird, da werden natürlich viele eitle und überflüssige Gewerbe ins Leben gerufen, die bloß der Verschwendung und Liederlichkeit dienen. Denn wenn man heute alle diese, die jetzt tätig sind, nur in so wenigen Gewerben beschäftigte, als die Natur Bedürfnisse hervorruft, so würden zweifellos die notwendigen Sachen in solcher Menge erzeugt werden, daß ihr Preis zu tief sänke, um die Erhaltung der Arbeiter zu ermöglichen. Wenn man aber alle diese, die jetzt in nutzlosen Gewerben tätig sind, zusammen mit der ganzen Schar jener Müßiggänger, von denen jeder einzelne mehr Erzeugnisse fremder Arbeit verzehrt und verwüstet, als zwei der Arbeiter – wenn man alle diese zu nützlichen Arbeiten anhielte, so würde, wie leicht einzusehen, ungemein wenig Zeit erforderlich sein, um einen Überfluß an Dingen zu schaffen, die des Lebens Notdurft oder Annehmlichkeit erheischt, und selbst an solchen, die dem Vergnügen dienen, das heißt einem wahren und natürlichen Vergnügen.

»Die Richtigkeit davon beweist in Utopien der Augenschein. Denn in einer Stadt samt ihrem Gebiet finden sich kaum 500 Personen von der Arbeit befreit aus der ganzen

Zahl der Männer und Frauen, die dazu tauglich sind. Darunter sind die Syphogranten, die sich aber der Arbeit doch nicht entziehen, um die anderen durch ihr Beispiel zur Arbeit zu ermuntern, trotzdem sie gesetzlich davon befreit sind. Dieselbe Befreiung von der Arbeit genießen diejenigen, die auf Empfehlung der Priester und nach geheimer Wahl durch die Syphogranten vom Volk Erlaubnis bekommen haben, sich ausschließlich und ständig dem Studium zu widmen. Erfüllt ein solcher aber nicht die in ihn gesetzten Erwartungen, dann wird er wieder unter die Handwerker versetzt. Oft kommt aber auch das Gegenteil vor, daß ein Handwerker seine freie Zeit so eifrig auf das Studium verwendet und solche Fortschritte darin macht, daß er von der Handarbeit befreit und unter die Gelehrten versetzt wird.« Aus diesen werden die höheren Beamten genommen. »Da der Rest des Volkes weder arbeitslos noch mit unnützen Arbeiten beschäftigt ist, kann man leicht ermessen, wie wenige Stunden sie brauchen, um vieles und Gutes hervorzubringen.

»Außerdem haben die Utopier den Vorteil, daß die meisten notwendigen Beschäftigungen bei ihnen nicht so viel Arbeit in Anspruch nehmen als anderswo. Denn erstens erheischt in anderen Gegenden die Erbauung und Instandhaltung der Gebäude die ununterbrochene Arbeit vieler Menschen; denn der geizige Sohn läßt das Haus, das der Vater baute, verfallen. Was er mit wenigen Kosten hatte erhalten können, hat sein Nachfolger mit großem Aufwand neu zu bauen. Oder es kommt auch vor, daß ein Haus, das einem Mann viel Geld kostete, seinem wählerischen Nachfolger nicht gefällt. Er vernachlässigt es, läßt es verfallen und baut ein anderes an einer anderen Stelle mit nicht geringeren Kosten. Aber bei den Utopiern ist alles so wohl überlegt und das Gemeinwesen so gut eingerichtet, daß es sehr selten vorkommt, daß sie ein neues Haus auf einem neuen Platz zu bauen haben. Sie bessern nicht nur eintretende Schäden rasch aus, sondern wissen ihnen auch rechtzeitig zuvorzukommen. So erhalten sich die Gebäude lange mit geringen Kosten, so daß oft die Bauleute nichts zu tun haben, außer Zimmerholz zu bearbeiten und Steine zu behauen, damit das Werk schneller vonstatten gehe, wenn man einmal ihrer Arbeit bedarf.

»Ebenso wenige Arbeiter bedürfen sie zur Herstellung ihrer Kleidung. Bei der Arbeit tragen sie einfach Leder oder Felle, die sieben Jahre dauern. Gehen sie aus, dann werfen sie einen Mantel um, der das grobe Unterkleid verbirgt. Diese Mäntel haben auf der ganzen Insel dieselbe Farbe, die Naturfarbe der Wolle. Sie verbrauchen also nicht nur weniger Tuch, als dies in anderen Ländern der Fall ist; es kostet ihnen auch weniger Arbeit. Leinwand wird mehr gebraucht, da ihre Herstellung weniger Arbeit erfordert. Aber beim Leinen sieht man nur auf Weiße, bei der Wolle nur auf Sauberkeit. Die feineren Gewebe werden keineswegs höher geschätzt. Und während anderswo vier bis fünf wollene Oberkleider von verschiedenen Farben und ebenso viele seidene Wämser einem Mann nicht genügen, ja manchem Herrchen oft zehn zu wenig sind, genügt bei den Utopiern ein einziger Anzug meist für zwei Jahre. Warum sollte einer dort auch mehr verlangen? Wenn er mehr hätte, wäre er weder besser vor der Kälte geschützt, noch hübscher gekleidet.

»Da sie alle nützlich beschäftigt sind und jedes Gewerbe nur weniger Arbeit bedarf, kommt es öfter vor, daß sie an allem Überfluß haben. Dann werden zahllose Scharen aus der Stadt geführt, um die Straßen auszubessern. Oft aber, wenn auch diese Arbeit nicht notwendig ist, wird die Zahl der Arbeitsstunden durch einen Erlaß herabgesetzt. Denn die Obrigkeiten plagen nicht die Bürger mit unnützer Arbeit.«

Man vergleiche über die Abkürzung der Arbeitszeit in einem kommunistischen Gemeinwesen die Ausführungen Morus' mit denen von Marx. Man wird bei beiden einen ähnlichen Gedankengang finden. Im »Kapital« heißt es: »Die Beseitigung der kapitalistischen Produktionsform erlaubt, den Arbeitstag auf die notwendige Arbeit zu beschränken. ...

Je mehr die Produktivkraft der Arbeit wächst, um so mehr kann der Arbeitstag verkürzt werden, und je mehr der Arbeitstag verkürzt wird, desto mehr kann die Intensität der Arbeit wachsen. Gesellschaftlich betrachtet wächst die Produktivität der Arbeit auch mit ihrer Ökonomie. Diese schließt nicht nur die Ökonomisierung der Produktionsmittel ein, sondern die Vermeidung aller nutzlosen Arbeit. Während die kapitalistische Produktionsweise in jedem Geschäft Ökonomie erzwingt, erzeugt ihr anarchisches System der Konkurrenz die maßloseste Verschwendung der gesellschaftlichen Produktionsmittel und Arbeitskräfte neben einer Unzahl unentbehrlicher, aber an und für sich überflüssiger Funktionen.

»Intensität und Produktivkraft der Arbeit gegeben, ist der zur materiellen Produktion notwendige Teil des gesellschaftlichen Arbeitstages um so kürzer, der für freie geistige und gesellschaftliche Betätigung der Individuen eroberte Zeitteil also um so größer, je gleichmäßiger die Arbeit unter alle werkfähigen Glieder der Gesellschaft verteilt ist, je weniger eine Gesellschaftsschicht die Naturnotwendigkeit der Arbeit von sich selbst ab- und einer anderen Schicht zuwälzen kann. Die absolute Grenze für die Verkürzung des Arbeitstages ist nach dieser Seite hin die Allgemeinheit der Arbeit. In der kapitalistischen Gesellschaft wird freie Zeit für eine Klasse produziert durch Verwandlung aller Lebenszeit der Massen in Arbeitszeit.« (Kapital, 1. Band, 3. Auflage, S. 541.)

So viel über Handwerk und Landbau in Utopien. Beides sind Beschäftigungen, die einen gewissen Reiz besitzen, wenn man sie nicht bis zur Ermüdung zu betreiben hat. Die Arbeit des Handwerkers wie des Bauern ist nicht eine eintönige abstumpfende, sondern eine abwechslungsreiche. Jeder von ihnen steht in einer Art persönlichen Verhältnisses zu den Produkten seiner Arbeit; sie sind sein Stolz und seine Freude. Natürlich haben wir da nicht den Handwerker und Bauer der kapitalistischen Gesellschaft vor Augen, in der diese vielmehr meist nichts sind als verkappte Proletarier, Produzenten von Mehrwert für den Kapitalisten.

Morus konnte wohl annehmen, daß Landbau und Handwerk genug Reiz in sich selbst besäßen, um keinen strengen Arbeitszwang nötig zu machen. Wie aber mit den unangenehmen, abstoßenden, widerlichen Arbeiten? Um zu Besorgung dieser anzureizen, nahm er die Religion zur Hilfe, die ja zu seiner Zeit noch so große Macht besaß.

»Viele unter ihnen (den Utopiern) sind so der Religion ergeben, daß sie die Wissenschaften vernachlässigen. Aber sie meiden den Müßiggang, indem sie der Überzeugung sind, daß die Seligkeit nach diesem Leben nur erlangt werden kann durch ein tätiges Leben und gute Werke. Einige von ihnen widmen sich daher der Krankenpflege, andere bessern die Straßen und Brücken aus, reinigen die Gräben, stechen Torf aus, brechen Steine, fällen und spalten Holz, fahren Holz, Korn und andere Sachen in die Städte und dienen nicht nur dem Gemeinwesen sondern auch Privatpersonen wie Diener, ja williger noch als Knechte. Denn wo immer unangenehmes, hartes und abstoßendes Werk zu verrichten ist, vor dem Mühe, Ekel und Kleinmut andere abschrecken, das nehmen sie gern und heiter auf sich und verschaffen so durch stetige Arbeit und Plage den anderen Ruhe und Bequemlichkeit, ohne diese deshalb zu tadeln. Denn sie maßen sich weder das Amt der Sittenrichter an, noch erheben sie sich über die anderen. Aber man ehrt sie um so höher, je mehr Knechtsdienste sie leisten.

»Sie zerfallen in zwei Sekten. Die eine von ihnen fordert Ehelosigkeit und Enthaltung nicht allein vom Umgang mit

Frauen, sondern auch vom Genuß von Fleisch, einige von ihnen von allen tierischen Speisen. Sie weisen die Genüsse dieses Lebens als schädlich zurück und suchen die Seligkeit des jenseitigen Lebens, das sie fröhlich und guten Mutes erwarten, durch Wachen und Kasteiungen zu gewinnen.

»Die andere Sekte ist nicht weniger arbeitslustig, zieht jedoch die Ehe vor und verschmäht nicht deren Annehmlichkeiten. Sie glauben, daß ihre Pflichten gegen die Natur Arbeit und Mühsal, ihre Pflichten gegen das Gemeinwesen die Kindererzeugung erheischen. Sie enthalten sich keiner Freude, die sie nicht an der Arbeit hindert. Sie lieben das Fleisch der vierfüßigen Tiere, weil sie glauben, daß diese Nahrung sie stärker und ausdauernder macht. Die Utopier halten diese Sekte für die weisere, die andere für die heiligere.«

Diese idealen, bescheidenen, enthusiastischen Arbeitsmönche, die in schneidendem Kontrast zu den faulen, versoffenen und arroganten Kuttenträgern von Morus' Zeit stehen, erschienen jedoch nicht genügend zur Verrichtung der unangenehmen Arbeiten. Gab es doch unter diesen solche, die man einem frommen Manne absolut nicht zumuten konnte, zum Beispiel das Schlachten von Tieren, Arbeiten, die den Menschen, der sie betrieb, brutalisieren mußten. Morus wünschte die Utopier davon fernzuhalten. Aber die Arbeiten mußten getan werden. In dieser Verlegenheit wurde Morus gezwungen, sich selbst untreu zu werden und die Zwangsarbeit für eine Klasse der Bewohner Utopiens bestehen zu lassen:

»Als Knechte haben sie (die Utopier) weder Kriegsgefangene, außer solche in Schlachten gemacht, in denen sie (die Utopier) selbst gefochten,[56] noch die Kinder von Knechten; auch verschmähen sie es, solche in fremden Ländern zu erwerben. Ihre Knechte sind Mitbürger, die wegen Verbrechen zur Zwangsarbeit verurteilt wurden, oder, was häufiger vor-

56 Was selten geschieht.

kommt, Verbrecher des Auslandes, über die die Todesstrafe verhängt wurde. Von diesen bringen sie viele ins Land; sie zahlen für sie nur ein Geringes, meist gar nichts. Diese Art von Knechten werden nicht nur zu ununterbrochener Arbeit angehalten, sie tragen auch Ketten. Am härtesten aber behandeln sie die aus ihrer Mitte stammenden, da sie diese für die Verruchtesten und Strafwürdigsten halten, die so trefflich in einem so ausgezeichneten Gemeinwesen erzogen wurden und trotzdem sich der Missetaten nicht enthielten.

»Eine andere Art von Knechten wird aus armen und arbeitsamen Taglöhnern des Auslandes gebildet, die freiwillig kommen, sich ihnen in die Knechtschaft zu verdingen. Diese behandeln sie anständig und halten sie fast so gut wie die eigenen Bürger, ausgenommen, daß diese ihnen um ein Geringes mehr Arbeit auferlegen, da sie daran gewöhnt sind. Ist einer von ihnen gewillt, wegzuziehen, was selten vorkommt, dann hindern sie ihn nicht und lassen ihn auch nicht mit leeren Händen ziehen.«

Aber auch die Lage der verurteilten Verbrecher ist keine hoffnungslose: »Meist werden die abscheulichsten Verbrechen mit Zwangsarbeit bestraft. Denn sie glauben, daß diese den Verbrecher nicht weniger schreckt und dem Gemeinwesen vorteilhafter ist, als wenn man ihn eiligst ohne weiteres aus dem Wege schafft. Denn seine Arbeit nützt mehr als sein Tod, und sein Beispiel wirkt länger abschreckend als eine rasch vergessene Hinrichtung. Wenn die Verbrecher sich aber empören, dann erschlägt man sie wie wilde Tiere, die weder Eisenstäbe noch Ketten bändigen können. Diejenigen, die ihr Los willig ertragen, sind nicht ohne Hoffnung. Denn wenn sie, gebeugt von Mühsal, solche Reue zeigen, daß man sieht, sie bedauern ihre Missetat mehr als ihre Strafe, dann wird ihre Zwangsarbeit mitunter vom Fürsten, mitunter vom Volke entweder gemildert oder gänzlich erlassen.«

Die Arbeit dieser Knechte ist unter anderem Schlächter-

und Küchenarbeit: Aus den Schlachthäusern außerhalb der Stadt »werden die Tiere auf die Märkte gebracht, nachdem die Knechte sie getötet und ausgeweidet haben. Denn sie lassen nicht ihre freien Bürger sich an das Schlachten der Tiere gewöhnen, da sie fürchten, daß ihre Milde, die liebenswürdigste Eigenschaft ihres Wesens, dadurch nach und nach ausgelöscht werden könnte. ... In den Speisepalästen wird alle unangenehme, beschwerliche und schmutzige Arbeit von den Knechten verrichtet.«

So viel über die Arbeiten und die Arbeiter. Jetzt noch einiges über die ökonomischen Beziehungen des gesamten Gemeinwesens zu den einzelnen produzierenden Gemeinden einerseits, zum Ausland andererseits.

»Jede Stadt sendet jährlich nach Amaurotum als Abgeordnete drei ihrer weisesten Greise, die gemeinsamen Angelegenheiten der Insel zu besorgen. Es wird untersucht, an welchen Dingen und wo Überfluß oder Mangel herrscht, und dem Mangel der einen durch den Überfluß der anderen abgeholfen. Und das geschieht ohne irgend welche Entschädigung, indem die Städte, die von ihrem Überfluß an andere abgeben, ohne von diesen etwas zu verlangen, dafür von anderen etwas empfangen, was sie brauchen, ohne eine Gegenleistung dafür zu geben. So ist die ganze Insel gleichsam eine Familie.

»Nachdem sie aber genügend Vorräte für sich selbst angelegt haben (und sie halten es für notwendig, auf zwei Jahre versorgt zu sein, wegen der Ungewißheit der Erträge des nächsten Jahres), dann führen sie ihren Überfluß ins Ausland. Mengen von Korn, Honig, Wolle, Flachs, Holz, Kermes (coccus) und Purpur; Häute, Wachs, Talg, Leder und Vieh. Den siebenten Teil dieser Sachen verteilen sie freigebig unter die Armen des Landes, mit dem sie handeln, den Rest verkaufen sie zu niedrigen Preisen. Durch diesen Warenhandel bringen sie in ihr Land nicht nur notwendige Dinge, die es nicht selbst hervorbringt – denn deren gibt es nur wenige, außer Eisen –, sondern auch große Mengen Gold und Silber. Und da sie diesen Handel schon seit langem betreiben, haben sie unglaubliche Reichtümer aufgehäuft.«[57] Alle benachbarten Städte und Staaten sind ihnen verschuldet. Die Schätze häufen sie bloß an, um im Falle eines Krieges Soldtruppen werben und einen Teil der Feinde bestechen zu können.

Sie selbst haben kein Geld, brauchen also auch kein Gold. Und damit ja kein Verlangen danach entstehe, »haben sie ein Mittel erdacht, das, so sehr es mit ihren Gesetzen und Gewohnheiten übereinstimmt, so verschieden von den unseren ist, daß es uns unglaublich erscheint, die wir das Gold so unendlich schätzen und so gierig suchen. Sie essen und trinken aus irdenen und gläsernen Geschirren, die sehr schön, aber nicht kostbar sind, aus Gold und Silber aber machen sie Nachtgeschirre und andere Gefäße zu niedrigem Gebrauch, nicht nur für die gemeinsamen Paläste, sondern auch für die Privathäuser. Ferner machen sie aus den edlen Metallen Ketten und Fesseln für ihre Knechte. Wer durch ein Vergehen ehrlos geworden ist, den behängen sie mit Ohrringen und Ketten von Gold, stecken ihm goldene Fingerringe an und umwinden sein Haupt mit Gold.«

In dieser Weise stellte sich Morus die ökonomischen Verhältnisse seines idealen kommunistischen Gemeinwesens vor.

---

57 I. H. von Kirchmann erzählt uns in seinem unsäglich seichten »Kommentar« zu Platos Staat (Philosophische Bibliothek, 68. Heft), »daß Plato sich seinen Staat nicht als einen völlig von der übrigen Welt abgeschiedenen dachte, wie später Thomas Moore, Cabet und andere Utopisten.... Dadurch steht der Staat Platos auf einem viel konkreteren Boden wie jene späteren Utopien« usw. In Wirklichkeit war Morus, wie wir oben gesehen, nicht so phantastisch, sich einen modernen Staat als »isolierten Staat« vorzustellen. Der praktische Vertreter der Londoner Kaufmannschaft überließ das deutschen Gelehrten. An Herrn Kirchmann ersehen wir aber, was freilich nichts Neues, daß, um über den Sozialismus von oben herab mit Gelehrtendünkel abzusprechen, für manchen neueren »Philosophen« nichts notwendig ist als völlige Unkenntnis des besprochenen Gebiets.

2. Kritik

Niemand von einiger Kenntnis des Gegenstandes wird behaupten wollen, daß Morus' Ziele mit den Tendenzen des modernen wissenschaftlichen Sozialismus völlig übereinstimmen. Dieser fußt auf zwei Tatsachen: der Entwicklung des Proletariats als Klasse und der Entwicklung des maschinellen Großbetriebs, der die Wissenschaft in seine Dienste nimmt und innerhalb jedes Betriebs heute schon ein System planmäßig organisierter, gesellschaftlicher Arbeit erzwingt. Der Großbetrieb bildet die technische Grundlage, auf der nach der Ansicht des wissenschaftlichen Sozialismus das Proletariat die Produktion seinen Interessen gemäß gestalten wird, wenn es ein politisch maßgebender Faktor geworden ist.

Die kapitalistische Produktionsweise hat jedoch ihre Mißstände früher entwickelt als die Elemente, die bestimmt sind, sie zu überwinden. Das Proletariat mußte eine dauernde Institution und ein bedeutender Bruchteil des Volkes geworden sein, ehe es sich als Klasse fühlen und dem Forscher als die Kraft enthüllen konnte, von der die soziale Umgestaltung getragen werden wird. Andererseits konnte sich der Großbetrieb unter dem System der Warenproduktion nur entwickeln in kapitalistischer Form, er war nur möglich, nachdem sich große Kapitalien in wenigen Händen gesammelt hatten und diesen eine Armee besitzloser, arbeitsuchender Proletarier gegenüberstand.

Kapital und Proletariat, Massenelend und Riesenreichtum mußten lange bestehen, ehe sie die Keime einer neuen Gesellschaft entwickelten. Solange diese sich nicht gezeigt, mußten alle Versuche in der Luft schweben, die Leiden der kapitalistischen Produktionsweise durch die Herbeiführung ihres Gegenteils zu beseitigen, mußte der Sozialismus ein utopischer bleiben, konnte er kein wissenschaftlicher werden.

Diese Situation bestand noch im Anfang des neunzehnten Jahrhunderts. Um wie viel ungünstiger war sie zur Zeit Mores! Im Anfang des neunzehnten Jahrhunderts erstand bereits eine bestimmte Arbeiterbewegung mit bestimmten Zielen; was Morus als Arbeiterbewegung kennen lernte, waren einzelne Geheimbündeleien und Verzweiflungsstreiche meist handwerksmäßiger und bäuerlicher Elemente. Im Anfang des neunzehnten Jahrhunderts sah man schon den Übergang der kapitalistischen Manufaktur zur Großindustrie. Zu Morus' Zeit begann eben der Kapitalismus sich der Industrie und Landwirtschaft Englands zu bemächtigen. Noch hatte seine Herrschaft nicht lange genug gedauert, um eine technische Umwälzung zu vollziehen; der Unterschied zwischen kapitalistischer und einfacher Warenproduktion war noch mehr einer des Grades als der Art.

Heute ist der Unterschied zwischen kapitalistischem Großbetrieb und bäuerlichem oder handwerksmäßigem Betrieb ein in die Augen fallender. Der erstere ist nicht bloß größer als der letztere, er produziert auch ganz anders, mit anderen Werkzeugen, nach anderen Methoden.

Ein solcher Unterschied zwischen einfacher und kapitalistischer Warenproduktion bestand noch nicht im Anfang des sechzehnten Jahrhunderts in England. Die Arbeiter, die die Wolle des Kaufmanns für diesen verwebten, taten dies in derselben Weise, wie die Arbeiter des zünftigen Webers. Der Unterschied bestand zunächst bloß darin, daß der Kaufmann mehr Arbeiter beschäftigte als der Webermeister, und daß die Gesellen des Webermeisters wohl Aussicht hatten, selbst einmal Meister zu werden, die Lohnarbeiter des kapitalistischen Kaufmanns dagegen keine Aussicht, jemals selbst Kapitalisten zu werden. Der Unterschied zwischen kapitalistischer und zünftiger Produktionsweise war damals nur ein sozialer, kein technischer: das Handwerk bildete die Grundlage der einen wie der anderen.

Ähnlich stand es in der Landwirtschaft. Die Betriebe der kapitalistischen Pächter unterschieden sich von denen der feudalen Hintersassen zunächst nur durch ihre Größe. Von einer Verbesserung der Kulturmethoden, von einer Anwendung vervollkommneter Werkzeuge in der ersteren war noch wenig zu merken. Allerdings wurden Menschen überflüssig gemacht, aber nicht durch eine Erhöhung der Produktivität der Landarbeit, sondern durch den Übergang zu einer roheren Form der ländlichen Produktion, vom Ackerbau zur Weidewirtschaft.

So klar daher auch zu Morus' Zeit gewisse Mißstände des Kapitalismus in England zutage lagen, die technischen Grundlagen, auf denen dieser beruhte und von denen daher auch Morus bei dem Aufbau seines antikapitalistischen Gemeinwesens auszugehen hatte, waren immer noch das Handwerk und die bäuerliche Landwirtschaft.

Daß Morus also in vielen Punkten vom modernen Sozialismus abweichen mußte, ist klar. So wie er in politischer Beziehung uns in manchen Beziehungen als Reaktionär erscheint – wenn man verrückt genug ist, ihn mit dem Maßstab des zwanzigsten und nicht des sechzehnten Jahrhunderts zu messen – so wie er infolge der Rückständigkeit des Proletariats ein Gegner jeder Volksbewegung, der Verfechter eines konstitutionellen Fürstentums war –: so erscheint uns Morus' Sozialismus auch in ökonomischer Beziehung vielfach rückständig. Nicht darüber darf man sich wundern, daß dies der Fall, sondern darüber, daß trotz der ungünstigen Bedingungen Morus' Sozialismus dennoch, neben vielem Rückständigen, die wesentlichsten Merkmale des modernen Sozialismus aufweist, so daß er mit Recht den neueren Sozialisten zuzurechnen ist.

Die unmodernen Seiten des Moreschen Kommunismus

sind die notwendigen Konsequenzen der Produktionsweise, von der er ausging und ausgehen mußte. Zu diesen unmodernen Seiten gehört vor allem die Fesselung jedes Menschen an ein bestimmtes Handwerk.

Die wichtigste Arbeit bei der modernen Großindustrie ist der Wissenschaft zugefallen. Sie erforscht methodisch die mechanischen und chemischen Kräfte, die bei der Produktion ins Spiel kommen; sie erforscht ebenso die mechanischen und chemischen Eigenschaften der verschiedenen Stoffe, deren Umformung die Aufgabe der Produktion ist; und schließlich leitet sie die Anwendung der von ihr erforschten Grundsätze in der Technik. Dem Handarbeiter bleiben nur einige wenige, inhaltlose, aber leicht erlernbare Handgriffe bei Beaufsichtigung der Maschine oder des chemischen Prozesses übrig.

Diese Inhaltlosigkeit und Einfachheit der Handarbeit bildet heute eine der wichtigsten Ursachen ihrer Erniedrigung. Sie beschäftigt nicht mehr den Geist, zieht nicht an, sie wirkt abstoßend und abstumpfend. Sie ermöglicht es, die geschickten Arbeitskräfte durch ungeschickte, reife durch unreife, starke durch schwächliche zu ersetzen. Zugleich befreit sie den Kapitalisten in immer steigendem Maße von der Notwendigkeit, einen Stock gelernter Arbeiter zu halten. Und gleichzeitig werden durch die Anwendung der Wissenschaft in der Produktion die Produktionsverhältnisse ständig umgewälzt; denn die Wissenschaft rastet nicht und ebensowenig der Druck der Konkurrenz, der stets zu neuen Verbesserungen zwingt. Die Maschine von gestern ist heute veraltet und morgen gänzlich konkurrenzunfähig. Der Arbeiter hat heute an einer anderen Maschine zu arbeiten, als er gestern tat, um morgen wieder in einem anderen Betrieb Arbeit zu suchen.

Sobald das Proletariat die Produktion regelt, werden sich diese Ursachen der Erniedrigung der Arbeiterklasse zu ebenso vielen Elementen ihrer Hebung gestalten. Die Vereinfachung der Handgriffe bei den Maschinen ermöglicht es, den Arbeiter mit seinen Arbeiten zeitweise wechseln, ihn eine Reihe von abwechselnden Betätigungen verschiedener Muskeln und Nerven verrichten zu lassen, die ihn in ihrer harmonischen Anordnung ebenso erfrischen und beleben, wie es heute das völlig unproduktive Turnen tut. In den verschiedensten Beschäftigungen nacheinander tätig, wird er erst der in ihm schlummernden Fähigkeiten sich bewußt, aus einer Maschine ein freier Mensch werden. Und die gleichzeitige Beschäftigung mit den Wissenschaften, wie sie die Verkürzung der Arbeitszeit mit sich bringt, wird seiner Arbeit auch ihren geistigen Inhalt wiedergeben, indem sie ihn deren Zusammenhang mit dem ganzen technischen und ökonomischen Getriebe und dessen natürlichen Wurzeln erkennen läßt. Die Arbeit wird für ihn damit zu freier Arbeit, indem die Erkenntnis ihrer Notwendigkeit an die Stelle der Hungerpeitsche tritt.

Anstatt der Abwechslung der Arbeiten, wie sie erst durch die Großproduktion möglich, aber auch notwendig wird, wenn die Arbeiterklasse nicht verkommen soll, setzt Morus, wie gesagt, die Fesselung jedes Arbeiters an ein bestimmtes Handwerk fest. Im Handwerk ist die Behandlung der Werkzeuge, die Kenntnis ihrer Wirkung auf die Rohstoffe das Ergebnis nicht methodischer wissenschaftlicher Forschung, sondern der Anhäufung persönlicher, oft zufälliger Erfahrungen. Dies ist auch in der Manufaktur der Fall. Aber in ihr ist jeder Produktionsprozeß in verschiedene Teilarbeiten zerlegt, deren jede einem Arbeiter ständig zugewiesen ist, und deren Erlernung natürlich nicht so viel Zeit in Anspruch nimmt als die Erlernung aller Handgriffe und Methoden eines bestimmten Produktionsprozesses. Ist es in der Manufaktur notwendig, den Arbeiter für längere Zeit an seine Teilarbeit zu fesseln, wenn er die nötige Geschicklichkeit erlangen, seine Arbeit so produktiv als möglich werden soll, so ist im Handwerk, dessen Verrichtungen so mannigfach sind, die Kette an ein bestimmtes Gewerbe von Jugend auf, der stete Verkehr mit einem geschickten Meister, der aller Überlieferungen des Gewerbes kundig ist, eine technische Notwendigkeit. Diese Kettung erschien aber nicht als ein Übel, da die Handwerksarbeit noch einen gewissen Reiz hatte, wie wir schon oben ausgeführt.

Wie aber mit den nicht handwerksmäßigen Verrichtungen, mit der Arbeit der Taglöhner, die zu Morus' Zeit bereits sehr zahlreich waren, mit den schmutzigen, ekelhaften Verrichtungen, der Schlächterei, der Reinigung von Häusern und Städten usw.? Diese unangenehmen Arbeiten, ein beliebter Einwand des Spießbürgers gegen den Sozialismus, sind für alle Utopisten ein großer Stein des Anstoßes gewesen. Fourier suchte ihn durch psychologische, oft ungemein genial erdachte Motive zu beseitigen, die er in die Arbeit einführte. Morus suchte etwas Ähnliches zu erreichen, wie wir gesehen, durch den zu seiner Zeit noch so starken Hebel der Religion. Aber da er ihn nicht für ausreichend hielt, sah er sich genötigt, zur Zwangsarbeit von Sklaven seine Zuflucht zu nehmen, eine eigentums- und rechtlose Klasse, die für andere arbeitet, in seinen kommunistischen Idealstaat einzuführen. Es kam ihm schwer an, er wand und drehte sich, um dieser Einrichtung ihre Härte zu nehmen, indem er in jene Klasse Personen verwies, die ohne deren Bestehen ein noch schlimmeres Los erwartet hätte. Die degradierte Klasse gänzlich zu beseitigen, war ihm unmöglich von der technischen Grundlage aus, auf der er stand. Erst die moderne Großindustrie, die wissenschaftliche Technik bietet die volle Möglichkeit, die Annehmlichkeiten und Unannehmlichkeiten der verschiedenen Arbeiten auszugleichen und den etwaigen Rest unangenehmer Arbeiten so zu vereinfachen, daß sie von allen Arbeitsfähigen abwechselnd verrichtet werden können, und damit den besonderen Arbeitszwang für eine einzelne, benachteiligte Klasse von Arbeitern aufzuheben. Schon heute hat sie den Unterschied zwischen angenehmen und unangenehmen Arbeiten sehr verringert, allerdings meist in der Weise, daß sie Arbeiten, die früher angenehm gewesen, jeglichen Reizes entkleidete. Aber es ist der modernen Technik doch auch gelungen, eine Reihe unangenehmer Arbeiten milder zu gestalten oder völlig zu beseitigen. Im ganzen freilich hat die Technik bisher noch sehr wenig in dieser Richtung geleistet. Die Annehmlichkeit der Arbeit zu fördern, ist nicht die Aufgabe, die der Kapitalismus ihr stellt. Er verlangt von ihr Ersparung von Arbeitskräften, sei es auch durch Vergrößerung der Unannehmlichkeiten der Arbeit. Erst wenn die Arbeiterklasse bestimmenden Einfluß auf die Produktionsweise errungen hat, wird die Wissenschaft bewogen werden, sich mit voller Kraft auf die Lösung des Problems der Beseitigung der unangenehmen Arbeiten zu werfen. Und es gibt kein Problem dieser Art, das die moderne Technik nicht zu lösen imstande wäre, sobald sie sich mit vollem Ernste daran macht, übrigens wird ein großer Teil der heutigen unangenehmen Arbeiten beseitigt durch die Verlegung der Industrie auf das flache Land, worauf wir noch zu sprechen kommen.

Genug, auf jeden Fall ist mit dem Bestehen der modernen wissenschaftlichen Technik die Notwendigkeit unangenehmer Arbeiten und deren Zuweisung an eine besondere Klasse von Arbeitern beseitigt. Wir bedürfen daher nicht mehr der Knechte der »Utopia«.

Noch ein dritter Zug, der dem modernen Sozialismus widerspricht, ist in diesem Zusammenhang zu nennen: die Bedürfnislosigkeit der Utopier.

Morus will – und es ist dies ein ganz moderner Zug – die Bürger seines Gemeinwesens so viel als möglich von physischer Arbeit befreien, um ihnen zu geistiger und geselliger Betätigung freie Zeit zu schaffen. Die Hauptmittel dazu sind ihm: Organisation der Arbeit, so daß alle unnützen Arbeiten vermieden werden, die die bestehende Anarchie im Wirtschaftsleben mit sich bringt, eine Anarchie, die zu Morus' Zeiten, verglichen mit der heutigen, kaum nennenswert war; weiter die Arbeit aller und endlich die Einschränkung der Bedürfnisse.

Die beiden ersten Punkte hat Morus mit dem modernen Sozialismus gemein, nicht aber den letzten. In der Tat, heute, im Zeitalter der Überproduktion, wo eine technische Verbesserung von der anderen überholt wird, wo die Produktionsweise einen Grad der Produktivität erreicht hat, daß ihr bereits der Rahmen des Kapitalismus zu eng geworden ist und sie diesen zu sprengen droht, um sich dann ungemessen zu entfalten, heute von der Notwendigkeit zu reden, die Bedürfnisse einzuschränken, um die Abkürzung der Arbeitszeit zu ermöglichen, wäre ein Zeichen seltsamer Verkennung der Verhältnisse.

Anders zu Morus' Zeit. Die Produktivität des Handwerkes entwickelt sich nur unendlich langsam, oft gar nicht, es verknöchert mitunter völlig. Ähnlich ist es mit der bäuerlichen Landwirtschaft. Der Kommunismus auf dieser Grundlage ließ keine allzu erhebliche Vermehrung der Produktion im Verhältnis zur Zahl der Arbeiter erwarten. Also hieß es die Bedürfnisse einschränken, wenn man die Arbeitszeit bedeutend verkürzen wollte. Die Wirkung des Kapitalismus, die Morus zu sehen bekam, war nicht die Überproduktion, sondern der Mangel. Je weiter die Schafweiden ausgedehnt wurden, desto mehr schrumpfte das Ackerland zusammen. Die Folge davon war das Steigen der Lebensmittelpreise (zum Teil auch bewirkt durch das Einströmen von Silber und Gold aus Amerika nach Europa). Noch mehr als durch diesen Umstand wurde jedoch Morus bewogen, seine Utopier höchst einfach auftreten zu lassen, durch den wahnsinnigen Luxus seiner Zeit (siehe 1. Abschnitt, S. 20), der bei beiden Geschlechtern der herrschenden Klassen im Verhältnis unendlich weiter ging als bei den verschwenderischsten unserer

Modedamen. Ein Luxus in der Kleidung wie in der Ausstattung der Wohnung, ein überladener Pomp entwickelte sich, der nicht der Befriedigung eines künstlerischen Bedürfnisses diente, sondern nur der Zurschaustellung des Reichtums. Daß Morus dagegen auf das heftigste auftrat – wir können leider die betreffenden Stellen der »Utopia« nicht anführen, da uns das zu weit führen würde –, ist leicht begreiflich, und ebenso, daß er in seinem Eifer in das entgegengesetzte Extrem geriet und die Utopier mit Fellen und uniformen Wollmänteln vorlieb nehmen ließ.

Man darf jedoch nicht glauben, daß Morus eine mönchische Aszetik predigte. Im Gegenteil. Wir werden sehen, daß er sich in bezug auf harmlose Genüsse, die nicht das Gemeinwesen mit überflüssiger Arbeit belasteten, als ein wahrer Epikuräer zeigte.

Hier wie überall erscheinen seine unmodernen Seiten als Beschränkungen, welche die Rückständigkeit seiner Zeit ihm auferlegte, ohne ihn so weit zu beeinflussen, daß der moderne Grundcharakter seines Wesens und seiner Ideale dadurch verdunkelt worden wäre.

Man wird dies sofort erkennen, wenn man untersucht, welche Merkmale der Moresche Sozialismus mit dem heutigen gemein hat, im Gegensatz sowohl zu dem urwüchsigen Kommunismus, dessen Reste Morus noch in den Genossenschaften der Hof-, Dorf- und Stadtmarken kennen lernte, als zu dem Kommunismus Platos, der ihm, wie wir wissen, wohl bekannt war. So nahe es lag, sich angesichts der unentwickelten Produktionsweise an diese Vorbilder zu halten, war Morus doch zu tief in das Wesen des Kapitalismus eingedrungen, wie ihn damals vornehmlich der Großhandel repräsentierte, als daß er seinen kommunistischen Tendenzen nicht die Signatur der neuen Zeit verliehen hätte, die dieser inaugurierte.

Wir haben bereits im ersten Abschnitt gesehen, wie der

Welthandel die Exklusivität und Beschränktheit der urwüchsigen Gemeinwesen überwand, über die hinaus auch Plato nicht gelangt war, wie er an Stelle der Markgenossenschaft die Nation als ökonomische Einheit setzte.

Der Welthandel überwand aber auch die ständische Exklusivität der urwüchsigen Gemeinwesen.

Wie die mittelalterlichen Städte zerfiel auch die platonische Republik in scharf voneinander abgegrenzte Stände, und der Kommunismus war bei Plato ein Privilegium des obersten derselben.

Das Lebensprinzip des Kapitalismus ist dagegen die freie Konkurrenz: Gleichheit der Konkurrenzbedingungen für jedermann, also Aufhebung der ständischen Unterschiede. Vereinigte der Kapitalismus die kleinen Gemeinwesen zur Nation, so ging seine Tendenz auch dahin, alle Stände in der einen Nation aufgehen zu lassen.

Diesen Tendenzen des Kapitalismus entspricht auch der Moresche Kommunismus. Er ist national im Gegensatz zu jenem kommunalen und ständischen Kommunismus der Vergangenheit, den Morus durch Erfahrung und Studium kennen gelernt hatte. Er zeigte sich damit viel moderner als der heutige Anarchismus, der die Nation in völlig selbständige Gruppen und Kommunen zerspalten will.

Wir haben gesehen, daß der Senat der Utopier aus Delegierten der verschiedenen Gemeinden besteht; diese Vertretung der Nation ist es, welche die Produktion organisiert, den Bedarf und die Mittel zu dessen Deckung feststellt und die Arbeitsprodukte den Ergebnissen dieser Statistik entsprechend verteilt. Die einzelnen Gemeinden sind nicht Warenproduzenten, die ihre Produkte gegen die anderer Gemeinden austauschen. Jede produziert für die ganze Nation. Diese und nicht die Gemeinde ist auch der Besitzer der Produktionsmittel, vor allem von Grund und Boden. Und nicht die Gemeinde, sondern das ganze Gemeinwesen verkauft den Überschuß der Produkte als Waren ins Ausland. Ihm fließt der Erlös daraus zu. Das Gold und das Silber bilden den Kriegsschatz der Nation.

Die Gleichheit aller innerhalb der Nation aber, die beim Kapitalismus nur auf die Gleichheit der Konkurrenzbedingungen hinausläuft, mußte im Kommunismus Morus' zur gleichen Arbeitspflicht aller werden. Dieser große Grundsatz verbindet ihn aufs engste mit dem modernen Sozialismus, scheidet ihn aufs strengste von dem Kommunismus Platos, der ein Kommunismus der Nichtarbeiter, der Ausbeuter ist. Der bevorrechtete Stand der platonischen Republik, die »Wächter«, die allein in Kommunismus leben, betrachten die Arbeit als etwas Entwürdigendes; sie leben von den Abgaben der arbeitenden Bürger.

Die gleiche Arbeitspflicht aller in der »Utopia« wird nur von einer geringfügigen Ausnahme durchbrochen: unter den Arbeitsfähigen sind einige Gelehrte davon befreit. Diese Ausnahme war notwendig unter dem System des Handwerkes, wo die materielle Arbeit zu viel Übung und Ausdauer erforderte, um daneben eine gründliche Gelehrtenarbeit erwarten zu lassen. Die Maschine, welche es ermöglicht, die Arbeit in ein produktives Turnen zu verwandeln, macht auch diese Ausnahme überflüssig, die übrigens zu unbedeutend ist, als daß wir näher darauf eingehen sollten.

Die Existenz von Zwangsarbeitern steht natürlich im Widerspruch zu der Gleichheit der Utopier. Wir wissen bereits, wodurch dieser Widerspruch zu erklären ist. Übrigens hat Morus selbst bei dieser Konzession an die Rückständigkeit der Produktionsweise seiner Zeit den modernen Charakter soviel als möglich bewahrt, indem er die Knechte nicht zu einem erblichen Stand, sondern zu einer Klasse macht. Die Kinder der Knechte sind keine Knechte; diese selbst sind entweder auswärtige Lohnarbeiter, die ihre Stellung ändern können, wann sie wollen, oder zur Zwangsarbeit Verurteilte, Deklassierte, die durch persönliches Verschulden herabsinken und durch persönliches Wohlverhalten sich wieder erheben können.

Besonders bemerkenswert aber und völlig im Sinne des heutigen Sozialismus ist die Gleichheit der Arbeitspflicht für Mann und Weib, die Heranziehung der Frau zur industriellen Berufsarbeit. Die Frauen wie die Männer haben ein Handwerk zu erlernen. Einstweilen genüge diese Bemerkung; wir kommen im nächsten Kapitel noch in einem anderen Zusammenhang auf die Frauenarbeit zurück.

Hier handelt es sich nur um die Produktionsweise der Utopier. Und da ist noch ein wichtiges, charakteristisches Merkmal zu erwähnen: die Aufhebung des Gegensatzes von Stadt und Land.

Dies Problem ist ein ganz modernes, hervorgerufen durch die Konzentration der Industrie in den Städten, wie sie der Handel erzeugte, der als Welthandel die großen Städte gebar, die die Menschheit physisch verkommen lassen, indes sie alle Intelligenz und Mittel geistiger Anregung in sich vereinigen und das flache Land geistig und materiell veröden. Das Problem ist natürlich nur lösbar in einer Gesellschaft, die die Ursache der großen Städte, den Warenhandel, nicht kennt.

Zu Morus' Zeit war die Lösung noch nicht so drängend wie heute; man hatte noch keine Ahnung von den Riesenstädten der Jetztzeit. Indessen war der Gegensatz zwischen Stadt und Land in manchen Gegenden damals schon ziemlich weit gediehen. Wir ersehen dies unter anderem aus dem Aufkommen der Schäferpoesie (zuerst in Italien im fünfzehnten Jahrhundert), welche die Sehnsucht des Städters nach dem Landleben bekundet und gleichzeitig in der dem Landvolk angedichteten unwahren Sentimentalität und Naivetät zeigt, wie sehr in den Städten bereits das Verständnis für das Landleben verloren gegangen war.

Morus hatte besonders gute Gelegenheit, die Tendenz der

modernen Produktionsweise zur schädlichen Anschwellung der großen Städte zu beobachten, denn London gehörte zu den am raschesten anwachsenden Städten seiner Zeit. Es ist uns nicht gelungen, eine zuverlässige Angabe der Bevölkerungszahl Londons zur Zeit Morus' zu erlangen. Das schnelle Anwachsen dieser Stadt kann man aber daraus ersehen, daß sie 1377, hundert Jahre vor Morus' Geburt, 35 000 Einwohner zählte (Rogers Six Centuries etc., S. 117.), 1590, 55 Jahre nach seinem Tode, dagegen bereits in bezug auf Volkzahl von Giovanni Botero mit Neapel, Lissabon, Prag und Gent in eine Reihe gesetzt wurde, was eine Bevölkerung von ungefähr 160 000 Köpfen voraussetzt. 1661 hatte es nach Graunt 460 000 Einwohner, 1683 nach King 530 000, nach Sir William Petty 696 000. (Encyclopaedia Britannica, Artikel London.) Jeder der beiden letztgenannten Autoren nahm andere Grenzen des Stadtbezirkes an. So rasch schwoll die Stadt an, daß dies bereits unter Elisabeth ernstliche Besorgnisse erregte, wohl meist politischer Natur. Man erinnere sich der hervorragenden politischen Rolle, die London spielte. 1580 verbot die Königin unter strenger Strafe, in einem Umkreis von drei englischen Meilen von den Stadttoren aus neue Häuser zu bauen, und befahl, daß in keinem Hause mehr als eine Familie wohnen solle. Das Gesetz blieb natürlich auf dem Papier, es beweist aber das schnelle Wachstum der Hauptstadt.

Schon Morus empfand es bitter, in der Stadt von der Natur abgeschlossen zu sein; wir haben noch einen Brief von ihm an Colet, in dem er seiner Sehnsucht nach der freien Natur Ausdruck gibt. Sobald er konnte, verließ er London, um sich in einem Dorfe der Umgebung niederzulassen, in Chelsea, jetzt einem Teile der Metropole.

Die Verhältnisse Londons, Morus' Scharfsinn, seine Neigungen, alles das vereinigte sich, ihn die Notwendigkeit der Aufhebung des Gegensatzes von Stadt und Land genau erkennen zu lassen.

Diese Aufhebung ist jedoch nur möglich durch Verlegung der Industrie aufs flache Land, durch Vereinigung der industriellen mit der landwirtschaftlichen Arbeit. Soll aber diese Ausgleichung nicht zu einer allgemeinen Verbauerung führen, so müssen die technischen Mittel gegeben sein, um die Isolierung zu beseitigen, welche mit der kleinbäuerlichen Betriebsweise notwendig verbunden ist. Die Mittel der Kommunikation der Ideen auf anderem Wege als dem des persönlichen Verkehrs – Presse, Briefpost, Telegraph, Telephon müssen hochentwickelt sein – ebenso die der Kommunikation von Produkten, Maschinen, Rohmaterialien usw. und Menschen: also Eisenbahnen, Dampfschiffe usw. Endlich muß jeder landwirtschaftliche Betrieb selbst ein so ausgedehnter sein, daß er die Konzentration einer größeren Anzahl von Arbeitern auf einer Betriebsstätte ermöglicht und damit die geistige Anregung, welche eine solche Konzentration bietet: also landwirtschaftlicher Großbetrieb, der Hunderte von Arbeitern auf dem »Hof« vereinigt, von dem aus der Betrieb geleitet wird.

Alle diese Vorbedingungen fehlten zu Morus' Zeit völlig. Sein Ziel war aber die höhere Geisteskultur, nicht die Verbauerung des ganzen Volkes. Die Vereinigung der landwirtschaftlichen mit der industriellen Arbeit war also für ihn unmöglich, und er mußte sich darauf beschränken, jedem Bürger für eine gewisse Zeit die Landarbeit vorzuschreiben, die Kinder von früh an mit ihr vertraut zu machen und ein gewisses Maß für die Größe der Städte vorzuschreiben, das sie nicht überschreiten dürfen. Wir werden noch hören, daß keine Stadt mehr oder weniger als 6000 Familien mit 10 bis 16 Erwachsenen zählen darf. Diese Auskunftsmittel entsprechen natürlich nicht dem Wesen des modernen Sozialismus. Durch die kleinbürgerliche Produktionsweise, auf der Morus sein Gemeinwesen aufbaute, wurde er gezwungen, sie zu ersinnen.

Wir ersehen hier wieder, daß wohl die Ziele Morus' moderne sind. Aber ihre Durchführung fand eine Schranke an der Rückständigkeit der Produktionsweise seiner Zeit. Diese war gerade weit genug entwickelt, um einen besonders scharfsinnigen, besonders methodisch geschulten und der ökonomischen Verhältnisse besonders kundigen Beobachter, wie Morus, unter besonders günstigen Umständen, wie sie England damals bot, ihre Tendenzen erkennen zu lassen, aber noch lange nicht weit genug, um die Mittel zu deren Überwindung zu bieten.

So ist auch der Kommunismus Morus' modern in den meisten seiner Tendenzen, unmodern in vielen seiner Mittel.

Viertes Kapitel

Die Familie der Utopier

1. Darstellung

Von der Produktionsweise ist die Form der Haushaltung abhängig, von dieser die Formen der Familie und Ehe, die Stellung der Frau. Sehen wir zu, wie Morus in seinem idealen kommunistischen Gemeinwesen diese Verhältnisse gestalten wollte. Am passendsten dürfte in diesem Zusammenhang auch seine Stellung zur Bevölkerungsfrage abgehandelt werden.

»Jede Stadt besteht (in Utopien) aus Familien, die soweit als möglich aus Verwandten zusammengesetzt sind. Denn die Frau zieht, sobald sie im gesetzlichen Alter geheiratet hat, in das Haus ihres Gatten. Die männlichen Kinder aber und deren männliche Nachkommen bleiben in ihrer Familie, an deren Spitze der Älteste steht. Ist dieser vor Alter kindisch, dann tritt der Nächstälteste an seine Stelle. Damit aber die vorgeschriebene Anzahl der Bürger weder zu- noch abnehme, ist es bestimmt, daß keine Familie, deren es 6000 in jeder Stadt gibt (neben denen auf dem Lande), weniger als zehn und mehr als sechzehn Erwachsene haben soll; die Zahl der Kinder ist nicht festgesetzt. Dieser Maßstab wird mit Leichtigkeit innegehalten, indem man die überschüssigen Mitglieder der übergroßen Familien unter die zu kleinen Familien versetzt. Sollte aber in der ganzen Stadt die Zahl der Bewohner über das richtige Maß steigen, dann füllt man mit dem Überschuß die Lücken geringer bevölkerter Städte aus. Wenn aber die Einwohnerschaft der ganzen Insel das richtige Maß übersteigt, dann lesen sie aus jeder Stadt eine gewisse Anzahl von Bürgern aus, die eine Kolonie nach ihren Gesetzen auf dem benachbarten Kontinent einrichten, in einer Gegend, wo die Eingeborenen viel Land wüst und leer stehen haben. In diese Kolonie werden auch die Eingeborenen aufgenommen, die sich zu ihnen gesellen wollen. Freiwillig verbunden zu gleicher Lebensweise und gleichen Sitten, verschmelzen die Eingeborenen rasch mit den Kolonisten, und das gereicht beiden Teilen zum Vorteil. Denn sie bewirken durch ihre Einrichtungen, daß das Land jetzt für beide im Überfluß hervorbringt, das früher für die einen nur spärlichen Unterhalt bot.

»Wenn aber die Eingeborenen des Landes nicht mit ihnen nach ihren Gesetzen leben wollen, dann vertreiben sie sie aus dem Gebiet, das sie für sich in Anspruch nehmen. Und wenn diese Widerstand leisten, greifen sie zu den Waffen. Denn sie halten es für die gerechteste Ursache eines Krieges, wenn ein Volk einen Landstrich wüst und nutzlos hält und andere an dessen Besetzung und Bebauung hindert, die seiner nach den Gesetzen der Natur zu ihrer Ernährung bedürfen.

»Wenn die Bewohnerschaft einer ihrer Städte so sehr sinkt, daß sie nicht ergänzt werden kann, ohne in anderen Städten Lücken zu reißen (was sich erst zweimal seit dem Bestehen ihres Reiches infolge großer Seuchen ereignet haben soll), dann lassen sie die Bürger aus der Kolonie wieder zurückwandern; denn lieber sehen sie diese eingehen, als daß eine einzige Stadt ihrer Insel sich verringerte.

»Doch kommen wir auf den Verkehr der Bürger untereinander zurück. Der Älteste ist, wie schon gesagt, das Oberhaupt jeder Familie. Die Frauen dienen den Männern, die Kinder den Eltern, die Jüngeren überhaupt den Älteren.

»Jede Stadt ist in vier gleiche Teile geteilt. In der Mitte jedes Stadtviertels ist ein Marktplatz mit allen Arten von Gütern. Dorthin werden die Arbeitserzeugnisse jeder Familie in gewisse Häuser gebracht und in diesen jede besondere Gattung für sich aufgespeichert. Von dort holt jeder Familienvater oder jeder Vorsteher einer Haushaltung, was immer er und die Seinen brauchen, und nimmt es mit sich ohne Geld und überhaupt ohne jede Gegengabe. Denn warum sollte man ihm etwas verweigern? An allen Dingen ist Überfluß, und man hat keinen Grund, zu befürchten, daß jemand mehr fordert, als er braucht. Warum sollte man annehmen, daß jemand über seine Bedürfnisse hinaus fordern wird, wenn er sicher ist, nie Mangel zu leiden? Sicherlich werden Habsucht und Raubgier bei allen lebenden Wesen nur durch ihre Furcht vor Mangel hervorgerufen, beim Menschen auch noch durch Stolz, da er es für etwas besonders Großartiges hält, andere Menschen durch ein verschwenderisches und eitles Prunken mit allen möglichen Dingen zu überragen. Zu solchen Lastern ist bei den Utopiern keine Gelegenheit.«

Neben diesen Marktplätzen stehen die Lebensmittelmärkte, auf die das Vieh bereits geschlachtet und gereinigt gebracht wird, wie wir bereits im vorigen Kapitel gesehen. Die Schlachtung findet außerhalb der Stadt am Flusse statt, damit diese von Unrat und Verwesungsgerüchen frei bleibe, die Krankheiten erzeugen.

»In jeder Straße stehen in bestimmten Entfernungen voneinander große Paläste, jeder mit einem bestimmten Namen bezeichnet. In diesen wohnen die Syphogranten. Und jedem dieser Paläste sind 30 Familien zugeteilt, die zu beiden Seiten desselben wohnen. Die Küchenverwalter dieser Paläste kommen zu bestimmten Stunden auf den Markt, wo jeder die nötigen Lebensmittel holt, der Stärke der Familien entsprechend, die zu seinem Palast gehören. Das Erste und Beste aber kommt zu den Kranken in die Spitäler, die vor der Stadt liegen, und die so vorzüglich eingerichtet sind, daß fast jeder Kranke die Behandlung im Spital der zu Hause vorzieht.

»Zu bestimmten Stunden mittags und abends begibt sich die ganze Syphograntie auf ein gegebenes Trompetenzeichen in ihren Palast, ausgenommen diejenigen, die krank in den Hospitälern oder zu Hause daniederliegen. Niemand ist es verboten, nachdem der Bedarf der Paläste befriedigt ist, vom Markte Lebensmittel heimzutragen, denn sie wissen, daß niemand das ohne triftigen Grund tut. Es gibt keinen, der freiwillig zu Hause speiste, da es nicht anständig und in der Tat höchst töricht wäre, mühsam ein schlechtes Mahl zu Hause herzustellen, wenn ein gutes Mahl im nächsten Palast bereit ist.

»In diesen Palästen wird alle unangenehme, beschwerliche und schmutzige Arbeit von den Knechten verrichtet. Das Kochen und Herrichten der Speisen und die ganze Besorgung der Mahlzeit fällt jedoch den Frauen jeder Familie abwechselnd zu.

»Je nach ihrer Zahl sitzen sie an drei oder mehr Tischen. Die Männer sitzen nächst der Wand, die Frauen an der anderen Seite der Tafel, so daß, wenn eine von einem plötzlichen Unwohlsein befallen wird, wie das bei schwangeren Frauen häufig vorkommt, sie sich ohne Störung erheben und in die Ammenstube zurückziehen kann. Die Frauen mit Säuglingen sitzen nämlich in einer Stube, die für sie besonders bestimmt ist, und in der es nie an Feuer und reinem Wasser fehlt und ebensowenig an Wiegen, so daß sie ihre Kinder niederlegen, aus den Windeln nehmen und diese trocknen und die Kleinen mit Spiel ergötzen können.

»Jede Mutter säugt ihr eigenes Kind, außer wenn Tod oder Krankheit das unmöglich machen. Tritt das ein, dann besorgen die Frauen der Syphogranten rasch eine Amme, und das ist nicht schwer, da die dazu fähigen Frauen sich zu keinem Dienste so gern anbieten als zu diesem. Denn dieser

Beweis von Mitleid wird hochgepriesen, und das gesäugte Kind erkennt auch später die Amme als Mutter an.

»Neben den Frauen mit Säuglingen befinden sich auch die Kinder unter fünf Jahren in der Ammenstube. Die älteren Knaben und Mädchen bis zum heiratsfähigen Alter bedienen entweder bei Tische, oder, wenn sie zu jung dazu sind, sehen sie stehend und schweigend zu. Sie essen, was ihnen von den Tischen gereicht wird, und haben keine besonderen Essenszeiten.«

Es folgt nun eine eingehende Schilderung der gemeinsamen Mahlzeit, die wir übergehen müssen, so anmutende Züge sie auch bietet, da sie nichts Wesentliches und Wichtiges enthält und uns zu weit ab von unserem Wege führen würde. Die Schilderung schließt folgendermaßen:

»Ihre Mittagsmahlzeit (prandium, der englische lunch) dauert kurz, das Abendessen (coena, die Hauptmahlzeit) lang, denn nach jener gehen sie an die Arbeit, nach diesem ruhen und schlafen sie, was nach ihrer Ansicht die Verdauung befördert. Bei keiner Abendmahlzeit fehlt Musik, und stets gibt es einen Nachtisch mit Leckereien (bellaria). Sie verbrennen wohlriechende Harze und besprengen den Speisesaal mit duftenden Ölen und Wassern, kurz, bieten alles auf, um Behaglichkeit und Fröhlichkeit hervorzurufen. Denn sie huldigen sehr stark dem Grundsatz, daß jedes unschädliche Vergnügen erlaubt sei.

»So leben sie in den Städten. Auf dem Lande aber leben die Familien weit voneinander entfernt und speisen daher jede für sich, und sie leiden an nichts Mangel, denn von ihnen kommen ja alle Lebensmittel für die Städtebewohner.«

So viel über den Haushalt der Utopier. Nun zu ihrer Ehe, die komischerweise im Kapitel von der Knechtschaft abgehandelt wird: »Die Mädchen heiraten nicht vor dem 18., die Jünglinge nicht vor dem 22. Jahre. Wer vor der Ehe, Mann oder Weib, verbotener Lust gefrönt hat, wird strenge bestraft und die Ehe ihm verboten, es sei denn, daß der Fürst Gnade für Recht ergehen läßt. Ein solcher Fehltritt gereicht aber auch dem Vorsteher und der Vorsteherin der Familie, in der er sich ereignete, zum schweren Vorwurf, denn man nimmt an, daß sie ihre Pflicht vernachlässigt haben. Sie bestrafen den Fehltritt deshalb so streng, weil man fürchtet, daß wenige eine Verbindung eingehen würden, die sie für ihr ganzes Leben an eine Person fesselt und manche Lasten mit sich bringt, wenn nicht eine strenge Verhinderung aller unsteten Verbindungen stattfände.

»Bei der Wahl der Gatten befolgen sie ein Verfahren, das uns (Hythlodäus und seinen Genossen) lächerlich erschien, unter ihnen aber ernst und streng eingehalten wird. Vor Eingehung der Ehe zeigt eine ehrwürdige Matrone die Braut, sei sie Jungfrau oder Witwe, nackt dem Bräutigam und dann ein gesetzter Mann den Bräutigam nackt der Braut. Wir lachten darüber und verurteilten es als anstößig. Sie dagegen wunderten sich über die Narrheit aller anderen Nationen. Wenn ein Mann ein Pferd kauft, sagen sie, wo es sich nur um ein bißchen Geld handelt, so ist er so vorsichtig, es genau zu untersuchen und, obwohl es fast nackt ist, den Sattel und das Geschirr abzunehmen, um zu sehen, ob nicht etwa ein Geschwür darunter verborgen sei. Bei der Wahl einer Gattin aber, von der Glück oder Unglück des ganzen Lebens abhängt, gehen die Leute aufs Geratewohl vor und binden sich an sie, ohne mehr von ihr gesehen zu haben als eine Handbreit vom Gesicht. Nicht alle Männer sind so weise, eine Frau bloß ihrer guten geistigen Eigenschaften wegen zu wählen, und selbst die Weisen halten dafür, daß ein schöner Körper die Reize des Geistes erhöht. Es ist unzweifelhaft, daß die Kleidung eine Häßlichkeit verbergen kann, die den Mann seinem Weibe entfremdet, wenn eine Trennung nicht mehr möglich ist. Entdeckt er den Fehler erst nach der Ehe, dann bleibt ihm nichts übrig, als sich geduldig ins Unvermeidliche zu fügen. Sie halten es daher für sehr vernünftig, einen solchen Betrug unmöglich zu machen.[58] »Das ist in Utopien um so gebotener, als es das einzige Land in jenem Himmelsstrich ist, in dem die Vielweiberei nicht gestattet wird und die Ehescheidung nur im Falle des Ehebruchs oder unerträglicher schlechter Aufführung des einen Teils: in solchen Fällen löst der Senat die Ehe und gibt dem nichtschuldigen Teil das Recht, wieder zu heiraten. Der Schuldige ist ehrlos und darf keine zweite Ehe mehr eingehen. Keiner darf je sein Weib aus dem Grunde verstoßen, weil sie ein körperliches Leiden oder Gebrechen befällt; denn sie halten es einesteils für den Gipfel der Grausamkeit, jemand dann zu verlassen, wenn er des Trostes und der Hilfe am meisten bedarf, und andererseits glauben sie, daß die Möglichkeit einer solchen Trennung eine trübe Aussicht für das Alter biete, das so viele Krankheiten mit sich bringt, und das selbst eine Krankheit ist.

»Hin und wieder kommt es jedoch vor, daß Mann und Weib sich nicht vertragen können und andere Genossen finden, mit denen sie hoffen, glücklicher zu leben; dann trennen sie sich mit gegenseitiger Zustimmung und gehen neue Ehebündnisse ein, jedoch nicht ohne Erlaubnis des Senats; diese wird erst nach einer genauen Untersuchung der Angelegenheit durch die Senatoren und ihre Frauen gewährt. Und nicht allzuleicht, da sie glauben, daß zu große Leichtigkeit der Ehescheidung gerade nicht das Mittel sei, die Zuneigung der Gatten zu einander zu festigen.

»Die Ehebrecher werden mit der härtesten Knechtschaft bestraft. Sind beide Schuldige verheiratet, dann können die beiden beschimpften Gatten einander oder wen sie sonst wollen heiraten. Fährt jedoch einer der Beleidigten fort, den untreuen Gatten zu lieben, so darf er die Ehe fortsetzen, wenn

---

58   Es ist bezeichnend für die englische Prüderie, daß in der englischen Übersetzung des Raphe Robynson dieser ganze Absatz weggelassen ist.

er gewillt ist, dem schuldigen Teil in die Sklaverei zu folgen. Mitunter bewegt die Reue des Schuldigen und die unerschütterliche Zuneigung des unschuldigen Gatten den Fürsten so sehr, daß er jenen begnadigt. Wer aber danach wieder einen Ehebruch begeht, wird mit dem Tode bestraft.«

Diesen Ausführungen sind nur noch einige Sätze hinzuzufügen, welche für die Stellung der Frau in Utopien charakteristisch sind: »Die Männer züchtigen ihre Frauen, die Eltern ihre Kinder, wenn nicht das Vergehen ein solches ist, das öffentliche Bestrafung verdient.«

»Niemand wird gezwungen, wider seinen Willen in einen Krieg außerhalb der Landesgrenzen zu ziehen. Andererseits aber werden die Frauen, die ihre Gatten in den Krieg zu begleiten wünschen, daran nicht gehindert, sondern vielmehr dazu ermuntert und dafür gepriesen. Im Felde kämpfen sie an der Seite ihrer Gatten, umgeben von ihren Kindern und Verwandten, so daß diejenigen, die zusammenstehen, am meisten Ursache haben, einander gegenseitig zu helfen. Es gilt als große Schande für einen Gatten, ohne die Gattin, für den Sohn, ohne den Vater heimzukehren.«

»Ihre Priester heiraten die durch ihre Eigenschaften hervorragendsten Frauen des Landes; die Frauen selbst sind keineswegs vom Priestertum ausgeschlossen, werden indes selten dazu erwählt, und dann nur ältere Witwen.«

Diese Zitate dürften genügen, die Formen der Familie und Ehe usw. der Utopier erkennen zu lassen. Die Ausführungen darüber vollständig wiederzugeben, würde zu weit führen, da sie sehr ausgedehnt sind.

2. Kritik

Wir haben bereits darauf hingewiesen, mit welcher liebevollen Ausführlichkeit die gemeinsamen Mahlzeiten der

Utopier beschrieben sind. Das ist nicht Zufall, nicht persönliche Liebhaberei Mores, sondern entspringt aus dem Wesen seines Kommunismus. Die Großindustrie, von der der moderne Sozialismus ausgeht, ist ein System gesellschaftlicher Arbeit; ein großindustrieller Betrieb erheischt das gemeinsame und planmäßige Zusammenarbeiten Hunderter, ja Tausender von Männern, Frauen und Kindern. Was der moderne Sozialismus anstrebt, ist die Ausdehnung dieses gesellschaftlichen Charakters der Arbeit innerhalb der einzelnen Betriebe auf die gesamte Produktion des Gemeinwesens und die Anpassung der Aneignungsweise an die Produktionsweise. Der kommunistische, oder wenn man will, sozialistische Charakter des ganzen gesellschaftlichen Wesens, wie ihn der moderne Sozialismus anstrebt, geht aus dem heute bereits bis zu einem gewissen Grade bestehenden gesellschaftlichen Charakter der Arbeit hervor.

Das Handwerk und die bäuerliche Landwirtschaft, von denen Morus ausging, bedingen dagegen bis zu einem gewissen, sehr hohen Grade die Isolierung der einzelnen Kleinbetriebe voneinander. Um so größeren Nachdruck mußte er daher auf den gesellschaftlichen Charakter der Mahlzeiten und der Vergnügungen legen. Für den modernen Sozialismus ist die Gemeinsamkeit auf diesem Gebiete ein Punkt von sekundärer Bedeutung, für den Moreschen Sozialismus eine Lebensbedingung. – In diesem Punkte berührt sich Morus mehr mit den sogenannten sozialistischen Erscheinungen des Altertums, vor allem dem platonischen Kommunismus, als mit dem heutigen Sozialismus.

Die gemeinsamen Mahlzeiten waren aber für Morus wichtig nicht nur als Mittel, um den gesellschaftlichen Zusammenhalt zu festigen, sondern auch als Mittel, um die Frau, wenigstens zum Teil, von der Arbeit des Haushalts zu emanzipieren.

Damit sind wir auf ein Gebiet gelangt, das im allgemeinen

einen guten Prüfstein für den Charakter eines sozialistischen Systems abgibt. Aus der Haltung, die ein Sozialist der Frau gegenüber einnimmt, kann man in der Regel bereits erkennen, selbst wenn man sonst nichts von ihm weiß, welcher Richtung er zuzuzählen ist.

Diejenigen, welche man als kleinbürgerliche oder gar als reaktionäre Sozialisten bezeichnen kann, verweisen die Frau in die Sphäre der Einzelhaushaltung und schließen sie damit vom öffentlichen Leben aus. Ganz anders der moderne proletarische Sozialismus. Er geht aus von der Großindustrie, von einer Produktionsweise, welche die verschiedenen Zweige der Arbeit des Einzelhaushalts in berufsmäßig betriebene öffentliche Industrien verwandelt und den Einzelhaushaltungen der Arbeiter, soweit sie noch bestehen bleiben, immer mehr den Stempel der Vergeudung von Arbeit und Material aufdrückt, einer Vergeudung, die für den Vorsteher des Haushalts nur dadurch einigermaßen erträglich wird, daß die Hausfrau ihre Arbeitskraft ins Ungemessene ausgibt und ihre Ansprüche ans Leben auf das mindeste Maß reduziert.

Die Arbeit der Frau im Einzelhaushalt des Arbeiters wird so nicht nur immer überflüssiger, sondern auch zu einer immer unerträglicheren Last, in erster Linie für die Frau, in zweiter Linie auch für den Gatten.

Gleichzeitig damit schafft aber auch die Großindustrie in immer steigendem Maße die Möglichkeit und die Vorteilhaftigkeit der industriellen Verwendung der Frauen. Und dadurch wird sie aus der Enge und Isoliertheit ihrer Haushaltung ans Leben der Öffentlichkeit gezogen, sie wird in den Klassenkampf gestoßen, damit wird ihr das Interesse an der politischen Entwicklung aufgedrängt und schließlich in ihr der Drang nach politischer Betätigung erweckt.

Die Emanzipation der Frau vom Haushalt zieht unfehlbar ihre politische Emanzipation nach sich. Die Gleichstellung der Geschlechter im öffentlichen Leben ist demnach die Forderung jedes modernen proletarischen Sozialisten, und ebenso die jedes der großen Utopisten, die nicht von einer kleinbürgerlichen, sondern einer kapitalistischen Grundlage ausgingen.

Morus ist es in diesem Punkte ähnlich gegangen, wie wir es schon bezüglich anderer Punkte beobachtet: er antizipierte einen Grundsatz des modernen Sozialismus, ehe noch die materiellen Bedingungen gegeben waren, auf denen dieser fußt. Er gelangte dazu durch eine logische Gedankenarbeit, indem er von den kapitalistischen Keimen ausging, die er vorfand.

Wir haben gesehen (im ersten Abschnitt), wie die Bourgeoisfrau, zunächst die Frau des Großkaufmanns, von der Arbeit des Haushalts emanzipiert und dadurch zu geistiger und öffentlicher Betätigung befähigt wurde. Wir haben ferner gesehen, wie Morus, der Humanist und Vertreter der kapitalistischen Kaufmannschaft, theoretisch und praktisch in weitgehender Weise die Idee der Frauenemanzipation vertrat. Aber dadurch, daß er in die Idee der Emanzipation der Frau den kommunistischen Grundsatz der gleichen Arbeitspflicht aller einführte, erhielt sie ein ganz anderes Gesicht, als bei den Frauenemanzipatoren des Humanismus; die Emanzipation der Burgeoisfrau auf Grundlage der Ausbeutung wurde zur Emanzipation jeder Frau im Gemeinwesen auf Grundlage ihrer beruflichen Arbeit. Hat Morus damit ein glänzendes Zeugnis dafür abgelegt, wie weit ein genialer Forscher die Ziele der gesellschaftlichen Entwicklung vorwegnehmen kann, wenn er die tatsächliche Entwicklung begreift, die vor seinen Augen vor sich geht, so hat Morus aber auch gleichzeitig bewiesen, wie unvollkommen eine solche Ahnung stets sein muß, da die Idee in denselben Verhältnissen, von denen sie ihren Anstoß erhält, auch ihre Schranken findet.

Morus erreichte durch seine Anordnung der gemeinsamen Mahlzeiten nur zum Teil die Emanzipation der Frau vom Einzelhaushalt, da er eine mächtige Grundlage desselben bestehen lassen mußte: die bäuerliche und handwerksmäßige Produktionsweise.

Dieselbe bedingt, daß jedem gesonderten Betrieb eine gesonderte Haushaltung entspricht, eine Familie, wie sie typisch in der römischen Familie entwickelt war. (Vergl. Engels, Der Ursprung der Familie, des Privateigentums und des Staates. Stuttgart 1886. S. 33.) Das römische Wort familia, bezeichnet in der Tat nicht die Gesamtheit der durch Blutbande Verbundenen, sondern die Gesamtheit der zu einem bestimmten Betriebe Verbundenen. Es war natürlich, daß vor allem die Gattin und die Kinder des Bauern mit ihm zur Bearbeitung des Bodens, Weidung des Viehes usw. verbunden waren; danach seine Enkel usw., wenn die Ausdehnung des Betriebs es erheischte. Aber die Sklaven, die außer diesen Nächststehenden auch im Betrieb mitwirkten, gehörten in Rom ebenfalls zur Familie; Kinder dagegen, die aus dem Betrieb austraten, zum Beispiel Töchter, die heirateten, hörten damit auf, zur Familie zu gehören. Das Familienhaupt war der Leiter des Betriebs und als solchem waren ihm die Familienmitglieder unbedingten Gehorsam schuldig. Ihm gegenüber nahmen in der römischen Familie die Kinder dieselbe Stellung ein wie die Sklaven, und es ist charakteristisch, daß der Sohn von der Oberhoheit des Vaters (patria potestas) nur dadurch frei werden konnte, daß dieser ihn wie einen Sklaven, wenigstens zum Schein, verkaufte, und zwar dreimal. Selbst die Familienmutter war dem Hausvater unterworfen.

In ähnlicher Weise, wenn auch nicht so schroff, stellt sich auch die bäuerliche patriarchalische Familie und Haushaltung im Mittelalter dar. Auch sie war die Gesamtheit derjenigen, die zur Führung eines bestimmten, abgesonderten bäuerlichen Betriebs verbunden waren, eine ökonomische Einheit.

Auch beim mittelalterlichen Handwerk bildet jeder Betrieb einen Haushalt, eine Familie für sich, zu der die Kinder des Meisters nicht gehören, die in anderen Betrieben tätig sind, zu der dagegen Lehrlinge und Gesellen gehören, auch wenn sie mit dem Meister nicht verwandt sind, was jedoch oft der Fall ist. Mancher Kunstgriff ist Familiengeheimnis, und leicht lernt vom Vater der Sohn, der ihm von Kindesbeinen an zugesehen hat. Mitunter ist ein Betrieb ausschließlich auf eine Familie (im Sinne der Blutsverwandtschaft) beschränkt und in ihr erblich. Wie beim Bauern sind auch beim mittelalterlichen Handwerker der Erwerbsbetrieb und die Haushaltung fest miteinander verbunden. Diejenigen, die gemeinsam produzierten, konsumierten auch gemeinsam. Der Hausvater war der Leiter der Produktion, aber nicht der ausschließliche Aneigner des Produktes der Familienarbeit.

Anders bei einem kapitalistischen Betrieb. Dieser ist von vornherein, wo er typisch auftritt, vom Haushalt des Betriebsinhabers und Betriebsleiters getrennt; damit einerseits die Möglichkeit für den Lohnarbeiter gegeben, einen eigenen Haushalt zu gründen, die dem zünftigen Gesellen fehlte; andererseits aber auch die Möglichkeit gegeben, daß der Arbeiter verhungert, indes der Betriebsinhaber im Überfluß schwelgt, während im zünftigen Handwerk beide am gleichen Tische speisten. Unter der Rückwirkung des Kapitalismus auf das Handwerk wurde auch bei diesem die Einheit von Betrieb und Haushalt nach und nach gelockert und schließlich völlig beseitigt. Beim Bauern dauert sie dagegen heute noch in der Regel fort.

Zu Morus' Zeit war der Haushalt in Landwirtschaft und Industrie noch fest mit dem Betrieb verbunden. Lockerte Morus auch dieses Band durch seine gemeinsamen Mahlzeiten (wenigstens für die städtischen Handwerker, nicht für die Landbewohner), so konnte er es doch nicht völlig lösen. Wir finden daher bei ihm die patriarchalische Familie, man könnte fast sagen, in klassischer Gestalt, weil als bloßes Gedankending von jedem störenden Beiwerk befreit, welches das Wesen der realen Dinge umhüllt und oft so schwer erkennen läßt. Die Familien der Utopier sind Produktivassoziationen, wie die Handwerkerfamilien des Mittelalters, zum großen Teil, aber nicht notwendig, durch Blutbande zusammengehalten. Die Größe derselben wird durch technische Rücksichten bestimmt. Die bäuerlichen Familien sind größer als die Handwerkerfamilien; jene zählen mindestens 40, diese nur 10 bis 16 erwachsene Mitglieder, überschüssige Mitglieder aus einer Familie füllen die Lücken einer anderen aus. Der Älteste ist Leiter des Betriebs, Herr über alle Familienmitglieder.

Indem Morus den Einzelhaushalt, die patriarchalische Familie in sein utopisches Gemeinwesen übernahm, übernahm er selbstverständlich auch deren Konsequenzen, wenn er sich auch bemühte, sie möglichst abzuschwächen, soweit sie der Frau ungünstig waren.

Er ließ nicht nur die Unterordnung der Frau unter den Mann bis zu einem gewissen Grade bestehen, sondern auch die Formen der geschlechtlichen Beziehungen, die der patriarchalischen Familie eigentümlich waren, die Forderung der Keuschheit des Mädchens vor der Ehe, das strenge Verbot des Ehebruchs oder der Lösung der Ehe durch die Gattin usw. So tief haben sich diese Bestimmungen eingewurzelt, daß sie selbst heute noch vielfach unverändert gelten, obgleich manche ihrer materiellen Grundlagen sich bereits verändert haben.

Um so weniger konnte Morus vor bald vier Jahrhunderten darüber hinaus. Das einzige, was er tun konnte, war, die Strenge der ehelichen Beziehungen zu mildern. Aber vielfach hat er sie sogar verschärft, indem er in seinem Bestreben, die Gleichheit beider Geschlechter herbeizuführen, die für die Frauen geltenden Einschränkungen auf die Männer ausdehnte, statt den Frauen die Freiheit der Männer zu geben. So verlangt er von beiden Geschlechtern Keuschheit vor der Ehe, verbietet beiden den Ehebruch. In bezug auf die Ehescheidung ließ er sich zu Milderungen herbei, aber nur zu geringfügigen. Indes wollte er doch, daß die Ehen auf gegenseitiger Neigung beruhten, eine notwendige Forderung, wenn die Frau nicht die Sklavin des Mannes sein und wenn diesem jeder außereheliche Verkehr verboten sein sollte. Um also nachfolgende Reue und den Wunsch nach einer Ehescheidung auszuschließen, kam er auf den sonderbaren Einfall, Braut und Bräutigam einander vor der Ehe nackt besichtigen zu lassen, durch welchen Einfall uns der leise Seufzer unseres Thomas darüber durchzuklingen scheint, daß es ihm nicht vergönnt war, die Reize seiner Alice vor der Hochzeit zu Gesichte bekommen zu haben: er hätte damit vielleicht vollauf genug gehabt.

Solche Spintisierereien sind die naturnotwendigen Folgen des Bestrebens, die Möglichkeit der Realisierung einer Idee auszuklügeln, solange sich die tatsächlichen Verhältnisse nur gerade so weit entwickelt haben, um den Anstoß zu dieser Idee zu geben, ohne die Bedingungen zu bieten, die zu ihrer Verwirklichung nötig sind.

In seinen Ausführungen über Familie und Ehe hat das Genie Morus' einen noch schwierigeren Kampf mit den ihn einengenden tatsächlichen Verhältnissen zu führen gehabt, als in seinen Ausführungen über die Produktionsweise. Noch viel mehr als in diesen finden wir daher in jenen neben Grundsätzen, die dem modernen Sozialismus eigentümlich sind, solche, die einer vergangenen Produktionsweise, einer vergangenen Familienform entsprechen. Modern ist sein Grundsatz der gemeinsamen Mahlzeiten, der Beteiligung der Frauen am öffentlichen Leben, natürlich in seinen damaligen Formen, am Kriegswesen und Priestertum und, wie wir noch sehen werden, an der Beamtenwahl und dem Studium.

Die Aufrechthaltung der Unterordnung der Frau und des patriarchalischen Einzelhaushaltes stehen dagegen im Widerspruch mit den Tendenzen des modernen Sozialismus und auch im Widerspruch zu den Tendenzen des Moreschen Sozialismus selbst.

Mit Plato hat er auch auf dem hier behandelten Gebiet wenig gemein. Ob Morus wirklich jemals für die Weibergemeinschaft schwärmte, ist schwer zu beurteilen. Erasmus, der uns das erzählt, besaß zu wenig Verständnis für den Sozialismus Mores, um als völlig sichere Quelle darüber zu gelten. Sicher ist, daß Morus in der »Utopia« die strenge Einzelehe und die freie Gattenwahl forderte und damit in direktem Widerspruch zu Plato stand, der mit lakonischer Ungeniertheit und attischer Weiberverachtung die Weibergemeinschaft pries und daneben geschlechtliche Zuchtwahl nach obrigkeitlicher Anordnung, beides Einrichtungen, die dem modernen Gefühl gänzlich widerstreben.

Steht Morus darin viel ferner von Plato als von uns, so sind beide einander viel näher und vom modernen Sozialismus verschieden in ihrer Stellung zur Bevölkerungsfrage. Jeder der beiden hält es für notwendig, daß die Bevölkerung seines idealen Gemeinwesens stationär bleibe. Die Mittel, durch welche das Gleichbleiben der Bevölkerungszahl erzielt werden soll, sind freilich bei beiden sehr verschieden. Die Kinderaussetzung und der Abortus, die Plato als etwas Naheliegendes vorschlägt, kamen Morus nicht in den Sinn. Er empfiehlt eine sozialistische Kolonial- und Auswanderungspolitik, die zu der wirklichen Politik seiner Zeit in schroffem Widerspruch steht. Nicht Unterjochung und Ausbeutung der Eingeborenen der Kolonie wollte er, sondern ihre Aufnahme als gleichberechtigte Bürger und ihre Teilnahme an den Vorteilen der höheren Produktionsweise, die ihnen die Kolonisten brachten.

Das Beharren der Bevölkerung auf einem bestimmten

Stande mußte er jedoch ebenso wie Plato voraussetzen, da beide ihr Gemeinwesen auf der Grundlage von Bauerntum und Handwerk aufbauten. Diese Produktionsformen sind konservativ, sie entwickeln die Produktivkraft der Arbeit nur langsam und unmerklich; sie verknöchern oft, sobald sie eine gewisse Höhe erreicht haben. Wenn einmal der gesamte fruchtbare Boden eines Landes okkupiert worden, ist auf Grundlage der bäuerlichen Landwirtschaft ein merkliches Wachstum der Bevölkerung ohne Schädigung derselben nicht mehr möglich.

Anders gestaltet sich die Bevölkerungsfrage, sobald der großindustrielle Betrieb in Gewerbe und Landwirtschaft ersteht. Diese Produktionsform nimmt die Wissenschaft in ihren Dienst und wird durch deren unermüdliches Forschen und Entdecken unaufhörlich revolutioniert, die Produktivität der Arbeit ununterbrochen gesteigert und dadurch ein gewisses stetiges Wachstum der Bevölkerung ermöglicht. Mitunter wird ein solches Wachstum geradezu eine Vorbedingung weiterer Fortschritte dieser Produktionsweise. Die Produktivität der Arbeit kann um so mehr wachsen, je mehr die Arbeitsteilung in der Gesellschaft sich entwickelt, je mehr jeder einzelne Betrieb sich nur auf die Herstellung eines bestimmten Gegenstandes beschränkt, je massenhafter er diesen erzeugt. Das stetige Wachstum dieser Massenproduktion und des Massenabsatzes ist eine Vorbedingung des Fortschritts der Produktionsweise unter den heutigen technischen Verhältnissen. Ein solches Wachstum ist möglich durch Erhöhung der Lebenshaltung, also Steigerung des Konsums der einzelnen, und durch Vermehrung der Zahl der Konsumenten, also entweder durch Erweiterung des Absatzgebiets im räumlichen Sinne, oder durch Vermehrung der Bevölkerung.

Man kann eine Regelung dieser Zunahme unter gewissen Umständen für geboten halten. Eine Beschränkung der Bevölkerung auf eine bestimmte unüberschreitbare Zahl, wie Morus sie verlangte und verlangen mußte, ist jedoch dem Wesen der modernen Produktionsweise wie des modernen Sozialismus zuwider.

Fünftes Kapitel

Politik, Wissenschaft und Religion in Utopien

1. Politik

Produktionsweise, Haushalt, Familie und Ehe sind die wichtigsten Gebiete, auf denen ein bestimmtes kommunistisches System seine charakteristischen Eigentümlichkeiten entfalten kann. Von geringerer Bedeutung erscheint uns der politische und ideologische Überbau. Von Politik ist in einem kommunistischen Gemeinwesen überhaupt nicht viel zu sagen. Und was die Ideen anbelangt, die in einem solchen herrschen, so muß man gestehen, daß es leichter ist, sich Einrichtungen vorzustellen, die von den unseren abweichen, als Ideen und Charaktereigenschaften. Die religiösen und philosophischen Ausführungen der »Utopia« sind für ihre Zeit von großartiger Kühnheit und für Morus ungemein charakteristisch. Aber während seine ökonomischen Forderungen heute noch vielfach revolutionär sind, ist seine Philosophie, soweit sie nicht veraltet, Gemeinplatz geworden, den der seichteste Liberale unterzeichnen kann. Die Philosophie und Religion der »Utopia« haben denn auch unsere liberalen Historiker am meisten interessiert, ihnen haben sie lange Abhandlungen gewidmet, indes sie den Kommunismus als leere Phantasterei mit ein paar Phrasen mitleidiger Überlegenheit abtaten. Die Philosophie und Religion der »Utopia« sind hochwichtige Belege für die literarische und wissenschaftliche Stellung Mores, die wir im zweiten Abschnitt behandelt haben, dagegen stehen sie mit dem Kommunismus seines idealen Gemeinwesens in keinem notwendigen organischen Zusammenhang.

Wir werden daher aus den langen Ausführungen der »Utopia« darüber nur das Wichtigste wiedergeben und unseren Kommentar und unsere Kritik auf das Notwendigste einschränken. Sie könnten ja großenteils nur Wiederholungen aus dem ersten Abschnitt bringen.

Zunächst wollen wir sehen, wie Morus sich die politische Verfassung der »Utopia« dachte. »Je dreißig Familien[59] wählen jährlich einen Beamten, der in ihrer alten Sprache Syphogrant hieß, jetzt aber Phylarch genannt wird. Über je zehn Syphogranten mit den ihnen unterstehenden Familien steht ein anderer Beamter, ehemals Tranibor, jetzt Protophylarch betitelt. Alle Syphogranten, zweihundert an der Zahl, wählen, nachdem sie geschworen, dem Geeignetsten ihre Stimme geben zu wollen, in geheimer Abstimmung den Fürsten aus vier Kandidaten, die das Volk aufgestellt hat, indem jedes Stadtviertel einen auserwählt und dem Senat empfiehlt. Das Amt des Fürsten ist ein lebenslängliches, außer wenn er in den Verdacht gerät, nach der Alleinherrschaft zu streben. Die Traniboren werden jährlich gewählt, aber nicht ohne triftigen Grund gewechselt. Alle anderen Ämter sind nur jährlich. Die Traniboren versammeln sich mit dem Fürsten jeden dritten Tag, und wenn es sein muß öfters, und beraten über die öffentlichen Angelegenheiten und über private Streitigkeiten, wie sie mitunter, wenn auch selten, vorkommen. Jeder Sitzung wohnen zwei Syphogranten bei, die jedesmal wechseln.... Es ist bei Todesstrafe verboten, außer im Senat oder der Volksversammlung über öffentliche Angelegenheiten Beschlüsse zu fassen. Diese Bestimmung wurde,

---

59 Also jedenfalls Männer und Frauen.

wie sie sagen, erlassen, damit nicht durch eine Verschwörung des Fürsten mit den Traniboren und durch Unterdrückung des Volkes die Verfassung umgestürzt werden könne. Wenn es sich daher um Angelegenheiten von großer Wichtigkeit handelt, so müssen sie den Syphogranten vorgelegt werden, die sie den Familien ihrer Abteilung mitteilen und mit ihnen besprechen, um dann deren Entscheidungen dem Senat mitzuteilen. Mitunter wird eine Angelegenheit der Abstimmung der ganzen Insel unterbreitet.« ...

»Jede Stadt sendet jährlich drei ihrer weisesten Greise nach Amaurotum (der Hauptstadt), um die gemeinsamen Angelegenheiten der Insel zu besorgen.« Dieser Senat hat, wie wir wissen, die Aufgabe, eine Statistik des Bedarfes und Arbeitsertrags jeder Stadt aufzustellen und Überfluß und Mangel der einzelnen Gemeinden auszugleichen.

Was die Funktionen der einzelnen Beamten anbelangt, so wissen wir bereits, daß »die vornehmste und fast einzige Aufgabe der Syphogranten darin besteht, darauf zu achten, daß niemand müßig gehe und jeder sein Handwerk mit gebührendem Eifer betreibe«.

»Wer allzu gierig nach einem Amte strebt«, heißt es an einer anderen Stelle, »kann sicher sein, es nie zu erlangen. Sie leben friedlich zusammen, da die Beamten weder anmaßend noch hart sind. Sie heißen Väter und sie handeln wie solche. Freiwillig werden ihnen Ehrenbezeugungen verliehen, von keinem werden sie verlangt. Der Fürst selbst ist nicht durch Purpur oder Krone ausgezeichnet, sondern nur durch ein Büschel Ähren in der Hand. Der Oberpriester durch eine Wachskerze, die man ihm voranträgt.

»Sie haben nur wenige Gesetze, denn bei ihren Einrichtungen bedürfen sie nicht vieler. Sie tadeln sehr die unendliche Menge von Gesetzbüchern und Kommentaren bei anderen Nationen, die doch nicht ausreichen.«

Ebenso einfach wie die inneren sind die auswärtigen politischen Verhältnisse der Utopier. Verträge mit fremden Völkern schließen sie nicht ab, da sie wissen, daß solche nur so lange eingehalten werden, als der Vorteil es erheischt. Sie verlassen sich auf sich selbst und auf die ökonomische Abhängigkeit der Nachbarn von ihnen.

»Den Krieg verabscheuen sie als eine Bestialität, die doch bei keiner Bestie so häufig ist wie beim Menschen. Entgegen den Sitten fast aller Nationen gilt ihnen nichts so unrühmlich, als Kriegsruhm. Obgleich sie sich täglich in den Waffen üben, und zwar nicht nur die Männer, sondern auch die Frauen an gewissen Tagen, damit sie des Kriegswesens wohl kundig seien, wenn die Notwendigkeit es erheischt, unternehmen sie trotzdem nie einen Krieg, außer zur Verteidigung ihres eigenen Landes oder ihrer Freunde gegen einen ungerechten Angriff, oder zur Befreiung eines unterdrückten Volkes vom Joche der Tyrannei.... Für die gerechteste Ursache eines Krieges aber halten sie es, wenn Kaufleute einer befreundeten Nation in der Fremde unter irgend einem gesetzlichen Vorwand, durch schlechte Gesetze oder Verdrehung guter, unterdrückt und geprellt werden.«

In dem letzten Satze guckt unserem guten Morus der Kaufmann recht sehr über die Schulter.

Seine ungemein weit ausgesponnenen Ausführungen über den Krieg, von denen wir nur den Anfang gegeben, sind zumeist nichts anderes als eine mitunter sehr scharfe Satire auf die Kriegswut seiner Zeit, bei der zum Beispiel die Schweizer sehr schlecht wegkommen, die unter dem Namen Zapoleten auftreten. Diese Ausführungen beruhen auf der Voraussetzung, daß sein kommunistisches Gemeinwesen von Staaten umgeben sei, die auf derselben Kulturhöhe stehen, dabei aber die der »Utopia« entgegengesetzten sozialen und politischen Einrichtungen besitzen. Morus hat nur eine unklare Ahnung von der internationalen Solidarität des modernen Sozialismus, welcher letztere die soziale Umgestaltung, die er anstrebt, als das naturnotwendige Produkt der kapitalistischen Produktionsweise ansieht und daher annimmt, daß sie sich auf alle Länder dieser Produktionsweise erstrecken werde.

In engerer Verbindung mit dem Kommunismus als die Ausführungen über den Krieg sind die über die innere politische Organisation Utopiens. Es ist ein völlig demokratisches Gemeinwesen, in dem die Funktionen der Behörden, neben dem Schlichten von Zwistigkeiten, fast ausschließlich in der Leitung der Arbeit bestehen. Morus stellt da denselben Grundsatz auf wie der moderne Sozialismus, daß mit der Aufhebung der Klassengegensätze die politischen Funktionen einschlafen und das Gemeinwesen sich aus einem politischen Staatswesen in eine Produktivgenossenschaft umwandelt.

Für Morus aber ist es bezeichnend, daß er sich nicht einmal ein solches Gemeinwesen ohne Fürsten vorstellen kann. Dieser hat zwar gar nichts zu tun, als sich davor zu hüten, daß er nicht in den Verdacht kommt, nach der Alleinherrschaft zu streben, aber trotzdem, ohne persönliche Spitze geht's einmal in Utopien nicht.

2. Wissenschaft

Sehen wir nun zu, welche Stellung die Wissenschaft in Utopien einnimmt: »Gewöhnlich werden am frühen Morgen öffentliche Vorlesungen abgehalten, zu deren Besuch nur diejenigen verpflichtet sind, die besonders für die Wissenschaften bestimmt wurden. Aber es finden sich stets auch eine große Menge anderer Leute dabei ein, Männer und Frauen, der eine bei diesen, der andere bei jenen Vorlesungen, je nach der Neigung des Betreffenden.«

In diesen wenigen Zeilen ist einer der wichtigsten Grundsätze des modernen Sozialismus enthalten: die Aufhebung des Privilegiums der Wissenschaft für eine Kaste. Die Wissenschaft wird allen Bürgern des Gemeinwesens, Männern wie Frauen, in gleicher Weise zugänglich gemacht, und eines der wichtigsten, ja vielleicht das vornehmste Ziel des kommunistischen Gemeinwesens besteht darin, jedermann des Genusses geistiger Arbeit teilhaftig zu machen: »Das Ziel, der Einrichtungen dieses Gemeinwesens«, heißt es in der »Utopia«, »geht in erster Linie dahin, es allen Bürgern zu ermöglichen, jede Zeit, die nicht von den Bedürfnissen der Gemeinschaft in Anspruch genommen wird, der körperlichen Arbeit zu entziehen und der freien Tätigkeit und Entfaltung ihres Geistes zu widmen. Denn darin sehen sie die Glückseligkeit des Lebens.«

Das ist ein ganz moderner Gedanke, der weder dem urwüchsigen noch dem platonischen Kommunismus eigen war. Der gedankenlose Urmensch kannte den Genuß wissenschaftlicher Tätigkeit noch nicht. Die Veranlassung dazu konnte erst gegeben sein einerseits, als die gesellschaftlichen Elemente in den Fluß rascherer Entwicklung kamen, als feindliche Klassen erstanden, als die sozialen Veränderungen eine vom Willen des Menschen unabhängige Entwicklung erhielten und soziale Kämpfe zum Nachdenken anregten, als der Mensch eine Geschichte erhielt; andererseits erst dann, als der Mensch vom Banne der Natur befreit war, als diese ihm als etwas Objektives gegenüberstand. Beide Grundlagen des Bedürfnisses nach wissenschaftlicher Forschung entwickelten sich nur in den Städten mit genügender Kraft; dort entwickelten sich aber auch gleichzeitig die Bedingungen, welche die wissenschaftliche Forschung ermöglichten, die Schaffung einer Klasse, die, von der Notwendigkeit physischer Arbeit befreit, sich ganz dem Genuß geistigen Schaffens hingeben konnte.

Arbeit und Wissenschaft erschienen dem Altertum als

zwei unvereinbare Dinge. Demnach ist auch in der platonischen Republik die Wissenschaft das Privilegium der herrschenden und ausbeutenden Klasse. Der Moresche Kommunismus, der als moderner Kommunismus auf der gleichen Arbeitspflicht und demnach der Gleichheit aller beruht, mußte auch, gleich dem urwüchsigen Kommunismus, allen die gleiche Möglichkeit zuerkennen, an den Genüssen teilzunehmen, die er bot. Um so mehr mußte dies der Fall sein mit dem größten, dauerndsten der Genüsse, der erst durch den Untergang des urwüchsigen Kommunismus erstanden ist, dem Genuß geistiger Arbeit. Auf diesen mußte Morus besonderen Wert legen als Humanist, dem ein Leben ohne geistiges Schaffen nicht wert schien, gelebt zu werden.[60] Und da die technischen Bedingungen der Befreiung aller Bürger von geisttötender physischer Arbeit ohne Einschränkung der Bedürfnisse noch nicht gegeben waren, so verstand Morus sich lieber zu dieser, als daß er den Bürgern Utopiens die Möglichkeit geistiger Entwicklung beschränkt hätte. Wir haben diesen Punkt schon behandelt, und wir wissen auch schon, daß Morus durch die technische Rückständigkeit seiner Zeit gezwungen wurde, zwei, wenn auch der Zahl nach geringfügige Klassen zu schaffen, deren Existenz zu den Grundsätzen der »Utopia« im Widerspruch steht: eine Klasse der Gelehrten, die von der allgemeinen Arbeitspflicht befreit war, und eine Klasse von Knechten, denen die geistige Arbeit versagt blieb. Es muß jedoch hervorgehoben werden, daß die Gelehrten keinerlei materielle Bevorzugungen vor den anderen Bürgern genießen. Und Morus hält es gar nicht für nötig, das zu motivieren. Die Bourgeoisie mußte schon

---

60 Morus war weit entfernt von der Auffassung des Sozialismus als einer bloßen Magenfrage. Dieser ist ihm in erster Linie eine Kulturfrage, und er erhebt sich damit weit über manchen heutigen sogenannten Sozialisten, der annimmt, es handle sich den Arbeitern bloß darum, ihr tägliches Essen und Trinken gesichert zu sehen; wie etwa Rodbertus, dem die soziale Frage als bloße Lohnfrage erschien, so daß er nicht einmal von einem Normalarbeitstag etwas wissen wollte.

sehr verkommen sein, ehe sie den Grundsatz proklamieren konnte, daß die Gehirnarbeit eine Plage sei, zu der man nur durch die Aussicht auf die glänzendsten Belohnungen aufgestachelt werden könne, daß daher der Kommunismus mit dem Untergang von Kunst und Wissenschaft gleichbedeutend sei. Welch vernichtendes Urteil über die Impotenz des bürgerlichen Gehirns!

Man darf aus der starken Betonung des Genusses geistiger Arbeit durch Morus nicht schließen, daß er die sinnlichen Genüsse verachtete. Die gemeinsamen Abendmahlzeiten in Utopien sind, wie wir bereits wissen, nicht von aszetischer Einfachheit. Man ißt gut und viel, Leckereien fehlen nicht, Musik und Wohlgerüche regen die Sinne an. Auch die Weltanschauung der Utopier ist eine heitere und lebenslustige. Wir finden sie dargelegt in einem ausgedehnten Exkurs, der den Schluß des Kapitels über die »Reisen der Utopier« bildet. Dieser Exkurs ist für die Kennzeichnung der Stellung der Wissenschaft in Utopien überhaupt sehr wichtig; namentlich die Verhöhnung der rein spekulativen Wissenschaften, die zu Morus' Zeit eine so große Rolle spielten, und die Hochhaltung der Naturwissenschaften sind bemerkenswert. Wir können unsere Darlegung über die Wissenschaft in Utopien nicht besser abschließen, als mit einigen Zitaten aus diesem Kapitel, die einer weiteren Erläuterung nicht bedürfen. Unsere Leser werden nach dem bisher Ausgeführten selbst ermessen, inwieweit die darin niedergelegten Ideen charakteristisch sind für den modernen Kommunismus einerseits und für Morus andererseits: »Ihre Ansichten sind das Ergebnis teils ihrer Erziehung in einem Gemeinwesen, dessen Einrichtung von unseren Torheiten so weit entfernt sind, teils ihres Studiums der Wissenschaften. Allerdings sind in jeder Stadt nur sehr wenige von aller Arbeit befreit und ganz der Wissenschaft gewidmet, nämlich diejenigen, die von Kindheit an außerordentliche Anlagen und Neigung zu wissenschaftlicher Tätigkeit zeigen; aber die gesamte Jugend wird mit der Wissenschaft vertraut gemacht, und ein großer Teil des Volkes, Männer wie Frauen, verwenden ihr Leben lang ihre freie Zeit zum Studium. Die Wissenschaften werden ihnen in ihrer Landessprache vorgetragen. ... In Musik, Dialektik, Arithmetik und Geometrie haben sie es fast ebensoweit gebracht wie die Alten. Dagegen werden sie von den feinen Erfindungen unserer Dialektiker weit übertroffen. Denn sie haben keine einzige der Regeln der Restriktion und Amplifikation und Supposition erfunden, wie sie so scharfsinnig in den ›Parva Logicalia‹[61] ausgedacht wurden, die unseren Knaben eingetrichtert werden. Auch waren sie nie imstande, die reinen Begriffe zu finden, und den abstrakten Menschen haben sie nie bemerken können, trotzdem er kolossaler ist als alle Giganten und uns so deutlich gezeigt wird, daß wir mit Fingern auf ihn deuten. Dagegen kennen sie sehr gut die Bahnen der Gestirne und die Bewegungen der himmlischen Sphären. Sie haben auch Instrumente erfunden, durch welche sie genau die Bewegungen und Stellungen der Sonne, des Mondes und der bei ihnen sichtbaren Sterne bestimmen. Von den Freundschaften und Feindschaften der Gestirne und dem ganzen Schwindel der Prophezeiung aus den Sternen lassen sie sich nicht einmal etwas träumen. Wohl aber verstehen sie Regen, Stürme und das Wetter überhaupt aus gewissen Anzeichen vorherzubestimmen, die sie durch lange Beobachtungen erfahren, über die Ursachen dieser Erscheinungen aber, von Ebbe und Flut und des Salzgehaltes des

---

61 Diese »Anfangsgründe der Logik« scheinen bei Morus schlecht angeschrieben gewesen zu sein. Er spricht davon in einem an Dorpius gerichteten Brief, der oft mit des Erasmus »Moriae Encomium« (Lob der Narrheit) zusammen gedruckt wurde. Es heißt da unter anderem: »Ich glaube, jene ›kleine Logik‹ hat ihren Namen daher, daß ihre Logik sehr klein ist« (Liber ille parvorum logicalium, quem ideo sic appellatum puto, quod parum habet Logices. Das Wortspiel läßt sich nicht gut wörtlich übersetzen). Auch die Briefe der Dunkelmänner (Epistolae obscurorum virorum) erwähnen das Buch häufig. (Vergl. die Note S. 236 in der Cambridge-Ausgabe der Übersetzung der »Utopia« von Raphe Robynson.)

Meerwassers und endlich über den Ursprung und das Wesen von Himmel und Erde, darüber haben sie zum Teil dieselben Ansichten wie die Philosophen der Alten, zum Teil weichen sie von ihnen ab, wie auch unsere Philosophen verschiedene Meinungen hegen, und bringen neue Erklärungen vor, die auch nicht alle in allen Punkten miteinander übereinstimmen.

»In der Moralphilosophie behandeln sie dieselben Fragen wie wir. Sie untersuchen, was für Körper und Seele gut sei, und ob außer den Eigenschaften der Seele noch etwas in Wahrheit gut genannt zu werden verdiene. Sie denken nach über Tugend und Luft, aber ihre Hauptfrage ist die, worin wohl die Glückseligkeit des Menschen bestehe. Sie neigen zu der Ansicht, die in der Lust das wichtigste, wenn auch nicht einzige Element des menschlichen Glückes sieht. Und, was uns noch seltsamer erscheint, sie verteidigen ihren so sinnlichen Standpunkt mit Beweisgründen aus ihrer ernsten und strengen Religion....«

»Die Tugend besteht nach ihrer Anschauung in einem naturgemäßen Leben; dazu, sagen sie, hat uns Gott geschaffen. Und sie glauben, daß man der Natur gemäß lebt, wenn man den Geboten der Vernunft folgt. Die Vernunft entzündet aber vor allem im Menschen die Liebe und Verehrung für die Majestät Gottes, dem wir alles verdanken, was wir sind und was uns glücklich macht. In zweiter Linie aber treibt uns die Vernunft an, soviel als möglich in sorgloser Fröhlichkeit zu leben und verpflichtet uns, allen anderen nach Kräften zu einem gleichen Leben zu verhelfen....

»Die größten Genüsse sind in ihren Augen die geistigen; die besten derselben erstehen aus der Tugend und dem Bewußtsein eines reinen Lebens; für den höchsten der sinnlichen Genüsse halten sie die Gesundheit. Denn sie glauben daß Essen und Trinken und andere sinnliche Genüsse nur insofern wünschenswert sind, als sie die Gesundheit fördern....

Sie glauben daher, daß die sinnlichen Genüsse nur insoweit geschätzt werden sollen, als sie notwendig sind. Dennoch erfreuen sie sich an ihnen und erkennen dankbar die Liebe der Mutter Natur an, die ihre Kinder durch die Anziehungskraft des Genusses zu den für ihre Erhaltung notwendigen Verrichtungen antreibt.«

3. Religion

Wenden wir uns von der mehr heidnischen als christlichen Philosophie zu den religiösen Einrichtungen der Utopier.

»Die Religionen sind nicht nur in den verschiedenen Teilen der Insel Utopia verschieden, sondern sogar innerhalb jeder Stadt. Die einen verehren die Sonne, andere den Mond oder einen der Planeten. Wieder andere beten Menschen, die sich in vergangenen Zeiten durch Tugend oder Ruhm ausgezeichnet, nicht nur als Götter, sondern als oberste Gottheiten an. Der größte und weiseste Teil von ihnen verehrt nichts von alledem, sondern glaubt an ein unbekanntes, ewiges, unerforschliches und unendliches göttliches Wesen, unerfaßbar für den Geist des Menschen und die ganze Welt erfüllend, nicht in körperlicher Ausdehnung, sondern mit seiner Kraft. Dieses nennen sie den Vater des Alls.... Alle aber stimmen darin überein, so verschieden auch ihre sonstigen Meinungen sein mögen, daß ein oberstes Wesen besteht, ein Schöpfer der Welt, eine Vorsehung: sie nennen es alle mit dem gleichen Namen Mythras.... Eines ihrer ältesten Gesetze bestimmt, daß niemand wegen seiner Religion einen Schaden erleiden solle. Denn Fürst Utopus, der Gründer des Reiches, hatte erfahren, daß vor seiner Ankunft die Eingeborenen in große Religionskämpfe verwickelt waren, was ihm ihre Besiegung sehr erleichterte, da sie vereinzelt, statt vereint gegen ihn kämpften. Sobald er den Sieg erlangt, erließ er daher vor allem ein Gesetz, daß jedem erlaubt sei, der Religion anzuhängen, die ihm gefalle; und wenn er versuche, andere dazu zu bekehren, so möge er es durch die Kraft von Beweismitteln in friedlicher, ruhiger Weise tun, ohne Gewalttätigkeiten und Beschimpfungen. Wer dagegen verstieß, verfiel der Verbannung oder der Knechtschaft.

»Dieses Gesetz erließ Utopus nicht nur im Interesse des inneren Friedens, den er durch tägliche Kämpfe und unversöhnlichen Haß gestört sah, sondern auch im Interesse der Religion selbst. Er wagte es nicht, in Religionsangelegenheiten eine verwegene Entscheidung zu treffen, ungewiß, ob nicht Gott es wünsche, auf verschiedene Weisen verehrt zu werden und daher den Menschen verschiedene Religionen eingeflößt habe. Auf jeden Fall erschien es ihm ungebührlich und abgeschmackt für einen Menschen, andere gewaltsam zu dem Glauben zu zwingen, den er für den richtigen hält. Sollte aber wirklich nur eine Religion die wahre sein, dann würde sich die Wahrheit schon Bahn brechen, wenn bloß durch Vernunft und Milde unterstützt. Würden dagegen Gewalt und Aufruhr für sie eintreten, dann möchte wohl die beste Religion im Aberglauben erstickt werden, wie Getreide unter Unkraut und Dornen, da die Schlechtesten immer die Hartnäckigsten sind. Er gab daher jedem Menschen völlige Freiheit, zu glauben, was ihm beliebte. Nur gegen diejenigen erließ er ein strenges Gesetz, die so tief gesunken waren, anzunehmen, daß die Seele mit dem Körper zugrunde gehe, oder daß in der Welt alles dem Zufall und nicht der Leitung der Vorsehung unterworfen sei.... Niemals vertrauen sie einem, der diese Ansichten teilt, Ämter und Ehrenstellen an; er ist ausgeschlossen von der Verwaltung des Gemeinwesens und verachtet als gemeine und niedere Seele. Aber man bestraft ihn nicht, da es ihr Grundsatz ist, daß es nicht im Belieben des Menschen steht, zu glauben, was man will, noch treibt man ihn durch Drohungen zu Heuchelei und Verstellung; denn nichts ist ihnen verhaßter, als Lüge und Heuchelei. Es ist ihm nur verboten, seine Grundsätze dem Volke zu predigen; private Diskussionen mit Priestern und gewiegten Männern werden dagegen nicht nur geduldet, sondern sogar gefördert, da sie überzeugt sind, daß vernünftige Beweisgründe ihn von seinen Ansichten abbringen müssen.«

Diese Ausführungen, soweit sie die Toleranz aller Bekenntnisse betreffen, entsprechen mehr dem Zeitalter der Aufklärung, als der Reformation, mehr der Zeit, in der »Nathan der Weise« verfaßt wurde, als der Zeit, in der Calvin Servet verbrennen ließ, unmittelbar vor den blutigsten Religionskriegen, die die Welt gesehen, und sie erscheinen uns um so großartiger, als sie nicht von einem Ungläubigen ausgingen, der tatsächlich über den Religionen stand, sondern von einem tief religiösen Gemüt, einem Manne, dem seine Zeit in der Religion die einzige Form bot, um seiner schwärmerischen Liebe und Begeisterung für die Menschheit Ausdruck zu geben, dem Irreligiosität gleichbedeutend war mit Mangel an Gemeinsinn. Der Materialismus des sechzehnten Jahrhunderts entsprang in der Tat nicht den ausgebeuteten, sondern den ausbeutenden Klassen. Diejenigen, die an keinen Gott und keine Unsterblichkeit glaubten, das waren Päpste und Kardinäle, Fürsten und Höflinge; ihre Verachtung der Religion ging Hand in Hand mit der Verachtung des Volkes. Diese Situation muß man im Auge behalten, um zu verstehen, warum Morus die Materialisten als gemeine Egoisten von der Staatsverwaltung ausschloß.

Stand Morus der Toleranz des achtzehnten Jahrhunderts nahe, so hat er mit der Organisation seiner idealen Kirche die Reformation antizipiert, ja er, der »katholische Märtyrer«, ist vielfach über diese hinausgegangen.

»Ihre Priester sind von ausgezeichneter Frömmigkeit und daher sehr wenige, denn man hat in jeder Stadt nur dreizehn, je einen für jede Kirche.... Sie werden, wie die anderen Beamten, vom Volke in geheimer Abstimmung erwählt, um Parteiungen zu vermeiden. Die Gewählten werden vom Priesterkollegium geweiht. Ihr Amt besteht in der Besorgung des Gottesdienstes und aller heiligen Angelegenheiten und der Überwachung der Sitten des Volkes. Und es ist eine große Schande, von ihnen vorgeladen und wegen eines liederlichen Lebenswandels getadelt zu werden. Sie haben jedoch nur das Recht zu ermahnen und zu tadeln. Die Strafgewalt steht einzig dem Fürsten und den Beamten zu.... Die Erziehung der Jugend fällt den Priestern anheim, und sie haben den Kindern nicht nur Wissen beizubringen, sondern auch ihren Charakter zu bilden. Sie benutzen jede Gelegenheit, dem Kind, solange seine Seele noch zart und empfänglich ist, Grundsätze einzuflößen, die ebenso gut wie dem Gemeinwesen nützlich sind. Tiefe Eindrücke in diesem Alter wirken durch das ganze Leben nach und tragen unendlich viel zur Festigung und Kräftigung des Gemeinwesens bei, das nur durch Laster zerstört wird, und das Laster ist die Folge schlechter Grundsätze.

»Ihre Priester, heiraten die durch ihre Eigenschaften hervorragendsten Frauen des Landes. Die Frauen selbst sind keineswegs vom Priestertum ausgeschlossen, indessen werden sie selten dazu erwählt, und dann nur ältere Witwen....

»Obwohl sich unter ihnen die verschiedensten Religionen finden, so kommen doch alle in der Verehrung des göttlichen Wesens überein und demnach sieht und hört man in ihren Kirchen nichts, worin nicht alle Bekenntnisse übereinstimmten. Jeder vollzieht die gottesdienstlichen Gebräuche, die seiner Sekte eigentümlich sind, in seinem Hause. Der öffentliche Gottesdienst widerspricht in nichts dem besonderen. Daher gibt es keine Bilder Gottes in der Kirche, so daß jeder sich die Gottheit seinem Glauben gemäß vorstellen kann....

»Der letzte Tag des Monats und des Jahres ist ein Feiertag; ehe sie an diesem in die Kirche gehen, knien die Frauen vor ihren Gatten, die Kinder vor den Eltern nieder und beichten alle ihre Irrtümer und Verfehlungen und erbitten Verzeihung dafür. So wird jeder häusliche Zwiespalt beseitigt, daß sie mit reinem und heiteren Herzen ihr Gebet darbringen können.«

Wie weit geht diese utopische Kirche über den Lutheranismus hinaus und selbst den Calvinismus! Mit beiden hat sie gemein die Abschaffung der Ohrenbeichte, des Priesterzölibats, des Bilderdienstes, mit letzterem die Einführung der Wahl der Priester durch das Volk. Aber Morus geht darüber hinaus. Er beseitigt zum Beispiel die Strafgewalt der Geistlichkeit und läßt die Frauen zum Priestertum zu. Ja, er scheut sich nicht, den unheilbar Kranken den Selbstmord zu empfehlen. Über alle Kirchen seiner Zeit erhaben zeigt sich Morus in dem gemeinsamen Gottesdienst aller Bekenntnisse und der Verweisung des besonderen Gottesdienstes in das Privathaus. Es ist dies in der Sprache des sechzehnten Jahrhunderts derselbe Grundsatz, den heute der Sozialismus aufgenommen hat: Erklärung der Religion zur Privatsache.

Wir sehen, wie revolutionär die »Utopia« war; revolutionär nicht nur in bezug auf eine entfernte Zukunft, sondern auch in Beziehung auf die brennendsten Probleme ihrer Zeit. Sie griff nicht nur das Privateigentum an, nicht nur die Politik der Fürsten, nicht nur die Unwissenheit und Faulheit der Mönche, sondern sogar die Lehren der Religion.

Sechstes Kapitel

Der Zweck der »Utopia«

Nachdem Morus im einzelnen das Bild einer idealen Gesellschaft gegeben hat, die das gerade Gegenteil der Gesellschaft seiner Zeit bildet, wirft er dieser am Schlusse der »Utopia« noch einmal in einer vehementen Apostrophe den Fehdehandschuh hin. Der moderne Sozialismus hat kaum eine schärfere Kritik der Gesellschaft aufzuweisen, als die in den Sätzen enthaltene, mit denen Hythlodäus seine Darstellung von Utopien schließt: »So habe ich euch nun, so getreulich ich konnte, die Verfassung dieses Gemeinwesens beschrieben, das meines Erachtens nicht nur das beste, sondern auch das einzige ist, das diesen Namen verdient. Anderswo spricht man freilich auch von einem Gemeinwohl, sorgt aber in Wirklichkeit nur für das eigene Wohl; in Utopien, wo es kein Sondereigentum gibt, besorgt jeder tatsächlich nur die Geschäfte des Gemeinwesens, und hier wie dort hat jeder seine guten Gründe, warum er so verschieden handelt. Denn anderswo weiß jedermann, daß er verhungern muß, wenn er nicht für sich selbst sorgt, möge das Gemeinwesen noch so blühend sein, so daß er gezwungen ist, sein Wohl dem der Gesamtheit vorzuziehen. In Utopien dagegen, wo alles gemeinsam ist, weiß jedermann, daß niemand Mangel leiden kann, wenn man dafür sorgt, die öffentlichen Speicher zu füllen. Denn alles wird bei ihnen gleich verteilt, so daß niemand arm ist; und obgleich keiner etwas für sich besitzt, sind sie doch alle reich. Kann es einen besseren Reichtum geben, als ein sorgloses und heiteres Leben? In Utopien braucht der einzelne nicht für seine Existenz besorgt zu sein, er wird nicht von den endlosen Klagen der Gattin gequält, fürchtet nicht für die Zukunft des Sohnes, ihm bereitet die Mitgift der Tochter keinen Kummer. Er weiß nicht nur seine Existenz und sein Wohlleben gesichert, sondern auch das seiner Kinder, Enkel, Neffen, aller Nachkommen bis ins entfernteste Glied. Und man sorgt bei ihnen in gleicher Weise für die schwach und arbeitsunfähig Gewordenen wie für die noch Arbeitenden. Ich möchte den Mann sehen, der kühn genug wäre, dieser Gerechtigkeit das Recht anderer Völker gleichzusetzen. Gott straf' mich, wenn ich bei den anderen eine Spur von Recht und Gerechtigkeit gefunden habe. Was ist das für eine Gerechtigkeit, wenn der Edelmann, der Goldschmied[62] oder der Wucherer, kurz diejenigen, die nichts tun oder doch nichts Nützliches, bei ihrer Untätigkeit oder überflüssigen Tätigkeit herrlich und in Freuden leben, indes die Taglöhner, Kärrner, Schmiede, Zimmerleute und Ackerknechte, die härter arbeiten als Lasttiere, und deren Arbeit das Gemeinwesen nicht ein Jahr lang entbehren könnte, ein so erbärmliches Dasein sich erarbeiten und schlechter leben müssen als Lasttiere? Jene arbeiten nicht so lange, ihre Nahrung ist besser und nicht durch die Sorge für die Zukunft vergällt; der Arbeiter dagegen wird niedergedrückt durch die Trostlosigkeit seiner Arbeit und gemartert durch die Aussicht auf das Bettlerelend seines Alters. Sein Lohn ist ja so gering, daß er die Bedürfnisse des Tages nicht deckt, und es ist gar nicht daran zu denken, daß der Mann etwas für seine alten Tage zurücklegt. Ist das nicht ein ungerechtes und undankbares Gemeinwesen, das die Edlen, wie sie sich nennen, und die Goldschmiede und andere verschwenderisch beschenkt, die entweder müßig gehen oder von der Schmeichelei leben, oder der Tätigkeit für

---

62   Die Goldschmiede waren zu Morus' Zeiten oft Geldwechsler und Bankiers.

eitle Freuden; und das andererseits nicht die geringste Sorge trägt für arme Ackersleute, Kohlengräber, Taglöhner, Kärrner, Schmiede und Zimmerleute, ohne die es nicht bestehen könnte? Nachdem man sie ausgebeutet und ausgepreßt hat in der Kraft ihrer Jugend, überläßt man sie ihrem Schicksal, wenn Alter, Krankheit und Not sie gebrochen haben, und gibt sie als Belohnung für ihre treue Sorge und ihre so wichtigen Dienste dem Hungertod preis.

»Noch mehr: Die Reichen, nicht zufrieden, den Lohn der Armen durch unsaubere persönliche Kniffe herabzudrücken, erlassen noch Gesetze zu demselben Zwecke. Was seit jeher unrecht gewesen ist, der Undank gegen die, die dem Gemeinwesen wohl gedient haben, das wurde durch sie noch scheußlicher gestaltet, indem sie ihm Gesetzeskraft und damit den Namen der Gerechtigkeit verliehen.

»Bei Gott, wenn ich das alles überdenke, dann erscheint mir jeder der heutigen Staaten nur als eine Verschwörung der Reichen, die unter dem Vorwand des Gemeinwohls ihren eigenen Vorteil verfolgen und mit allen Kniffen und Schlichen danach trachten, sich den Besitz dessen zu sichern, was sie unrecht erworben haben, und die Arbeit der Armen für so geringen Entgelt als möglich für sich zu erlangen und auszubeuten. Diese sauberen Bestimmungen erlassen die Reichen im Namen der Gesamtheit, also auch der Armen, und nennen sie Gesetze.

»Aber nachdem diese Elenden in ihrer unersättlichen Habgier unter sich allein alles verteilt haben, was für das ganze Volk ausreichen würde, fühlen sie sich selbst gar fern von jenem Glücke, dessen sich die Utopier erfreuen. Bei diesen ist der Gebrauch von Geld und das Verlangen danach beseitigt und damit eine berghohe Last von Sorgen vernichtet, eine der stärksten Wurzeln des Verbrechens ausgerissen. Wer weiß nicht, daß Betrug, Diebstahl, Raub, Zwist, Tumult, Aufruhr, Totschlag, Meuchelmord, Vergiftung durch die Strenge des Gesetzes wohl gerächt, aber nicht verhindert werden, indes sie alle verschwinden würden, wenn das Geld verschwände? Dem Gelde würden folgen die Besorgnisse, Beunruhigungen, Kümmernisse, Mühsale und schlaflosen Nächte der Menschen. Die Armut selbst, die des Geldes so notwendig zu bedürfen scheint, würde aufhören, sobald das Geld beseitigt würde.«

Wie beschränkt erscheint dieser kühnen Kritik gegenüber, die die Gesellschaft in ihren Wurzeln angreift, die so gepriesene Tat Luthers, der ein Jahr nach dem Erscheinen der »Utopia« anfing, gegen – den Mißbrauch des Ablasses, nicht gegen den Ablaß selbst zu predigen, und der zu weitergehenden Schritten nicht durch eine logische Entwicklung in seinem Kopfe, sondern durch die Entwicklung der Tatsachen gedrängt wurde! Und doch, während gegen den Mann, der den Mißbrauch des Ablasses angriff, ohne etwas an der Kirchenordnung ändern zu wollen, schließlich die ganze Macht Roms aufgeboten wurde, blieb der Mann unbehelligt, dessen Lehren die ganze Gesellschaft in ihren Grundfesten erschüttern mußten, wenn sie Verbreitung fanden; und der Anwalt einer Kirchenordnung, die unkatholischer, ja in mancher Beziehung (Selbstmord der Unheilbaren, Priestertum der Frau) unchristlicher war, als irgend eine der reformierten Kirchen, wurde zu einem Heiligen der katholischen Kirche!

So sonderbar dieser Unterschied in der Behandlung erscheint, er war wohl begründet. Luther wandte sich an die Massen; er gab den Interessen mächtiger Parteien und Klassen Ausdruck. Morus stand mit seinen Bestrebungen allein; er wandte sich nur an einen kleinen Kreis Gelehrter, das Volk verstand ihn nicht und er wollte vom Volke nicht verstanden sein. Daher schrieb er die »Utopia« lateinisch und hüllte seine Gedanken in das Gewand der Satire, wodurch er freilich auch größere Freiheit im Ausdruck seiner Meinungen erhielt.

Hier sind wir bei der letzten Frage angelangt, deren Beantwortung uns noch übrig bleibt: Welchen Zweck verfolgte Morus mit seiner »Utopia«?

Wir wissen, daß einige sie bloß für eine Nachahmung der platonischen »Republik« halten. Andere gar erklären sie für eine müßige Phantasie. Manche, namentlich Deutsche, für beides. So zum Beispiel Rudhart, der einmal die »Utopia« »eine schöne Frucht des Studiums der Alten« nennt und ein andermal die Einrichtungen der Utopier nicht etwa als solche betrachtet, »die ins Leben gerufen werden sollen und müssen, sondern als heitere Scherze einer heiteren Seele«. (Rudhart, Thomas Morus, S. 119, 156.) Neuerdings wieder erklärt Professor Alfred Stern Morus für den »geistreichsten und berühmtesten Verarbeiter« der »Verschmelzung der christlichen Nächstenliebe mit dem platonischen Kommunismus« und nennt eine Seite später die »Utopia« das »phantastische Gedankenspiel einer verrauschenden Stunde«. (Alfred Stern, Die Sozialisten der Reformationszeit. Berlin 1883. S. 13, 14.)

Daß der Moresche Kommunismus einen ganz anderen Charakter trägt als der platonische, daß er nicht eine »schöne Frucht des Studiums der Alten« ist, sondern der sozialen Mißstände und der ökonomischen Entwicklungskeime der Anfänge der Neuzeit, daß er auf lebendigen Tatsachen beruht und nicht auf antiquarischer Bücherweisheit, das glauben wir genugsam dargetan zu haben. Auch von christlicher Nächstenliebe ist im Moreschen Kommunismus nichts zu spüren. Denn jene ist nichts als Armenunterstützung, die Arme voraussetzt, die bedürftig, und Reiche, die zu spenden imstande sind. Wo das Christentum kommunistische Anwandlungen zeigt, ist es der Kommunismus des Bettelsacks, nicht der Arbeit, der Kommunismus des Lumpenproletariats, nicht des arbeitenden Proletariats. Der Moresche Kommunismus ist nicht platonisch und nicht christlich, sondern modern, dem Kapitalismus entsprossen.

Aber auch für einen bloßen Scherz können wir die »Utopia« nicht halten. Nach der Ansicht unserer Gelehrten würde die »Utopia«, wenn sie heute verfaßt würde, ihrem Charakter nach entweder in eine philologische Zeitschrift gehören oder – in ein Feuilleton.

Für die Auffassung der »Utopia« als Scherz spricht nichts, gar nichts. Alles spricht dagegen, vor allem das Buch selbst. Man muß die Harmlosigkeit gewisser deutscher Professoren besitzen – und die harmlosen sind noch die besten –, um ein Werk für einen Scherz zu halten, das eine so bittere Kritik der bestehenden Zustände enthält, ein so tiefdurchdachtes System des Kommunismus aufstellt, das so genau den ökonomischen und technischen Zuständen seiner Zeit angepaßt war. Auch haben es seine Zeitgenossen sehr ernst genommen. Budaeus zum Beispiel schrieb an Lupsetus: »Wir sind Thomas Morus für seine ›Utopia‹ zu großem Danke verpflichtet, in der er der Welt ein Muster von glücklichem Leben aufstellt. Unsere Zeit und unsere Nachkommen werden diese Darstellung als eine Schule trefflicher Lehren und nützlicher Unterweisungen betrachten, aus der die Staaten ihre Einrichtungen nehmen und ihren Bedürfnissen gemäß anpassen werden.« In gleicher Weise drücken sich noch zahlreiche andere Zeitgenossen Morus' aus. Gelehrte und Staatsmänner, wie Johannes Paludanus, Paulus Jonius und Hieronymus Buslidianus (oder Buslidius, eine Latinisierung des niederländischen Busleiden), der Rat Karls V. Stapleton hat (Vita, S. 184) eine Reihe von Aussprüchen über die »Utopia« gesammelt, die alle im Sinne des obigen Zitats gehalten sind. Alle sahen in der »Utopia« ein Buch, das Vorschriften für die Staatenlenker gibt, wie sie ihre Staaten regieren sollen.

Und das war ganz im Sinne jener Zeit gedacht. Dem Fürsten war nach der damaligen Anschauung alles möglich, und alles demjenigen, der einen Fürsten für sich gewann. Vorschriften für Fürsten erschienen zu Morus' Zeit massenhaft.

Macchiavellis »Fürst« und des Erasmus' »Lehrbuch für den christlichen Fürsten« (Institutio principis christiani) wurden gleichzeitig mit der »Utopia« verfaßt, und wir haben nicht den geringsten Grund, zu zweifeln, daß diese denselben Zweck verfolgte wie jene: den Fürsten zu zeigen, wie regiert werden sollte.

Und die »Utopia« verfolgte sogar den speziellen Zweck, die Regierung und Verfassung Englands zu beeinflussen. Das zeigt uns nicht nur das erste Buch sehr deutlich, sondern Erasmus, der es wissen mußte, sagt es uns selbst in seinem uns bekannten Briefe an Hutten: »Die ›Utopia‹ verfaßte er mit der Absicht, zu zeigen, worin es liege, daß die Staaten in schlechten Zuständen seien, namentlich aber hatte er bei seiner Darstellung England vor Augen, das er gründlich durchforscht und kennen gelernt hat.«

In der Tat, die Insel Utopia ist England. Morus wollte zeigen, wie England aussehen würde und wie sich dessen Verhältnisse zum Ausland gestalten würden, wenn es kommunistisch eingerichtet wäre. Die Analogie läßt sich genau verfolgen: Die Insel ist vom Kontinent nur durch eine Meerenge von 15000 Schritten getrennt. Die Beschreibung der Hauptstadt Amaurotum ist eine getreue Schilderung Londons: sie liegt am Flusse Anyder (Themse), in dem Ebbe und Flut sich bis mehrere Meilen oberhalb der Stadt erstrecken. Die beiden Ufer sind durch eine Steinbrücke (London Bridge) miteinander verbunden, dort, wo die Stadt am weitesten von der See entfernt ist, damit die Schiffe so weit als möglich hinauffahren können usw. Amaurotum selbst heißt auf Deutsch »Nebelstadt« (vom griechischen amauros, dunkel, trüb, neblig). In England ist auch die Analogie zwischen der Insel Utopia und der britischen Insel allgemein anerkannt.

Stow, Survey of London, 2. Band, S. 458, findet eine völlige Übereinstimmung zwischen London und Amaurotum.

Rudhart bestreitet sie, beweist damit aber nur, daß die Universitätsbibliothek von Göttingen nicht der richtige Ort ist, um London kennen zu lernen.

Nach dem Vorgang Morus' hat Rabelais in seinem »Gargantua und Pantagruel« zu verschiedenen Malen sein Heimatland hinter dem Namen »Utopia« versteckt (2. Buch, 8., 23. Kapitel, 3. Buch, 1. Kapitel). »Die ‚Utopia' des Rabelais ist also Frankreich, darin stimmen alle Kommentatoren überein. Er entnahm diese Idee und die seiner Kolonie der Utopier der ›Utopia‹ Thomas Mores.« Esmangard in seinem bereits erwähnten Kommentar »Oeuvres de Rabelais««, 3. Band, S. 516.

Die Historiker und Ökonomen, die mit der »Utopia« nichts anzufangen wissen, sehen natürlich in diesem Namen eine feine Andeutung Mores, daß er selbst seinen Kommunismus für eine undurchführbare Phantasterei halte. Das ist die richtige »wissenschaftliche« Methode, eine unbequeme historische Erscheinung in ihr Gegenteil zu verdrehen: man verschließt die Augen den Tatsachen und deutet sich eine Erklärung aus dem griechischen Lexikon zurecht.

In den ganzen Ausführungen über Utopien ist bloß ein Element eine Phantasterei, an deren Möglichkeit Morus selbst nicht fest glaubte: nicht das Ziel, das angestrebt werden, sondern die Art und Weise, wie es erreicht werden sollte. Er sah nur eine Macht, die den Kommunismus durchführen konnte, aber er hatte kein Vertrauen zu ihr. Morus hat uns in seiner »Utopia« gezeigt, in welcher Weise er sich die Durchführung des Kommunismus dachte: Ein Fürst, Utopus mit Namen, erobert das Land und drückt ihm den Stempel seines Geistes auf; alle Einrichtungen in Utopien sind auf ihn zurückzuführen. Er hat den allgemeinen Plan des kommunistischen Gemeinwesens erdacht und dann ausgeführt.

In dieser Weise stellte Morus sich die Verwirklichung seiner Ideale vor: er war der Vater des utopistischen Sozialismus, der mit Recht nach der »Utopia« seinen Namen erhalten hat. Dieser ist utopistisch weniger wegen der Unerreichbarkeit der Ziele, als wegen der Unzulänglichkeit der Mittel, die ihm zu deren Erreichung zu Gebote stehen, oder die er anwenden will.

Morus mußte Utopist sein, wir wissen das. Noch trat keine Partei, keine Klasse für den Sozialismus ein; die ausschlaggebende politische Macht, von deren Belieben der Staat abzuhängen schien, waren die Fürsten, damals noch ein junges, in gewissem Sinne revolutionäres Element, ohne feste Traditionen: warum sollte man nicht einen von ihnen zum Kommunismus bekehren können? Wenn einer wollte, so konnte er den Kommunismus durchführen. Wenn keiner wollte, war das Elend des Volkes unabänderlich. So dachte Morus, und von diesem Standpunkt aus mußte er einen Versuch machen, einen Fürsten zu gewinnen. Aber er täuschte sich keineswegs über die Hoffnungslosigkeit seiner Aufgabe. Er kannte die Fürsten seiner Zeit zu gut.

Er schließt die »Utopia« mit folgenden Worten, nachdem er eine scheinbare Verklausulierung vorausgeschickt, daß er nicht mit allem einverstanden sei, was Hythlodäus erzählt: »Ich gestehe gern, daß gar manches im Gemeinwesen der Utopier sich findet, das ich in unseren Staaten zwar zu sehen wünschte, aber nicht erwarte« (optarium verius quam sperarim).

In diesem Schlusse liegt die ganze Tragik des Schicksals Mores, die ganze Tragik des Genies, das einer Zeit das Problem abringt, das sie in ihrem Schoße trägt, ehe noch die materiellen Bedingungen zu seiner Lösung gegeben sind; die ganze Tragik des Charakters, der sich verpflichtet fühlt, einzutreten für die Lösung des Problems, das die Zeit aufgestellt hat, einzutreten für das Recht der Unterdrückten gegen den Übermut der Herrschenden, selbst wenn er allein steht und sein Beginnen aussichtslos ist.

Die Größe seines Charakters bewies Morus auf dem

Blutgerüst, das er bestieg, weil er seine Überzeugung nicht einer Fürstenlaune opferte. Sie ward von seinen Zeitgenossen bereits anerkannt. Die Größe seines Genies konnten sie dagegen nicht erfassen, so sehr sie es auch priesen; erst in unseren Tagen, erst mit dem Erstehen des wissenschaftlichen Sozialismus ist es möglich geworden, dem Sozialisten Morus völlig gerecht zu werden. Erst seit der zweiten Hälfte des neunzehnten Jahrhunderts liegen die Ziele des Sozialismus, als einer historischen Erscheinung, so klar zutage, daß es möglich ist, aus den Anfängen der sozialistischen Bewegung das Wesentliche vom Unwesentlichen, das Dauernde vom Vorübergehenden zu sondern. Erst damit ist es möglich geworden, zu erkennen, was in der »Utopia« »phantastisches Gedankenspiel einer verrauschenden Stunde« ist, was Nachklang der Vergangenheit, was Vorahnung der Zukunft, was historische Tat.

Und nichts spricht wohl beredter für die Größe des Mannes, nichts zeigt deutlicher, wie riesig er seine Zeitgenossen überragte, als daß es mehr als dreier Jahrhunderte bedurfte, ehe die Bedingungen gegeben waren, um zu erkennen, daß er Ziele aufgestellt hat, die nicht die Phantastereien einer müßigen Stunde sind, sondern das Ergebnis einer tiefen Einsicht in das Wesen der ökonomischen Tendenzen seiner Zeit. Bald vier Jahrhunderte ist die »Utopia« alt, schon ist der vierhundertjährige Geburtstag Morus' vorübergegangen, und noch sind seine Ideale nicht überwunden, noch liegen sie vor der strebenden Menschheit.

www.ingramcontent.com/pod-product-compliance
Lightning Source LLC
Chambersburg PA
CBHW021933290426
44108CB00012B/818